中国地质调查成果 CGS 2017-030
内蒙古自治区矿产资源潜力评价成果系列丛书

内蒙古自治区矿产资源潜力评价工作报告

NEIMENGGU ZIZHIQU KUANGCHAN
ZIYUAN QIANLI PINGJIA GONGZUO BAOGAO

宋 华 张 宏 张 彤 赵文涛 许立权 等著

中国地质大学出版社
ZHONGGUO DIZHI DAXUE CHUBANSHE

内容简介

本书按项目概况、项目组织实施概括、完成的工作量、取得的主要成果、成果转化应用、资金投入和经费使用评价、组织实施经验、存在问题与工作建议分别论述,详细阐述了铁、铜、金、铅、锌、钨、锑、稀土、钼、银、铬、锰、镍、锡、铝土、萤石、磷、重晶石、硫、菱镁矿、煤矿21个重要矿种地质背景、成矿规律、重力、磁法、化探、遥感、自然重砂、矿产预测及综合信息等专题取得的各项工作成果。

对新中国成立以来的地质、矿产、重力、磁法、地球化学、自然重砂、遥感、数据库建设及各类综合研究资料进行了系统的梳理、汇总;以各类基础数据为支撑,板块理论、成矿系列理论为指导,使用规范而有效的资源评价方法、技术,全面、准确、客观地评价内蒙古自治区的矿产资源潜力以及空间布局;为更好地规划、管理、保护和合理利用矿产资源,也为部署矿产资源勘查工作提供基础资料,为自治区编制中长期发展规划提供科学依据。项目取得的成果已在全国整装勘查区部署、自治区找矿突破战略行动及矿产勘查等各方面工作中得到了广泛的应用。

图书在版编目(CIP)数据

内蒙古自治区矿产资源潜力评价工作报告/宋华,张宏,张彤,赵文涛,许立权等著.—武汉:中国地质大学出版社,2017.7

(内蒙古自治区矿产资源潜力评价成果系列丛书)

ISBN 978-7-5625-3984-1

Ⅰ.①内⋯

Ⅱ.①宋⋯②张⋯③张⋯④赵⋯⑤许⋯

Ⅲ.①矿产资源-资源潜力-资源评价-研究报告-内蒙古

Ⅳ.①F426.1

中国版本图书馆 CIP 数据核字(2017)第 000008 号

内蒙古自治区矿产资源潜力评价工作报告	宋 华 张 宏 张 彤 赵文涛 许立权 等著
责任编辑:唐然坤 王凤林 选题策划:毕克成 刘桂涛	责任校对:代 莹
出版发行:中国地质大学出版社(武汉市洪山区鲁磨路388号)	邮编:430074
电 话:(027)67883511 传 真:(027)67883580	E-mail:cbb@cug.edu.cn
经 销:全国新华书店	Http://cugp.cug.edu.cn
开本:880毫米×1230毫米 1/16	字数:353千字 印张:11 插页:2
版次:2017年7月第1版	印次:2017年7月第1次印刷
印刷:武汉中远印务有限公司	印数:1—1000册
ISBN 978-7-5625-3984-1	定价:188.00元

如有印装质量问题请与印刷厂联系调换

《内蒙古自治区矿产资源潜力评价》
出版编撰委员会

主　　　任：张利平
副 主 任：张　宏　赵保胜　高　华
委　　　员：（按姓氏笔划排列）
　　　　　　于跃生　乌　恩　王志刚　王博峰　田　力　刘建勋
　　　　　　刘海明　宋　华　王文龙　李玉洁　杨文海　李志青
　　　　　　陈志勇　杨永宽　武　文　赵文涛　莫若平　赵士宝
　　　　　　张　忠　邵积东　褚立国　路宝玲　武　健　黄建勋
　　　　　　辛　盛　韩雪峰　邵和明
项目负责：许立权　张　彤　陈志勇
总　　　编：宋　华　张　宏
副 总 编：许立权　张　彤　陈志勇　赵文涛　苏美霞　吴之理
　　　　　　方　曙　任亦萍　张　青　张　浩　贾金富　陈信民
　　　　　　孙月君　杨继贤　田　俊　杜　刚　孟令伟

《内蒙古自治区矿产资源潜力评价工作报告》

主　　编：宋　华　张　宏　张　彤　许立权　赵文涛

副 主 编：赵文涛　苏美霞　吴之理　方　曙　任亦萍　张　青
　　　　　张　浩　贾金富　陈信民　孙月君　田　俊　杨继贤
　　　　　张　强

专编人员（编写人员）：
　　　　　许立权　张　彤　赵文涛　苏美霞　吴之理　方　曙
　　　　　任亦萍　张　青　张　皓　贾金福　陈信民　孙月君
　　　　　田　俊　杨继贤　冯云杰

项目负责单位：中国地质调查局　内蒙古自治区国土资源厅

编撰单位：内蒙古自治区国土资源厅

主编单位：内蒙古自治区地质调查院
　　　　　内蒙古自治区煤田地质局
　　　　　内蒙古自治区地质矿产勘查院
　　　　　内蒙古自治区第十地质矿产勘查开发院
　　　　　内蒙古自治区国土资源勘查开发院
　　　　　内蒙古自治区国土资源信息院
　　　　　中化地质矿山总局内蒙古自治区地质勘查院

序

2006年，国土资源部为贯彻落实《国务院关于加强地质工作决定》中提出的"积极开展矿产远景调查评价和综合研究，科学评估区域矿产资源潜力，为科学部署矿产资源勘查提供依据"的精神要求，在全国统一部署了"全国矿产资源潜力评价"项目，"内蒙古自治区矿产资源潜力评价"项目是其子项目之一。

"内蒙古自治区矿产资源潜力评价"项目2006年启动，2013年结束，历时8年，由中国地质调查局和内蒙古自治区政府共同出资完成。为此，内蒙古自治区国土资源厅专门成立了以厅长为组长的项目领导小组和技术委员会，指导监督内蒙古自治区地质调查院、内蒙古自治区地质矿产勘查开发局、内蒙古自治区煤田地质局以及中化地质矿山总局内蒙古自治区地质勘查院等7家地勘单位的各项工作。我作为自治区聘请的国土资源顾问，全程参与了该项目的实施，亲历了内蒙古自治区新老地质工作者对内蒙古自治区地质工作的认真与执着。他们对内蒙古自治区地质的那种探索和不懈追求精神，给我留下了深刻的印象。

为了完成"内蒙古自治区矿产资源潜力评价"项目，先后有270多名地质工作者参与了这项工作，这是继20世纪80年代完成的《内蒙古自治区地质志》《内蒙古自治区矿产总结》之后集区域地质背景、区域成矿规律研究，物探、化探、自然重砂、遥感综合信息研究以及全区矿产预测、数据库建设之大成的又一巨型重大成果。这是内蒙古自治区国土资源厅高度重视，完整的组织保障和坚实的资金支撑的结果，更是内蒙古自治区地质工作者八年辛勤汗水的结晶。

"内蒙古自治区矿产资源潜力评价"项目共完成各类图件万余幅，建立成果数据库数千个，提交结题报告百余份。以板块构造和大陆动力学理论为指导，建立了内蒙古自治区大地构造构架。研究和探讨了内蒙古自治区大地构造演化及其特征，为全区成矿规律的总结和矿产预测奠定了坚实的地质基础。其中提出了"阿拉善地块"归属华北陆块，乌拉山岩群、集宁岩群的时代及其对孔兹岩系归属的认识、索伦山-西拉木伦河断裂厘定为华北板块与西伯利亚板块的界线等，体现了内蒙古自治区地质工作者对内蒙古自治区大地构造演化和地质背景的新认识。项目对内蒙古自治区煤、铁、铝土矿、铜、铅锌、金、钨、锑、稀土、钼、银、锰、镍、磷、硫、萤石、重晶石、菱镁矿等矿种，划分了矿产预测类型；结合全区重力、磁测、化探、遥感、自然重砂资料的研究应用，分别对其资源潜力进行了科学的潜力评价，预测的资源潜力可信度高。这些数据有力地说明了内蒙古自治区地质找矿潜力巨大，寻找国家急需矿产资源，内蒙古自治区大有可为，成为国家矿产资源的后备基地已具备了坚实的地质基础。同时，也极大地鼓舞了内蒙古自治区地质找矿的信心。

"内蒙古自治区矿产资源潜力评价"是内蒙古自治区第一次大规模对全区重要矿产资源现状及潜力进行摸底评价，不仅汇总整理了原1∶20万相关地质资料，还系统整理补充了近年来1∶5万区域地质调查资料和最新获得的矿产、物化探、遥感等资料。期待着"内蒙古自治区矿产资源潜力评价"项目形成的系统的成果资料在今后的基础地质研究、找矿预测研究、矿产勘查部署、农业土壤污染治理、地质环境治理等诸多方面得到广泛应用。

2017 年 3 月

前　言

为了贯彻落实《国务院关于加强地质工作的决定》中提出的"积极开展矿产远景调查和综合研究,科学评估区域矿产资源潜力,为科学部署矿产资源勘查提供依据"的要求和精神,国土资源部部署了全国矿产资源潜力评价工作,并将该项工作纳入国土资源大调查项目。内蒙古自治区矿产资源潜力评价为该计划项目下的一个工作项目[项目编号:10813005(2006—2008年);1212010881609(2009—2010年);1212011121003(2011—2013年)],工作起止年限为2007—2013年。项目自2016年起开始部署,由内蒙古自治区国土资源厅负责,承担单位为内蒙古自治区地质调查院,参加单位有内蒙古自治区地质矿产勘查开发局、内蒙古自治区地质矿产勘查院、内蒙古自治区第十地质矿产勘查开发院、内蒙古自治区煤田地质局、内蒙古自治区国土资源信息院、中化地质矿山总局内蒙古自治区地质勘查院。

项目对新中国成立以来的地质、矿产、重力、磁法、地球化学、自然重砂、遥感、数据库建设及各类综合研究资料进行了系统的梳理、汇总,以各类基础数据为支撑,板块理论、成矿系列理论为指导,使用规范而有效的资源评价方法、技术,全面、准确、客观地评价内蒙古自治区的矿产资源潜力以及空间布局,为更好地规划、管理、保护和合理利用矿产资源,也为部署矿产资源勘查工作提供基础资料,为自治区编制中长期发展规划提供科学依据。项目取得的成果已在全国整装勘查区部署、自治区找矿突破战略行动及矿产勘查等各方面工作中得到了广泛的应用。

项目共分为三个阶段实施:第一阶段为2007—2011年3月,2008年完成了全区1∶50万地质图数据库、工作程度数据库、矿产地数据库及重力、航磁、化探、遥感、重砂等基础数据库的更新与维护;2008—2009年开展典型示范区研究;2010年3月提交了铁、铝两个单矿种资源潜力评价成果;2010年6月编制完成全区1∶25万标准图幅建造构造图、实际材料图,全区1∶50万、1∶150万物探、化探、遥感及自然重砂基础图件;2010—2011年3月完成了铜、铅、锌、金、钨、锑、稀土、磷及煤等矿种的资源潜力评价工作。

第二阶段为2011—2012年,完成银、铬、锰、镍、锡、钼、硫、萤石、菱镁矿、重晶石10个矿种的资源潜力评价工作及各专题成果报告。

第三阶段为2012年6月—2013年10月,以Ⅲ级成矿区带为单元开展了各专题研究工作,并编写地质背景、成矿规律、矿产预测、重力、磁法、遥感、自然重砂、综合信息专题报告,在各专题报告的基础上,编写了内蒙古自治区矿产资源潜力评价总体成果报告及工作报告。

参与项目工作技术人员多达272人,其中,内蒙古自治区地质调查院完成了成矿规律、矿产预测、重力、化探、综合信息课题,主要负责人许立权、张彤、赵文涛、苏美霞、任亦萍、张青等;内蒙古地质矿产勘查院与内蒙古自治区第十地质矿产勘查开发院共同完成了地质背景、重砂课题,主要负责人吴之理、方曙;内蒙古自治区国土资源勘查开发院完成了磁测课题,主要负责人朱锁、辛盛;内蒙古自治区国土资源信息院完成了遥感课题,主要负责人张浩;内蒙古煤田地质局完成了煤炭课题,主要负责人孟令伟。项目负责人张彤负责本书的最终统稿。

内蒙古自治区地质矿产局原总工程师邵和明为项目顾问,中国地质科学院陈毓川院士、内蒙古自治区国土资源厅张宏总工程师对项目进行了多次指导,在保证工作成果质量上起到了重要作用,在此致以诚挚的谢意!

目 录

第一章 项目概况 …………………………………………………………………………… (1)
    第一节 总体目标任务 ……………………………………………………………………… (1)
    第二节 阶段任务分解 ……………………………………………………………………… (2)
    第三节 预期成果 …………………………………………………………………………… (4)

第二章 项目组织实施概况 ………………………………………………………………… (6)
    第一节 组织机构 …………………………………………………………………………… (6)
    第二节 承担单位和参加单位 ……………………………………………………………… (7)
    第三节 参加人员 …………………………………………………………………………… (8)
    第四节 分阶段实施情况 …………………………………………………………………… (17)
    第五节 任务完成情况 ……………………………………………………………………… (18)

第三章 完成的工作量 ……………………………………………………………………… (20)

第四章 取得的主要成果 …………………………………………………………………… (24)
    第一节 地质背景 …………………………………………………………………………… (24)
    第二节 重 力 ……………………………………………………………………………… (26)
    第三节 磁 法 ……………………………………………………………………………… (27)
    第四节 化 探 ……………………………………………………………………………… (27)
    第五节 遥 感 ……………………………………………………………………………… (28)
    第六节 自然重砂 …………………………………………………………………………… (30)
    第七节 成矿规律 …………………………………………………………………………… (30)
    第八节 矿产预测 …………………………………………………………………………… (31)
    第九节 数据库 ……………………………………………………………………………… (33)

第五章 成果转化应用 ……………………………………………………………………… (35)
    第一节 各专业基础资料应用情况 ………………………………………………………… (35)
    第二节 矿产勘查工作部署应用情况 ……………………………………………………… (83)
    第三节 直接找矿应用情况 ………………………………………………………………… (135)

第六章 资金投入和经费使用评价 ………………………………………………………… (140)
    第一节 资金投入情况 ……………………………………………………………………… (140)
    第二节 资金使用及评价 …………………………………………………………………… (140)

第七章　存在问题与工作建议 …………………………………………………………（142）

主要参考文献 …………………………………………………………………………（144）

附表1　内蒙古自治区矿产资源潜力评价完成工作量统计表 ………………………（145）

附表2　内蒙古自治区矿产资源潜力评价成果转化应用一览表 ……………………（153）

第一章　项目概况

为了贯彻落实《国务院关于加强地质工作的决定》中提出的"积极开展矿产远景调查和综合研究,科学评估区域矿产资源潜力,为科学部署矿产资源勘查提供依据"的要求和精神,国土资源部部署了全国矿产资源潜力评价工作。本项目是"全国矿产资源潜力评价计划"项目中的工作项目之一。

项目名称:内蒙古自治区矿产资源潜力评价

项目编号:1212010813005(2006—2008 年)

　　　　　1212010881609(2009—2010 年)

　　　　　1212011121003(2011—2013 年)

任务书编号:资〔2006〕039-01 号

　　　　　　资〔2007〕038-01-05 号

　　　　　　资〔2008〕01-06 号

　　　　　　资〔2008〕增 08-16-09 号

　　　　　　资〔2009〕增 16-05 号

　　　　　　资〔2010〕增 22-05 号

　　　　　　资〔2011〕02-39-05 号

　　　　　　资〔2012〕02-001-005 号

　　　　　　资〔2013〕01-033-003 号

项目负责单位:内蒙古自治区国土资源厅

项目承担单位:内蒙古自治区地质调查院

项目参加单位:内蒙古自治区煤田地质局

　　　　　　　内蒙古自治区地质矿产勘查院

　　　　　　　内蒙古自治区第十地质矿产勘查开发院

　　　　　　　内蒙古自治区国土资源勘查开发院

　　　　　　　内蒙古自治区国土资源信息院

　　　　　　　中国化工地质矿山总局内蒙古自治区地质勘查院

工作起止年限:2006—2013 年

第一节　总体目标任务

在现有地质工作的基础上,充分利用内蒙古自治区基础地质调查和矿产勘查工作的成果与资料,充分应用现代矿产资源预测评价的理论方法和 GIS 评价技术,开展内蒙古铁、铜、金、铅、锌、钨、锑、稀土、钼、银、铬、锰、镍、锡、铝土、萤石、磷、重晶石、硫、菱镁矿、煤矿 21 个预测矿种的资源潜力评价,基本摸清矿产资源潜力评价及其空间分布,为研究制订全区矿产资源战略与国民经济中长期规划提供科学依据。

以成矿地质理论为指导,深入开展全国范围的区域成矿规律研究;按全国统一划分的成矿(区)带,充分利用地质、物探、化探、遥感和矿产勘查等综合成矿信息,圈定成矿远景区和找矿靶区,逐个评价Ⅴ

级成矿远景区资源潜力，并进行分类排序，编制重要成矿（区）带成矿规律与预测图，为科学合理地规划和部署矿产勘查工作提供依据。

以重要成矿（区）带为重点，以地表至1000m以浅为主要预测评价范围。在全区开展重要矿产资源总量预测的基础上，汇总开展全国单矿种总量预测，编制单矿种预测图，进行单矿种资源估算。

建立并不断完善全国重要矿产资源潜力预测相关数据库，特别是成矿远景区的地学空间数据库，为今后开展矿产勘查的规划部署研究奠定扎实的信息基础。

第二节 阶段任务分解

一、2006年工作任务

（1）充分利用现有的技术力量和资料基础，组织编制全国重要矿产资源潜力预测评价的总体实施方案，落实项目组织体系和项目组成员。

（2）进一步完善矿产预测评价技术，组织编制全国矿产资源潜力预测评价工作技术指南和技术要求。

（3）开展矿产资源潜力预测评价技术培训，统一部署实施全国范围的潜力预测评价工作。

（4）完成相关基础地质资料和信息的收集、整理和建库工作，开展典型地区的矿产预测评价试点工作。

二、2007年工作任务

（1）做好项目的各项准备工作，包括组织准备、资料准备和技术准备。

（2）编写项目设计书（包括项目总体设计书等6项）。

（3）完成基础数据库的维护工作（资料截止时间为2006年底）。

（4）开展地质构造、物探、化探、遥感、自然重砂综合信息和成矿规律研究工作。

（5）开展矿产资源潜力评价方法试验和示范工作。

三、2008年工作任务

（1）全面开展全区基础数据库维护，开展成矿地质背景、成矿规律，以及物探、化探、遥感、自然重砂等综合信息的各项基础研究和编图建库工作。

（2）以铁、铝土矿等矿产为重点，兼顾煤炭、铜、铅、锌、金、磷等矿产，开展矿产预测底图、典型矿床成矿要素图及成矿模式图、典型矿床预测要素图及预测模型图、区域成矿要素图及区域成矿模式图、区域预测要素图及区域预测模型图的编制和相应数据库建设；开展铁、铝土矿资源定量预测。

（3）针对技术难点，开展相应试点工作。

四、2009年工作任务

（1）全面开展本区煤炭、铁、铜、铅、锌、钨、金、锑、稀土、磷等矿产资源潜力评价，完成铁铝资源潜力评价，初步完成其他矿种的资源远景区圈定和优选。

（2）初步完成本区1∶25万实际材料图和建造构造图编制及其建库工作。开展1∶50万大地构造相图编制及建库工作。

（3）围绕煤炭、铁、铜、铅、锌、钨、金、锑、稀土、磷等矿产预测类型工作区，初步完成矿产预测地质构造专题底图的编制和建库工作。

(4)开展煤炭、铁、铜、铅、锌、钨、金、锑、稀土、磷等典型矿床和成矿规律研究,编制相关的典型矿床成矿要素图、成矿模式图、预测要素图和预测模型图,以及预测工作区的成矿要素图、成矿模式图、预测要素图和预测模型图的编制和建库工作;编制相关矿种成矿规律、矿产预测图件。

(5)完成全区重力、磁测、化探、遥感、自然重砂等资料的处理和地质解释工作。初步完成煤炭、铁、铜、铅、锌、钨、金、锑、稀土、磷等矿产预测类型工作区的重力、磁测、化探、遥感、自然重砂等资料的处理和地质解释工作。

(6)继续开展基础数据库维护工作,参加相关技术培训。

五、2010年工作任务

(1)全面开展本区煤炭、铁、铜、铅、锌、钨、金、锑、稀土、磷等矿产资源潜力评价,编写单矿种潜力评价成果报告。

(2)完成本区1:25万实际材料图和建造构造图编制及其建库工作;完成1:50万大地构造相图编制及建库工作。

(3)围绕煤炭、铁、铜、铅、锌、钨、金、锑、稀土、磷等矿产预测类型工作区,完成矿产预测地质构造专题底图的编制和建库工作。

(4)开展煤炭、铁、铜、铅、锌、钨、金、锑、稀土、磷等典型矿床和成矿规律研究,编制相关的典型矿床成矿要素图、成矿模式图、预测要素图和预测模型图,以及预测工作区的成矿要素图、成矿模式图、预测要素图和预测模型图的编制和建库工作。编制相关矿种成矿规律、矿产预测图件。

(5)完成全区重力、磁测、化探、遥感、自然重砂等资料的处理和地质解释工作;完成煤炭、铁、铜、铅、锌、钨、金、锑、稀土、磷等矿产预测类型工作区重力、磁测、化探、遥感、自然重砂等资料的处理和地质解释工作。

(6)继续开展基础数据库维护工作,参加相关技术培训。

(7)开展铜地球化学定量预测。

六、2011年工作任务

(1)2011年3月底前全面完成省级煤炭、铜、铅、锌、钨、钾、金、锑、稀土、磷等资源潜力评价成果报告。

(2)全面开展本区银、铬、锰、镍、锡、钼、硫、萤石、菱镁矿、重晶石等矿产资源潜力评价,完成各矿种(组)预测区圈定、优选和资源量估算,提交资源量估算说明书。

(3)围绕银、铬、锰、镍、锡、钼、硫、萤石、菱镁矿、重晶石等矿产预测类型工作区,完成矿产预测地质构造专题图的编制和建库工作。

(4)完成银、铬、锰、镍、锡、钼、硫、萤石、菱镁矿、重晶石等典型矿床和成矿规律研究,编制有关的典型矿床成矿要素图、成矿模式图、预测要素图和预测模型图,以及预测工作区的成矿要素图、成矿模式图、预测要素图和预测模型图的编制和建库工作;编制相关矿种成矿规律、矿产预测图件。

(5)完成银、铬、锰、镍、锡、钼、硫、萤石、菱镁矿、重晶石等矿产预测类型工作区的重力、磁测、化探、遥感、自然重砂等资料的处理和地质解释工作。

(6)继续开展基础数据库维护工作。

七、2012年工作任务

(1)2012年6月底前全面完成省级锡、钼、镍、锰、铬、银、硫、萤石、菱镁矿、重晶石等资源潜力评价成果报告。

(2)围绕锡、钼、镍、锰、铬、银、硫、萤石、菱镁矿、重晶石等矿产预测类型工作区,完成矿产预测地质构造专题图的编制和建库工作。

（3）完成锡、钼、镍、锰、铬、银、硫、萤石、菱镁矿、重晶石等典型矿床和成矿规律研究，编制有关的典型矿床成矿要素图、成矿模式图、预测要素图和预测模型图，以及预测工作区的成矿要素图、成矿模式图、预测要素图和预测模型图的编制和建库工作；编制相关矿种成矿规律、矿产预测图件。

（4）完成锡、钼、镍、锰、铬、银、硫、萤石、菱镁矿、重晶石等矿产预测类型工作区的重力、磁测、化探、遥感、自然重砂等资料的处理和地质解释工作。

（5）完成省级汇总工作。包括编制省级矿产资源潜力评价总体报告（工作报告、成果报告和简要报告），编制省级大地构造相图、成矿规律图、矿产预测系列图和物探、化探、遥感相应图件，完成省级矿产资源潜力评价数据库，编写省级各专业专题成果报告。

（6）继续开展基础数据库维护工作。

（7）做好省级潜力评价成果的转化、应用工作。

八、2013年工作任务

按照全国潜力评价各专业汇总技术要求，对内蒙古自治区的成矿地质背景、成矿规律、重力、磁测、化探、遥感、自然重砂、矿产预测、数据集成等各专业成果进一步深化和提升，完成省级各专业汇总报告，提交验收；在通过验收的省级单矿种（组）潜力评价成果的基础上，开展各预测矿种（组）潜力评价成果的综合与汇总，完成省级矿产资源潜力评价总体成果报告和工作报告，提交验收。开展成果资料汇交等相关工作。

第三节 预期成果

一、总体预测成果

（1）内蒙古自治区煤炭、铀、铁、铜、铝、铅、锌、锰、镍、钨、锡、金、钼、锑、稀土、银、磷、硫、萤石、菱镁矿、重晶石等重要矿产的资源潜力预测评价报告。

（2）内蒙古自治区重要成矿（区）带成矿规律和成矿预测总结报告。

（3）内蒙古自治区1∶150万成矿地质背景、地球物理、地球化学、遥感和矿产等系列基础图件，以及重要成矿（区）带的成矿规律与成矿预测、矿产勘查工作部署建议等系列图件。

（4）内蒙古自治区矿产资源潜力评价成果地学空间数据库。

二、分阶段预测成果

1. 2007年预测成果

(1) 完成基础数据库（包括地质、矿产地、航磁、重力、遥感、自然重砂、工作程度数据库等）。
(2) 设计书。
(3) 方法技术试点区工作报告。
(4) 年度工作总结。

2. 2008年预期成果

(1) 全面完成基础数据库维护。
(2) 完成全区1∶25万地质构造实际材料图、建造构造图和1∶50万大地构造相图及其数据库。

(3)完成区域物探(重力、磁测)、化探、遥感、自然重砂异常图等综合信息推断解释地质图和异常图编制及其建库。

(4)初步完成全区与铁、铝土矿潜力评价相关的各项工作,提交铁、铝土矿资源总量数据。

3. 2009 年预期成果

(1)初步完成全区铁、铝资源潜力评价成果报告和相关的成矿地质背景、成矿规律、物探、化探、遥感、自然重砂、矿产预测等专题成果报告。

(2)初步完成全区煤炭、铜、铅、锌、金、钾盐、磷、钨、锑、稀土等矿产资源远景区圈定和优选阶段性成果报告。

(3)初步完成本区1∶25万实际材料图和建造构造图编制及其建库工作,完成全区重力、磁测、化探、遥感、自然重砂等资料的处理和地质解释工作。

4. 2010 年预期成果

(1)完成内蒙古自治区铁、铝、煤炭、铜、铅、锌、金、钾盐、磷、钨、锑、稀土等资源潜力评价成果报告,及相关的成矿地质背景、成矿规律、物探、化探、遥感、自然重砂、矿产预测等专题成果报告。

(2)提交本区1∶25万实际材料图和建造构造图、1∶50万大地构造相图编制及其建库工作成果报告;提交全区重力、磁测、化探、遥感、自然重砂等资料的处理和地质解释工作成果报告。

5. 2011 年预期成果

(1)2011年3月底前提交省级煤炭、铜、铅、锌、钨、钾、金、锑、稀土、磷等资源潜力评价成果报告,以及相关的成矿地质背景、成矿规律、物探、化探、遥感、自然重砂、矿产预测等专题成果报告。

(2)完成省级银、铬、锰、镍、锡、钼、硫、萤石、菱镁矿、重晶石等矿产预测区圈定、优选和资源量估算说明书。

6. 2012 年度预期成果

(1)2012年6月底前提交省级锡、钼、镍、锰、铬、银、硫、萤石、菱镁矿、重晶石等资源潜力评价成果报告,相关的成矿地质背景、成矿规律、物探、化探、遥感、自然重砂、矿产预测等专题成果报告及相应的数据库。

(2)提交省级矿产资源潜力评价汇总工作成果,包括省级总体报告、省级各专业专题成果报告及相应的省级图件与数据库。

7. 2013 年度预期成果

完成内蒙古自治区成矿地质背景、成矿规律、重力、磁测、化探、遥感、自然重砂、矿产预测、数据集成等各专业汇总报告,内蒙古自治区矿产资源潜力评价总体成果报告和工作报告。

第二章 项目组织实施概况

第一节 组织机构

为了确保项目的顺利实施和圆满完成,内蒙古自治区国土资源厅成立了全区矿产资源潜力评价和储量利用调查工作领导小组(内国土资字〔2007〕821号文)。由于近年人事调整,2012—2013年对项目领导小组进行了相应的调整。

一、领导小组

领导小组的主要职责是负责全区矿产资源潜力评价、储量利用调查和矿业权核查工作的组织领导,协调解决实施中的重大问题,审定矿产资源潜力评价、储量利用调查和矿业权核查工作总体实施方案,对总体设计及阶段性和最终成果进行初审。

组　　长:白　盾　内蒙古自治区国土资源厅党组书记、厅长
副组长:赵保胜　内蒙古自治区国土资源厅党组成员、副厅长
　　　　高　华　内蒙古自治区国土资源厅副巡视员
成　　员:王　杰　内蒙古自治区国土资源厅资源储量处处长
　　　　宋　华　内蒙古自治区国土资源厅矿产开发管理处处长
　　　　田　力　内蒙古自治区国土资源厅地质勘查处副处长
　　　　赵大勇　内蒙古自治区国土资源厅规划与科技处处长
　　　　刘建勋　内蒙古自治区国土资源厅财务处处长
　　　　张　宏　内蒙古自治区地质调查院院长
　　　　乌　恩　内蒙古自治区国土资源信息院院长

二、潜力评价项目领导小组办公室

潜力评价项目领导小组办公室设在内蒙古自治区国土资源厅地质勘查处,主要职责为负责承办领导小组交办的事宜,具体负责项目的组织实施工作。

领导小组办公室主　任:高　华　内蒙古自治区国土资源厅副巡视员
　　　　　　　副主任:田　力　内蒙古自治区国土资源厅地质勘查处副处长

三、项目办公室

项目办公室负责项目业务工作的组织协调和实施,并进行监督检查。

主　　任:张　宏
副主任:武　文、孟和巴图、邵积东、杨文海、韩雪峰、刘海明
成　　员:项目负责人及各课题负责人
项目办公室下设项目技术委员会和项目组成员如下。

1. 项目技术委员会

负责项目技术问题咨询和技术指导,参与审查和监督。
主　任:邵和明
副主任:邵积东、武　文、王志刚、徐国权
成　员:程正海、张履桥、黄占起、杨文海、范永易、冷福荣

2. 项目组

负责项目及课题工作的具体实施、监督、检查与综合。
项目总工程师:邵积东
2007—2008 年项目负责人:许立权、陈志勇
2009—2013 年项目负责人:许立权、张　彤
项目副负责人:王新亮、孟和巴图、杜　刚、韩雪峰、徐国权
项目下设成矿地质背景研究、成矿规律与矿产预测、物探、化探、遥感、自然重砂应用、综合信息集成、煤炭及综合管理等 6 个课题。
　1)成矿地质背景研究
　课题负责人:吴之理　内蒙古自治区地质矿产勘查院
　　　　　　　方　曙　内蒙古自治区第十地质矿产勘查开发院
　2)成矿规律与矿产预测
　课题负责人:许立权　内蒙古自治区地质调查院
　　　　　　　张　彤　内蒙古自治区地质调查院
　化工矿种负责人:孙月军　中国化工地质矿山总局内蒙古自治区地质勘查院
　3)物探、化探、遥感、自然重砂应用
　课题负责人:赵文涛　内蒙古自治区地质调查院
　　　　　　　苏美霞　内蒙古自治区地质调查院
　重力专题负责人:苏美霞　内蒙古自治区地质调查院
　磁法专题负责人:陈信民　内蒙古自治区国土资源勘查开发院
　　　　　　　　　贾金福　内蒙古自治区国土资源勘查开发院
　化探专题负责人:张　青　内蒙古自治区地质调查院
　遥感专题负责人:张　皓　内蒙古自治区国土资源信息院
　自然重砂专题负责人:杨继贤　内蒙古自治区地质矿产勘查院
　　　　　　　　　　　田　俊　内蒙古自治区地质矿产勘查院
　4)综合信息集成
　课题负责人:任亦萍　内蒙古自治区地质调查院
　5)煤炭资源潜力评价
　课题负责人:冯云杰　内蒙古自治区煤田地质局
　6)综合管理
　负责人:田　力　内蒙古自治区国土资源厅地质勘查处

第二节　承担单位和参加单位

项目负责单位:内蒙古自治区国土资源厅

承 担 单 位:内蒙古自治区地质调查院
参 加 单 位:内蒙古自治区煤田地质局
　　　　　　内蒙古自治区地质矿产勘查院
　　　　　　内蒙古自治区第十地质矿产勘查开发院
　　　　　　内蒙古自治区国土资源勘查开发院
　　　　　　内蒙古自治区国土资源信息院
　　　　　　中国化工地质矿山总局内蒙古自治区地质勘查院

第三节　参加人员

项目自2006年启动至2013年完成,历时8年时间,参加人员众多,人员变动较大,项目组技术人员多达272人(表2-1)。

表2-1　项目参加人员一览表

课题及参加单位	序号	姓名	性别	年龄(岁)	技术职称/职务	专业	承担的主要工作
内蒙古自治区地质调查院	1	邵和明	男	75	正高	地质矿产	项目顾问
	2	许立权	男	42	正高	地质矿产	项目负责人,兼成矿规律课题负责人,编写成果报告、工作报告
	3	张　彤	女	45	正高	地质矿产	项目负责人,兼矿产预测课题负责人,编写成果报告、工作报告
	4	陈志勇	男	51	正高	地质矿产	项目负责人,负责项目具体实施,铝单矿种负责人,编写铝土矿成矿规律报告
成矿地质背景课题　　负责人:吴之理、方曙							
内蒙古自治区地质矿产勘查院	5	吴之理	男	72	正高	地质矿产	地质背景课题负责(中西部区),全面负责地质背景课题研究
	6	高荣宽	男	60	正高	地质矿产	地质背景技术负责,总工程师,全面负责该项目
	7	李文国	男	77	高工	地质矿产	地质背景沉积岩组组长,全面负责沉积岩专题研究
	8	刘永生	男	62	高工	地质矿产	地质背景火山岩组组长,全面负责火山岩专题研究
	9	曹生儒	男	72	高工	地质	地质背景变质岩组组长,全面负责变质岩专题研究
	10	王　渊	男	72	高工	地质	地质背景综合组组长,全面负责背景组综合研究
	11	牛建华	男	64	高工	地质	地质背景侵入岩组组长,全面负责侵入岩专题研究
	12	朱绅玉	男	73	正高	地质	地质背景构造组组长,全面负责构造专题研究
	13	周盛德	男	70	高工	地质	构造组成员
	14	申长福	男	74	工程师	地质	沉积岩组组长
	15	李裕崇	男	72	高工	地质	侵入岩组组长
	16	孙　敏	女	61	高工	地质	沉积岩组组长
	17	史学贞	女	71	工程师	地质	沉积岩组组长
	18	刘秀荃	女	69	高工	地质	沉积岩、侵入岩组组长
	19	段秀和	男	71	正高	地质	侵入岩组组长

续表 2-1

课题及参加单位	序号	姓名	性别	年龄（岁）	技术职称/职务	专业	承担的主要工作
内蒙古自治区地质矿产勘查院	20	董瑞祥	男	64	高工	地质	侵入岩组组长
	21	武树铭	男	69	高工	地质	侵入岩组组长
	22	封书凯	男	69	正高	地质	侵入岩组组长
	23	胡宝全	男	81	高工	地质	侵入岩组组长
	24	张宝德	男	61	工程师	地质	火山岩组组长
	25	张志华	男	59	工程师	地质	火山岩组组长
	26	邸金花	女	57	高工	地质	火山岩组组长
	27	侯世林	男	61	高工	地质	综合组组长
	28	杨增亮	男	61	工程师	地质	构造组组长
	29	周海英	女	49	工程师	计算机	图件编制及数据库建设负责人
	30	赵晓燕	女	39	技师	计算机	图件编制及数据库建设组成员
	31	黄蒙辉	男	40	工程师	计算机	图件编制及数据库建设组成员
	32	马茜	女	41	技师	计算机	图件编制及数据库建设组成员
	33	陈永红	女	41	技师	计算机	图件编制及数据库建设组成员
	34	佟慧玲	女	28	助工	计算机	图件编制及数据库建设组成员
	35	刘亚男	女	28	助工	计算机	图件编制及数据库建设组成员
	36	段蒙	女	31	助工	计算机	图件编制及数据库建设组成员
	37	张丽清	女	42	技师	计算机	图件编制及数据库建设组成员
	38	王新燕	女	28	助工	计算机	图件编制及数据库建设组成员
	39	薛美娜	女	40	助工	计算机	图件编制及数据库建设组成员
	40	徐一恭	男	27	助工	计算机	图件编制及数据库建设组成员
	41	崔海东	男	28	助工	计算机	图件编制及数据库建设组成员
	42	方曙	男	55	正高	地质矿产	地质背景课题负责（东部区），全面负责地质背景课题研究
	43	张忠	男	53	正高	地质矿产	总工程师
	44	王友	男	53	正高	地质矿产	主管副院长
	45	王文龙	男	55	正高	地质矿产	院长
	46	李同根	男	30	工程师	地质	编图人员
	47	吴宏乾	男	30	工程师	地质、计算机	编图人员
	48	林裕	男	29	工程师	地质、计算机	编图人员
	49	韩继成	男	29	工程师	地质、计算机	编图人员
	50	颜文瑞	男	27	工程师	地质、计算机	编图人员
	51	于海洋	男	29	工程师	地质、计算机	建库、检查
	52	程超英	女	28	工程师	计算机	微机人员
	53	范文艳	女	26	工程师	计算机	微机人员
	54	刘辉	男	26	工程师	计算机	微机人员
	55	杨浩宇	男	27	工程师	计算机	微机人员
成矿规律课题与矿产预测课题							负责人：许立权、张彤、孙月军、张明

续表 2-1

课题及参加单位	序号	姓名	性别	年龄（岁）	技术职称/职务	专业	承担的主要工作
内蒙古自治区地质调查院	56	张　明	男	42	正高	地质矿产	成矿规律课题负责人，铜、钼单矿种负责人，参加各单矿种成矿规律、矿产预测、成果报告编写及成矿规律课题、矿产预测课题研究
	57	李四娃	男	51	正高	地质矿产	成矿规律及矿产预测组组长，参加各单矿种成矿规律、矿产预测、成果报告编写
	58	郭仁旺	男	51	副高	地质矿产	成矿规律及矿产预测组组长，参加各单矿种成矿规律、矿产预测、成果报告编写
	59	贺　锋	男	50	副高	地质矿产	铅锌单矿种负责人，参加各单矿种成矿规律、矿产预测、成果报告编写，成矿规律课题、矿产预测课题研究
	60	罗鹏跃	男	50	副高	地质矿产	成矿规律及矿产预测组组长，参加各单矿种成矿规律、矿产预测、成果报告编写
	61	弓贵斌	男	43	工程师	地质矿产	成矿规律及矿产预测组组长，参加各单矿种成矿规律、矿产预测、成果报告编写
	62	孙连云	男	50	副高	地质矿产	成矿规律及矿产预测组组长，参加各单矿种成矿规律、矿产预测、成果报告编写
	63	张玉清	男	52	副高	地质矿产	稀土单矿种负责人，参加各单矿种成矿规律、矿产预测、成果报告编写，成矿规律课题、矿产预测课题研究
	64	罗中泽	男	50	副高	地质矿产	成矿规律及矿产预测组组长，参加各单矿种成矿规律、矿产预测、成果报告编写
	65	韩宏雨	男	40	副高	地质矿产	成矿规律及矿产预测组组长，参加各单矿种成矿规律、矿产预测、成果报告编写
	66	韩建刚	男	38	副高	地质矿产	成矿规律及矿产预测组组长，参加各单矿种成矿规律、矿产预测、成果报告编写
	67	杨文华	男	50	正高	地质矿产	成矿规律及矿产预测组组长，参加各单矿种成矿规律、矿产预测、成果报告编写
	68	王新亮	男	49	正高	地质矿产	项目副负责人，参加典型示范区研究工作
	69	郭灵俊	男	51	正高	地质矿产	成矿规律及矿产预测组组长，参加各单矿种成矿规律、矿产预测、成果报告编写
	70	贾玲珑	男	51	副高	地质矿产	成矿规律及矿产预测组组长，参加各单矿种成矿规律、矿产预测、成果报告编写
	71	贺宏云	男	47	正高	地质矿产	成矿规律及矿产预测组组长，参加各单矿种成矿规律、矿产预测、成果报告编写
	72	巩智镇	男	45	副高	地质矿产	成矿规律及矿产预测组组长，参加各单矿种成矿规律、矿产预测、成果报告编写
	73	康小龙	男	43	副高	地质矿产	锰单矿种负责人，参加各单矿种成矿规律、矿产预测、成果报告编写
	74	苏茂荣	男	51	副高	地质矿产	成矿规律及矿产预测组组长，参加各单矿种成矿规律、矿产预测、成果报告编写
	75	许　展	男	32	工程师	地质矿产	锡单矿种负责人，参加各单矿种成矿规律、矿产预测、成果报告编写，成矿规律课题、矿产预测课题研究，编写成果报告、工作报告
	76	武利文	男	51	正高	地质矿产	成矿规律及矿产预测组组长，参加各单矿种成矿规律、矿产预测、成果报告编写

续表 2-1

课题及参加单位	序号	姓名	性别	年龄（岁）	技术职称/职务	专业	承担的主要工作
内蒙古自治区地质调查院	77	徐 国	男	38	副高	地质矿产	成矿规律及矿产预测组组长，参加各单矿种成矿规律、矿产预测、成果报告编写
	78	张永清	男	52	副高	地质矿产	钨、锑、铬单矿种负责人，参加各单矿种成矿规律、矿产预测、成果报告编写，成矿规律课题、矿产预测课题研究
	79	郑宝军	男	47	副高	地质矿产	成矿规律及矿产预测组组长，参加各单矿种成矿规律、矿产预测、成果报告编写
	80	崔来旺	男	51	副高	地质矿产	成矿规律及矿产预测组组长，参加各单矿种成矿规律、矿产预测、成果报告编写
	81	李新仁	男	51	正高	地质矿产	成矿规律及矿产预测组组长，参加各单矿种成矿规律、矿产预测、成果报告编写
	82	贾和义	男	60	正高	地质矿产	铅锌单矿种负责人，参加各单矿种成矿规律、矿产预测、成果报告编写，成矿规律课题、矿产预测课题研究
	83	王挨顺	男	61	正高	地质矿产	铜单矿种负责人，参加各单矿种成矿规律、矿产预测、成果报告编写
	84	柳永正	男	45	副高	地质矿产	图件及数据库负责人，参加各单矿种成矿规律、矿产预测、成果报告编写
	85	郑武军	男	65	副高	地质矿产	图件编制及数据库建设
	86	郝先义	男	65	副高	地质矿产	典型矿床数据库建设负责人，图件编制及数据库建设
	87	许 燕	女	32	工程师	地质矿产	数据库建设负责人，参加各单矿种成矿规律、矿产预测、成果报告编写
	88	刘小女	女	29	助工	地质矿产	编制报告、图件编制及数据库建设
	89	李雪娇	女	26	助工	地质矿产	编制报告、图件编制及数据库建设
	90	佟 卉	女	26	助工	地质矿产	编制报告、图件编制及数据库建设
	91	胡 雯	女	29	助工	地质矿产	编制报告、图件编制及数据库建设
	92	安艳丽	女	26	助工	地质矿产	编制报告、图件编制及数据库建设
	93	李 杨	女	29	助工	地质矿产	编制报告、图件编制及数据库建设
	94	张 爱	女	29	助工	地质矿产	编制报告、图件编制及数据库建设
	95	陈晓宇	男	26	助工	地质矿产	编制报告、图件编制及数据库建设
	96	赵晓佩	男	26	助工	地质矿产	编制报告、图件编制及数据库建设
	97	魏雅玲	女	32	助工	地质矿产	编制报告、图件编制及数据库建设
	98	夏 冬	男	28	助工	地质矿产	成矿规律及矿产预测组组长，参加各单矿种成矿规律、矿产预测、成果报告编写
	99	韩宗庆	男	28	工程师	地质矿产	镍单矿种负责人，参加各单矿种成矿规律、矿产预测、成果报告编写，成矿规律课题、矿产预测课题研究，编写成果报告、工作报告
	100	赵 磊	男	28	助工	地质矿产	成矿规律及矿产预测组组长，参加各单矿种成矿规律、矿产预测、成果报告编写
	101	杨 波	男	28	助工	地质矿产	成矿规律及矿产预测组组长，参加各单矿种成矿规律、矿产预测、成果报告编写

续表 2-1

课题及参加单位	序号	姓名	性别	年龄（岁）	技术职称/职务	专业	承担的主要工作
内蒙古自治区地质调查院	102	闫 洁	女	27	工程师	地质矿产	数据库建设负责人，参加各单矿种成矿规律、矿产预测，成矿规律课题、矿产预测课题研究，编写成果报告、工作报告
	103	张婷婷	女	30	工程师	地质矿产	编制报告、图件编制及数据库建设
	104	武跃勇	男	53	副高	地质矿产	成矿规律及矿产预测组组长，参加各单矿种成矿规律、矿产预测、成果报告编写
	105	鞠文信	男	53	正高	地质矿产	成矿规律及矿产预测组组长，参加各单矿种成矿规律、矿产预测、成果报告编写
	106	邵永旭	男	32	工程师	地质矿产	参加各单矿种成矿规律、矿产预测、成果报告编写
	107	郭文军	男	33	工程师	地质矿产	参加各单矿种成矿规律、矿产预测、成果报告编写
	108	孙景浩	男	28	工程师	地质矿产	参加各单矿种成矿规律、矿产预测、成果报告编写
	109	肖建伟	男	33	工程师	地质矿产	参加各单矿种成矿规律、矿产预测、成果报告编写
	110	左玉山	男	26	工程师	地质矿产	参加各单矿种成矿规律、矿产预测、成果报告编写
	111	梁彩飞	男	28	工程师	地质矿产	参加各单矿种成矿规律、矿产预测、成果报告编写
	112	张 清	男	29	工程师	地质矿产	参加各单矿种成矿规律、矿产预测、成果报告编写
	113	胡玉华	男	30	工程师	地质矿产	参加各单矿种成矿规律、矿产预测、成果报告编写
	114	马巧燕	女	35	工程师	地质矿产	图件编制及数据库建设
	115	高清秀	女	52	助工	地质矿产	图件编制及数据库建设
	116	王晓娇	女	26	工程师	地质矿产	图件编制及数据库建设
	117	靳小雯	女	29	工程师	地质矿产	图件编制及数据库建设
	118	孙柏慧	女	26	工程师	地质矿产	图件编制及数据库建设
	119	张占飞	男	32	工程师	地质矿产	成矿规律及矿产预测组组长，参加各单矿种成矿规律、矿产预测、成果报告编写
	120	李英雷	男	29	工程师	地质矿产	参加各单矿种成矿规律、矿产预测、成果报告编写
	121	郝晓琳	女	29	工程师	地质矿产	图件编制及数据库建设
	122	刘永慧	女	41	高工	地质矿产	铜单矿前期研究负责人，参与铜单矿种报告编写
	123	张 亮	男	60	高工	地质矿产	矿产地数据库属性卡填制
	124	赵 静	女	23	助工	地质矿产	图件编制及数据库建设
	125	刘敏娜	女	29	工程师	地质矿产	图件编制及数据库建设
内蒙古自治区化工队	126	孙月君	男	46	正高	化工	化工矿产成矿规律及预测负责人
	127	吕广润	男	54	正高	化工	化工矿产成矿规律及预测
	128	王志刚	男	50	正高	化工	化工矿产成矿规律及预测
	129	林美春	女	57	高工	化工	化工矿产成矿规律及预测
	130	张 福	男	48	高工	化工	化工矿产成矿规律及预测
	131	秦俊文	男	54	高工	化工	化工矿产成矿规律及预测
	132	韩雪峰	男	47	高工	化工	化工矿产成矿规律及预测
	133	赵 敏	女	30	助工	化工	数据库
	134	刘学琴	女	30	助工	化工	数据库
	135	郭洪春	男	28	助工	化工	数据库
	136	刘和军	男	28	助工	化工	数据库
	137	赖 波	男	28	助工	化工	数据库

续表 2-1

课题及参加单位	序号	姓名	性别	年龄（岁）	技术职称/职务	专业	承担的主要工作
物化遥自然重砂综合应用课题　负责人：赵文涛、苏美霞							
重力专题（内蒙古自治区地质调查院）	138	赵文涛	男	51	正高	物探	负责项目的总体协调、部署及成果报告编写、图件审核工作
	139	苏美霞	女	50	正高	物探	负责全区综合研究、解释推断、编图、成果数据库建设、单矿种预测；内蒙古自治区全区汇总成果报告主编；负责完成全区及铁、铝土、金、银、锡、锰重力资料应用前期阶段性成果报告
	140	孙会玲	女	27	工程师	物探	磷、硫铁、萤石、重晶石、菱镁矿重力资料应用前期阶段性成果报告编写及数据库建设、单矿种的预测研究等工作，并负责完成了金、镍、铬重力资料应用汇总成果报告
	141	范亚丽	女	29	工程师	物探	全面负责全区及各预测工作区、典型矿床各类成果图件的编制及数据库建设检查工作
	142	孟晓玲	女	26	工程师	物探	图件编制、数据库建设、说明书编写、定量反演等工作，并负责完成铁、铝、银、锰、锡单矿重力资料应用汇总成果报告
	143	吴艳君	女	25	工程师	物探	图件编制、数据库建设、说明书编写、定量反演等工作，并负责完成铜、钨、锑、钼单矿种重力资料应用汇总成果报告
	144	李红威	女	26	工程师	物探	预测工作区及典型矿床图件编制、数据库建设、说明书编写、定量反演等工作，并负责完成铅、锌、稀土、磷、萤石、铁、菱镁矿、重晶石单矿种重力资料应用汇总成果报告
	145	阴曼宁	女	56	工程师	物探	负责铜、钨、锑、钼、铬、镍重力资料应用前期阶段性成果报告编写
	146	常忠耀	男	57	工程师	物探	负责重力基础数据库建设及铅、锌、稀土单矿种前期阶段性成果报告编写
	147	贾瑞娟	女	29	工程师	物探	全区和各预测工作区、典型矿床各类成果图件的编制及数据库建设检查工作
	148	王志利	男	28	工程师	物探	铜、钨、锑单矿种重力资料整理研究及其阶段性成果报告编写
	149	杨建军	男	30	工程师	物探	铅、锌、稀土单矿种重力资料整理研究及其阶段性成果报告编写
	150	陈江均	男	26	工程师	物探	金、磷单矿种重力资料整理研究及其阶段性成果报告编写
	151	贾大为	男	26	工程师	物探	铜、钨、锑单矿种重力资料整理研究及其阶段性成果报告编写
	152	王　鑫	男	24	工程师	物探	铅、锌、稀土单矿种重力资料整理研究及其阶段性成果报告编写
	153	张永旺	男	25	工程师	物探	钼、镍、铬单矿种重力资料整理研究及其阶段性成果报告
	154	张永财	男	25	工程师	物探	磷、硫铁、重晶石、菱镁矿预测工作区及典型矿床图件编制、数据库建设

续表 2-1

课题及参加单位	序号	姓名	性别	年龄（岁）	技术职称/职务	专业	承担的主要工作
磁测专题（内蒙古自治区国土资源勘查开发院）	155	朱 锁	男	52	正高	磁测	课题负责人
	156	辛 盛	男	57	高工	磁测	课题负责人
	157	贾金富	男	58	高工	物探	磁测应用专题属性数据库技术负责人
	158	陈信民	男	53	高工	物探	航磁数据库技术负责
	159	王 宁	男	50	高工	磁测	课题负责人
	160	吕洪涛	男	30	工程师	地质	建库、检查
	161	乔占华	男	30	工程师	磁测	建库、检查
	162	侯学敏	男	30	工程师	计算机	建库、检查
	163	顾 宁	男	27	工程师	地质	建库、检查
	164	喻忠鸿	男	30	工程师	磁测	建库、检查
	165	刘凤岐	女	26	工程师	磁测	建库、检查
	166	武文奇	男	28	工程师	磁测	建库、检查
	167	苏建军	男	27	工程师	磁测	建库、检查
	168	何志国	男	29	工程师	磁测	建库、检查
	169	郭嵩魏	男	35	工程师	磁测	建库、检查
	170	王慧美	女	31	工程师	磁测	建库、检查
	171	王美翠	女	26	工程师	磁测	建库、检查
	172	赵立呼	男	26	工程师	磁测	建库、检查
	173	孙秀清	女	26	工程师	磁测	建库、检查
	174	喻丽琼	女	26	工程师	磁测	建库、检查
	175	刘海泉	女	29	工程师	磁测	建库、检查
	176	杨小锋	男	29	工程师	磁测	建库、检查
	177	李红红	男	53	高工	磁测	航磁数据库
	178	武 斌	男	39	工程师	磁测	航磁数据库
	179	白 静	女	30	技术员	磁测	航磁数据库
	180	修晨辉	男	29	工程师	磁测	建库、检查
	181	王连芳	女	27	工程师	磁测	建库、检查
	182	包瑞民	男	74	工程师	磁测	建库、检查
	183	薛瑞平	男	29	工程师	磁测	建库、检查
	184	薄文俊	男	30	工程师	磁测	建库、检查

续表 2-1

课题及参加单位	序号	姓名	性别	年龄（岁）	技术职称/职务	专业	承担的主要工作
化探专题（内蒙古自治区地质调查院）	185	张 青	女	44	工程师	地球化学	报告主笔，全区资料综合研究、异常提取、解释推断
	186	王沛东	女	30	工程师	地球化学	铅锌、银、锡矿成矿预测和单矿种专题报告的编写
	187	赵丽娟	女	29	工程师	地球化学	金、钼矿成矿预测和单矿种专题报告的编写
	188	马志超	男	27	工程师	地球化学	稀土矿成矿预测、铜定量预测及单矿种报告的编写
	189	樊永刚	男	46	工程师	物化探	铜、钨、锑矿成矿预测和单矿种专题报告的编写
	190	谢 燕	女	32	工程师	地球化学	铬、镍、锰矿成矿预测和单矿种专题报告的编写
	191	张海龙	男	32	工程师	地球化学	预测工作区图件说明书的编写
	192	杨立国	男	33	工程师	地球化学	预测工作区图件说明书的编写
	193	熊万里	男	24	工程师	地球化学	预测工作区图件说明书的编写
	194	袁宏伟	男	24	工程师	地球化学	预测工作区图件说明书的编写
	195	武慧珍	女	29	工程师	地球化学	图件编制及数据库建设
	196	赵 婧	女	25	工程师	地球化学	图件编制及数据库建设
	197	张晓娜	女	29	工程师	地球化学	图件编制及数据库建设
	198	张惠莲	女	40	工程师	地球化学	图件编制及数据库建设
	199	孔凡吉	男	44	工程师	物化探	预测工作区图件说明书的编写
	200	王喜宽	男	44	工程师	地球化学	预测工作区图件说明书的编写
	201	赵志军	男	45	工程师	地球化学	预测工作区图件说明书的编写
	202	钟 仁	男	49	工程师	地球化学	预测工作区图件说明书的编写
	203	赵金忠	男	45	工程师	地球化学	预测工作区图件说明书的编写
	204	李世宝	男	44	工程师	地球化学	预测工作区图件说明书的编写
	205	张 宝	男	49	工程师	物化探	预测工作区图件说明书的编写
	206	刘金宝	男	45	工程师	地球化学	预测工作区图件说明书的编写
	207	刘寅彪	男	45	工程师	物化探	预测工作区图件说明书的编写
遥感专题（内蒙古自治区国土资源信息院）	208	张 浩	男	42	高工	遥感	遥感应用专题属性数据库技术负责
	209	陈 彻	男	35	工程师	计算机	建库、检查
	210	颜 涛	男	35	工程师	计算机	建库、检查
	211	孟和巴图	男	60	高工	组员	航磁解译推断
	212	赵满寿	男	59	高工	组员	数据处理、解译推断
	213	安丽娜	女	56	副研究员	组员	资料收集、卡片填写
	214	高 枫	男	27	助工	计算机	建库、检查
	215	刘其梅	女	27	助工	计算机	建库、检查
	216	刘文浩	男	29	助工	计算机	建库、检查
	217	郭 欣	女	28	助工	计算机	建库、检查

续表 2-1

课题及参加单位	序号	姓名	性别	年龄(岁)	技术职称/职务	专业	承担的主要工作
重砂专题（内蒙古自治区地质矿产勘查院）	218	田 俊	男	50	高工	地质矿产	重砂应用专题属性数据库技术负责
	219	孙 敏	女	59	高工	组员	自然重砂数据库
	220	王 梅	女	54	工程师	组员	自然重砂数据库
	221	夏美丽	女	52	工程师	计算机操作	自然重砂数据库
	222	杨继贤	男	66	高工	地质矿产	自然重砂数据库技术负责
	223	周 婧	女	27	助工	计算机	建库、检查
综合信息集成课题　负责人：任亦萍							
综合信息集成课题组（内蒙古自治区地质调查院）	224	任亦萍	女	52	正高	物化探	综合信息集成专题技术负责
	225	云丽萍	女	28	助工	地质、计算机	建库、检查
煤炭矿产资源潜力评价课题　负责人：孟令伟							
煤炭（内蒙古自治区煤田地质局）	226	武 文	男	55	正高	煤田	总工程师
	227	孟令伟	男	55	正高	煤田	课题负责
	228	张 强	男	48	正高	煤田	技术负责
	229	王东东	男	42	副高	煤田	主编
	230	陈利敏	女	42	副高	煤田	主编
	231	王崇敬	男	42	副高	煤田	主编
	232	秦胜利	男	38	副高	煤田	副主编
	233	张福英	女	39	副高	煤田	副主编
	234	李桂英	女	40	副高	煤田	副主编
	235	池 海	男	40	副高	煤田	副主编
	236	宋志杰	男	35	副高	煤田	副主编
	237	贾 龙	男	35	副高	煤田	副主编
	238	李 磊	男	38	副高	煤田	副主编
	239	李惠林	女	37	副高	煤田	副主编
	240	李洪波	男	35	副高	煤田	副主编
	241	齐福辉	男	36	副高	煤田	副主编
	242	彭胜龙	男	33	副高	煤田	副主编
	243	李凤春	男	36	副高	煤田	副主编
	244	黄 忠	男	33	副高	煤田	副主编
	245	郝 静	女	38	副高	煤田	副主编
	246	王红菊	女	35	副高	煤田	副主编
	247	邱显海	男	32	副高	煤田	副主编

续表 2-1

课题及参加单位	序号	姓名	性别	年龄（岁）	技术职称/职务	专业	承担的主要工作
煤炭（内蒙古自治区煤田地质局）	248	周 琴	女	29	工程师	煤田	报告编制人员
	249	王夜斗	男	29	工程师	煤田	报告编制人员
	250	冯文丽	女	27	工程师	煤田	报告编制人员
	251	褚俊霞	女	26	工程师	煤田	报告编制人员
	252	靳云鹏	男	28	工程师	煤田	报告编制人员
	253	刘志宏	男	26	工程师	煤田	报告编制人员
	254	其日麦拉图	男	27	工程师	煤田	报告编制人员
	255	邓秀杰	男	29	工程师	煤田	报告编制人员
	256	袁 远	男	29	工程师	煤田	报告编制人员
	257	蒋仁勇	男	29	工程师	煤田	报告编制人员
	258	姚 征	男	27	工程师	煤田	报告编制人员
	259	李 恒	男	25	工程师	煤田	报告编制人员
	260	龙泽桃	男	25	工程师	煤田	报告编制人员
	261	高伟程	男	26	工程师	煤田	报告编制人员
	262	刘 光	男	29	工程师	煤田	报告编制人员
	263	王丽晔	男	28	工程师	煤田	报告编制人员
	264	张凤兰	女	26	工程师	煤田	报告编制人员
	265	于小磊	男	26	工程师	煤田	报告编制人员
	266	高 威	男	28	工程师	煤田	报告编制人员
	267	马 丽	女	26	工程师	煤田	报告编制人员
	268	林燕华	女	27	工程师	煤田	报告编制人员
	269	李兆彬	男	30	工程师	煤田	报告编制人员

第四节 分阶段实施情况

一、非煤矿产分段实施情况

内蒙古矿产资源潜力评价项目在内蒙古自治区国土资源厅高度重视下，2007 年组建领导机构小组（内国土资字〔2007〕189 号文和内国土资字〔2007〕821 号文）。2007 年 12 月，内蒙古自治区国土资源厅下文进一步明确了潜力评价项目组参加单位和任务分工（内国土资字〔2007〕1017 号文）。

2007 年 6 月底在北京蟹岛进行了全方位的技术培训。

2007 年 11 月，项目总体设计通过天津大区项目办组织的评审。根据全国任务书要求的 25 个矿种，结合各矿种在自治区境内是否具备成矿条件等因素，除铀矿外，本次工作选定煤、铁、铝、铜、金、铅、锌、钨、锑、稀土、磷、银、钼、铬、镍、锰、锡、萤石、重晶石、菱镁矿、硫铁矿 21 个矿种进行规律研究与资源潜力评价。

按照全国项目办要求，此项工作分 3 个阶段进行。

第一阶段为 2007—2011 年 3 月。2008 年完成了全区 1∶50 万地质图数据库、工作程度数据库、矿产地数据库及重力、航磁、化探、遥感、重砂等基础数据库的更新与维护；2008—2009 年开展典型示范区研究；2010 年 3 月，提交了铁、铝 2 个单矿种资源潜力评价成果；2010 年 6 月编制完成全区 1∶25 万标准图幅建造构造图、实际材料图，全区 1∶50 万和 1∶150 万物探、化探、遥感及自然重砂基础图件；2010 年—2011 年 3 月完成了铜、铅、锌、金、钨、锑、稀土、磷及煤等矿种的资源潜力评价工作。经过验收后修改、复核后，已将各类报告、图件及数据库向全国项目办及天津地质调查中心进行了汇交。

第二阶段为 2011—2012 年，完成了银、铬、锰、镍、锡、钼、硫、萤石、菱镁矿、重晶石 10 个矿种的资源潜力评价工作及各专题成果报告。2012 年 6 月上述矿种的潜力评价工作已全部完成，各类报告、图件及数据库已全部通过中国地质调查局评审验收，8 月底前完成数据资料的修改工作，按照全国项目办要求分专题进行复核、汇交。

第三阶段为 2012 年 6 月—2013 年 10 月，以Ⅲ级成矿（区）带为单元开展了各专题研究工作，并编写地质背景、成矿规律、矿产预测、重力、磁法、遥感、自然重砂、综合信息专题报告，在各专题报告的基础上，编写内蒙古自治区矿产资源潜力评价总体成果报告及工作报告。2013 年 6 月，完成了各专题汇总报告及图件的编制工作，6 月底，由内蒙古自治区国土资源厅组织对各专题综合研究及汇总报告进行了初审，7 月全国项目办召开了各专题汇总报告验收会议，项目组提交了各专题综合研究成果，均获得优秀。

在各课题进行矿产资源潜力评价的同时，开展了各课题数据库建设工作。铁、铝单矿种数据库先后于 2010 年 3 月、6 月、12 月通过了全国及华北地质调查中心综合信息集成组的验收，2011 年 7 月、12 月分别向华北地质调查中心及全国矿产资源潜力评价项目组进行了成果资料汇交；2011 年 3 月，金、铜等 8 个矿种数据库通过了全国项目办的验收，2011 年 8 月、12 月分别向华北地质调查中心及全国矿产资源潜力评价项目组进行了成果资料汇交；2012 年 6 月底，钼、银等 10 个矿种数据库通过了全国项目办的验收，2012 年 9 月、2012 年 12 月分别向全国项目办、华北地质调查中心进行了成果资料汇交。

二、煤炭分阶段实施情况

2007 年 5 月，按全国煤炭项目评价办下发的煤炭资源潜力评价编写提纲，对设计进行了编写，年底完成了审查；2008 年 5 月，层序地层与构造控煤培训后，主要是收集相邻省（区）资料，并于当年完成了巴彦宝力格、胜利、白音华、白音乌拉 4 个矿区的主要图纸；2009 年完成了包括 2008 年在内的 19 个矿区[海拉尔（4 个）、二连（11 个），绍根、集宁、准格尔、东胜各 1 个]的主要图纸，并梳理了全区 183 个预测区的资源量，基本完成了该项目 80% 的工作量。但由于中华人民共和国国土资源部、内蒙古自治区国土资源厅布置的"煤炭资源利用现状调查"项目的开展，根据新的精神要求对该项目的工作内容进行了调整（主要是资料截止时间为 2009 年底）；2010 年两个项目同时进行时发现，内蒙古自治区煤炭勘查快于全国，新的勘查成果很多，大多数预测区已成为勘查区，2009 年以前完成的 19 个矿区的部分矿区（海拉尔和二连）已没有代表性，所以在 2010 年 10 月与全国煤炭项目评价办进行了沟通，同意调整矿区级的工作内容；2011 年 3 月，将矿区级评价报告调整为赋煤带 3 个、煤田 2 个、矿区 2 个。这 7 个区无论是查明资源、潜在资源，还是预测资源，均占全自治区的 99% 以上。

第五节　任务完成情况

内蒙古自治区矿产资源潜力评价项目分阶段进行了由内蒙古自治区国土资源厅组织的评审及由全

国项目办组织的验收,2010 年 3 月对铁、铝单矿种进行了评审验收,2011 年 3 月对铜、铅、锌、金、钨、锑、稀土、磷等矿种进行了评审验收,2012 年 6 月对银、铬、锰、镍、锡、钼、硫、萤石、菱镁矿、重晶石 10 个矿种进行了评审验收,2013 年 7 月对各专题报告进行了评审验收,2013 年 10 月底开展项目成果报告、工作报告的评审验收。在历次评审验收中均取得了较好的成绩(表 2-2)。

表 2-2 内蒙古自治区矿产资源潜力评价在全国项目办验收中取得成绩一览表

矿种	总报告	背景	成矿规律	重力	磁法	化探	遥感	重砂	矿产预测	总评分
铁矿	90	87	91	91	90.05		90		90	90
铝土矿	86	90	85.1	91	80.5		90		87	87
铬矿	92.6	88	83	94	优秀	92	92	91.5	95	90.15
金矿	91	—	92	通过	通过	通过	90.5	86.7	90	
磷矿		—		通过	通过	—	90.5	83.4	—	
菱镁矿	90	87	89	94		93	92		90	89.84
硫铁矿	92	91	92	94	优秀		92	91.5		92
锰矿	93	89	89	94	优秀	92.5	92	91.5	92	90.89
钼矿	优秀	92	87	94	优秀	95	92	91.5	93	91.45
镍矿	93	92	85	94	优秀	93	92		90	90.33
铅锌矿	92	—	90	通过	通过	通过	90.5	84	92	—
锑矿	—	良好		通过	通过		90.5		85	88
铜矿	—	—	90	通过	通过	通过	90.5	86.1	90	90
钨矿	—	通过	88	—	—	—	90.5	84	90	88.5
稀土矿	—	—	90	通过	通过	通过	90.5	84.3	90	88.5
锡矿	90.78	87	88	94	优秀	93.5	通过	91.5	95	90
银矿	90	88	88	94	优秀	92	通过		93	90.42
萤石矿	90	87	90	94	优秀	93	通过	91.5		90
重晶石	90	89		94	优秀		92		90	90
专题报告	优秀	优秀	优秀	优秀	优秀	优秀	优秀	优秀	优秀	优秀

第三章 完成的工作量

内蒙古自治区矿产资源潜力评价项目自 2006 年启动至 2013 年完成,历时 8 年时间,工作涉及内蒙古自治区全区,对新中国成立以来的地质、矿产、重力、磁法、地球化学、自然重砂、遥感、数据库建设及各类综合研究资料进行了系统的梳理和汇总,工作量巨大。项目共收集、整理资料和编绘图件数万份,完成各类报告 121 份,完成图件 15 844 张,建立成果数据库 6986 个,编写说明书 7418 份(表 3-1～表 3-10)。

1. 地质构造背景

表 3-1 地质构造背景应用完成工作量一览表

名称	图件(幅/张)	数据库(个)	说明书(份)
1:25 万实际材料图	103	103	
1:25 万建造构造图	134	134	134
预测工作区地质构造专题底图	179	179	179
区级地质构造图件(含大地构造相图、五要素图)	6	1	6
专题报告(份)		1	

2. 成矿规律及矿产预测

表 3-2 成矿规律及矿产预测应用完成工作量一览表

名称	图件(幅/张)	数据库(个)	说明书(份)
典型矿床成矿要素图	152	152	152
典型矿床成矿模式图	152		
典型矿床预测要素图	152	152	152
典型矿床预测模型图	152		
典型矿床预测成果图	152		
预测工作区成矿要素图	177	177	177
预测工作区成矿模式图	177		
预测工作区预测要素图	177	177	177
预测工作区预测模型图	177		
预测工作区矿产预测成果图	552	290	290

续表 3-2

名称	图件(幅/张)	数据库(个)	说明书(份)
全区单矿种(组)预测类型分布图	20	20	20
全区单矿种(组)区域成矿规律图	20	20	20
全区区域成矿规律图	1	1	1
全区矿产预测综合成果图	4		
全区勘查工作部署建议图	22	22	22
全区未来勘查矿产开发基地预测图	21	21	21
专题报告(份)	40(单矿种规律报告19份、单矿种预测成果报告19份、成矿规律课题成果报告1份、矿产预测课题成果报告1份)		

3. 重力

表 3-3 重力应用完成工作量一览表

名称	图件(幅/张)	数据库(个)	说明书(份)
典型矿床重力类图件	320		161
预测工作区重力类图件	3186	531	531
全区重力类图件	90	8	4
重力异常定量解释图	94		
专题报告(份)	22		

4. 磁测

表 3-4 磁测应用完成工作量一览表

名称	图件(幅/张)	数据库(个)	说明书(份)
典型矿床磁法类图件(含磁性矿床资源量定量计算图、地面磁测大比例尺编图)	966	586	586
预测工作区磁法类图件[含Ⅲ级成矿(区)带类图件]	791	696	696
全区类磁法图件	8	8	8
磁法异常定量解释图	798		
专题报告(份)	6		

5. 化探

表 3-5 化探应用完成工作量一览表

名称	图件(幅/张)	数据库(个)	说明书(份)
典型矿床化探类图件	538		
预测工作区化探类图件	2782	2291	2658
全区化探类图件	296	111	116
全区地球化学预测重要矿种的找矿预测图	896		
专题报告(份)	15		

6. 遥感

表 3-6 遥感应用完成工作量一览表

名称	图件(幅/张)	数据库(个)	说明书(份)
典型矿床遥感类图件	276	205	205
预测工作区遥感类图件	708	531	531
1:25万分幅类图件	544	408	408
全区遥感类图件	4	2	2
专题报告(份)	3		

7. 自然重砂

表 3-7 自然重砂应用完成工作量一览表

名称	图件(幅/张)	数据库(个)	说明书(份)
预测工作区自然重砂类图件	149	75	75
全区自然重砂类图件	40	15	15
专题报告(份)	3		

8. 煤炭潜力评价

表 3-8 煤炭潜力评价应用完成工作量一览表

名称	图件(幅/张)	数据库(个)	说明书(份)
煤田地质图	8	8	8
煤田构造纲要图	8	8	8
聚煤岩相古地理图	20	20	20
煤类分布图	11	8	8
煤炭资源预测评价图	8	8	8
煤炭资源勘查开发现状图	8	8	8
其他辅助性分析研究图件	20	10	11
专题报告(份)		8	

9. 数据库维护

表 3-9 数据库维护应用完成工作量一览表

名称	新增数据库数据(条)	维护后数据库数据(条)	说明书(份)
地质工作程度数据库	3225	6904	
矿产地数据库	2112	2162	
1∶50万地质图数据库	18	18	
1∶20万、1∶25万地质图数据库	131	131	
1∶50万重力数据库			
1∶20万重力数据库		1631	
1∶50万航磁数据库		76 816	4
1∶20万航磁数据库			
1∶5万磁测数据库	1	4	
1∶20万化探数据库	1	9	7
遥感测量	7	50	
自然重砂测量			
典型矿床数据库	6	151 205	85
专题报告(份)		1	

10. 省级文字报告

表 3-10 省级文字报告维护应用完成工作量一览表

名称	报告(份)	附图(张)	图册(套)
全省单矿种(组)潜力评价成果报告	20	140	14
全省潜力评价成果汇总报告	1	9	
全省潜力评价工作报告	1		0

第四章 取得的主要成果

第一节 地质背景

本项目首次按同一个技术要求编制了覆盖内蒙古自治区中—东部地区的1：25万国际分幅的"实际材料图"103幅，为今后各项地质工作打下了坚实的基础。首次以建造构造为核心内容，编制了覆盖全内蒙古自治区的1：25万国际分幅的"建造构造图"134幅，为今后各项地质工作提供了丰富的实际资料。首次编制了涉及20个矿种的以表达成矿地质构造要素为核心内容的遍布全区的不同比例尺、不同类别的"专题底图"179张，为矿产预测提供了成矿地质背景资料。首次以"岩石构造组合"为核心内容，以"大地构造相分析"为方法编制了覆盖全区的1：50万大地构造图，该图充分反映了全区总体大地构造环境及其时空演化特征。

有关大地构造分区的认识：内蒙古自治区地处中国北方，东西跨度2400余千米。成矿地质背景研究技术要求对我国大地构造分区有一个推荐方案，其中内蒙古自治区占据了天山-兴蒙造山系、华北陆块区、塔里木陆块区和秦祁昆造山系4个Ⅰ级构造单元。该方案中，阿拉善陆块置于华北陆块区。而2012年新编《中国大地构造图》及说明书（1：250万），将阿拉善陆块归入塔里木陆块区。我们根据内蒙古自治区大地构造边界的性质、大地构造相环境的岩石构造组合以及相邻构造单元的构造关系，采用了技术要求的推荐方案。

根据大地构造单元研究，全区应位于西伯利亚板块、华北板块和塔里木板块的结合部位。以往有学者认为的内蒙古西部的哈萨克斯坦板块未被引入，被归入西伯利亚板块。

板块界线：对西伯利亚板块和华北板块的结合带有两种认识：一种认识是二连浩特-贺根山蛇绿混杂岩带；另一种认识是索伦山-西拉木伦蛇绿混杂岩带。本次研究我们采纳了后一种意见。但是，二连浩特-贺根山蛇绿混杂岩带和索伦山-西拉木伦蛇绿混杂岩带之间广阔的锡林浩特中间地块的基底杂岩特征更多地接近于华北地块的特征，因此我们认为这一中间地带的归属有待进一步研究。

西伯利亚板块与塔里木板块的界线主要在新疆境内，延入内蒙古的界线为恩格尔乌苏蛇绿混杂岩带。新编《中国大地构造图》及说明书（1：250万）将阿拉善陆块纳入塔里木板块，其界线为贺兰山和阿拉善陆块之间的大断裂，这一观点还需进一步研究。

乌拉山岩群和集宁岩群一直被当作太古宇构造岩层单位使用，虽然各时期不同地质工作者的认识和划分有别，但总体把集宁岩群置于乌拉山岩群之下。20世纪90年代，变质岩地区1：5万填图方案的推广，对原乌拉山岩群和集宁岩群进行解体研究，从中区分出大量变质深成侵入体。1：5万区域地质调查的开展，对乌拉山岩群和集宁岩群的关系及它们的时代和变质作用等都提出了一些看法。

乌拉山岩群由片麻岩系和大理岩组合构成，而片麻岩系可以分为角闪斜长片麻岩类和斜长片麻岩-榴云片麻岩（石英岩、变粒岩）-大理岩组合。集宁岩群公认为一套孔兹岩系，即黑云斜长片麻岩、矽线榴石片麻岩、石英岩、大理岩组合。单从岩性上看，集宁岩群似乎与乌拉山岩群的中上部相当，从地域分布上看，乌拉山岩群分布在狼山至察右后旗一线，而集宁岩群则分布在呼和浩特至兴和一带，一南一北，接触最多的地段在旗下营—卓资县一带。20世纪90年代曾在旗下营地区布置了8个1∶5万区域地质调查图幅。想解决二者的关系，但最终没有明确的结论。本项成矿地质背景研究中，因为乌拉山岩群的下部角闪斜长片麻岩中含磁铁石英岩矿层，集宁岩群含石墨矿而受到特别重视，进行了系统的变质岩建造和变质岩岩石构造组合分析，形成了乌拉山岩群和集宁岩群可能为同一岩石构造单位的认识，集宁岩群相当于乌拉山岩群的中上部层位。

乌拉山岩群和集宁岩群的时代问题，参考国际地学界认为太古宇没有孔兹岩系，而乌拉山岩群和集宁岩群相关的同位素测年资料，大部分小于25亿年，所以提出乌拉山岩群和集宁岩群可能为古元古代的产物。处理这样的问题，应当把内蒙古自治区全部变质岩系统一考虑，如果将集宁岩群的时代置于古元古代，那么新太古界色尔腾山岩群、二道凹岩群等区域变质程度较轻的地层单位如何处理。原划为古元古代的宝音图岩群、阿拉善岩群、北山岩群和兴华渡口群等片岩系地层单位，与之相关的侵入岩又作何对待。考虑到诸多因素，本次研究工作遵循了内蒙古大多数地质工作者的认识，仍然将乌拉山岩群和集宁岩群的时代置于中太古代。

色尔腾山岩群、二道凹岩群和宝音图岩群都是片岩和大理岩组合，以前都置于古元古代。20世纪90年代将色尔腾山岩群细分为5个岩组（后合并为东五分子岩组、柳树沟岩组和点力素泰岩组），其时代改为新太古代，并得到大多数人的承认和引用。但是，与色尔腾山岩群岩石组合相当，变质程度相近的二道凹岩群和宝音图岩群没有得到关注，这给地层对比、时空演化、变质作用研究和变质地质单元的划分造成很多困难。希望这一问题在今后的工作中能够得到解决。

温都尔庙群因赋存温都尔庙型铁矿而受世人关注。最初时代归属于早中泥盆世，后期工作者将其时代归属早古生代、寒武纪和中元古代等多种认识，20世纪90年代北京大学在苏尼特左旗一带的温都尔庙群中工作时，获取的数个15亿年左右的同位素测年资料，由此定为中元古代，并被广泛地推广引用。近年来SHRIMP同位素测年方法的运用，在温都尔庙群及相关的地质体中测出了古生代的同位素年龄资料，重新提出温都尔庙群的时代为早古生代，值得重视。如果将温都尔庙群厘定为早古生代，那么同它共处同一地质构造单元中的其他古生代地层，变质程度明显不协调，也应该引起注意。

白云鄂博群和渣尔泰山群作为内蒙古中部地区中新元古代北、南两个陆缘裂谷的产物而进行对比研究。但对白云鄂博群的时代仍有不同意见，有人认为是早古生代。白云鄂博群西起白云鄂博，向东延至正蓝旗、多伦县一带，但是岩性和变质程度有较大的差别。以察右后旗为界，西部为泥板岩，东部为片岩、石英岩。是否为同一地层单位，有待研究。渣尔泰山群向西延伸跨过狼山弧后到达巴彦诺尔公、乌力吉一带，如果阿拉善地块划归塔里木陆块区，狼山以西的该套地层若还称渣尔泰山群是否合理，有待研究。

还有一个时限问题，白云鄂博群和渣尔泰山群的时代被归属为长城纪—蓟县纪—青白口纪，即由18亿年至8亿年，在长达10亿年的时间里只有海平面升降造成的平行不整合而无其他构造运动，是否符合地壳发展的规律。

石炭纪—二叠纪的划分：内蒙古石炭纪—二叠纪处于地质发展的重要时段，这一时期正是西伯利亚板块和华北板块碰撞拼合的时期，两大板块的地层发育各具特色又兼融合，岩浆活动非常剧烈，所形成的地质构造现象非常丰富。以往的研究中，沉积地层的划分众说纷纭，全区建立了几十个组级地层单位，有岩石地层单位、生物地层单位、年代地层单位等，后经岩石地层单位清理，将一些同物异名、一物多名的地层单位进行了归并和整理，形成目前使用的地层层序。但是，随着国际地层年代表的修订，将石炭纪由三分改为二分，二叠纪由二分改为三分，石炭纪和二叠纪界线的变动，原石炭纪和二叠纪地层单位的时代归属出现多解的状态，造成地层对比、构造发展演化等多方面研究的困难。急需从构造古地理环境、岩石组合、古生物化石等方面进行综合研究，提出内蒙古石炭纪—二叠纪岩石地层划分方案和地层格架，供地质工作者使用。

内蒙古中东部地区侏罗纪火山岩相当发育，尤其晚侏罗世火山岩构成大兴安岭主体。内蒙古、黑龙江、吉林、辽宁、河北在不同时期建立了众多的火山岩岩石地层单位。20世纪90年代全国岩石地层单位清理时,将内蒙古晚侏罗世陆相火山岩统一为满克头鄂博组、玛尼吐组和白音高老组,废弃了其他火山岩地层名称。这给火山岩地层对比研究带来了很大的便利。但是,由于陆相火山岩的岩性和岩相变化极大,过度的统一使不同地区火山岩的特殊性表达不够,不利于构造岩浆岩带的划分和火山构造的研究。

晚侏罗世火山岩,最近数年同位素测年资料主要集中在150～100Ma之间,加之古生物化石研究的进展,相邻省区和本区一些地层工作者已经将大部分晚侏罗世火山岩修正为早白垩世。本次工作中虽未变动,但这一趋势恐怕在所难免,希望从事火山岩研究和火山构造研究的学者注意这一倾向。

第二节 重 力

完成了内蒙古自治区区域重力资料的全面收集,建立了重力基础数据库,该项成果为进行全区重力基础图件编制提供了可靠的数据资料。首次系统编制了全区工作程度图、布格重力异常图、剩余重力异常图、推断地质构造图,同时完成了数据库建设。完成了阶段性成果报告21份,汇总成果报告1份(8册)。

完成了全区重力场的分区研究。以内蒙古东部大兴安岭梯级带、西部狼山-贺兰山梯级带为界,由东到西全区划分为3个重力场大区,在此基础上又进一步划分为9个重力场分区。重力场分区及其界线是地质构造格局和地层建造的地球物理场的反映,该项成果对于构造单元界线的厘定、成矿(区)带的划分具有重要的地质意义。比如贺兰山梯级带的客观存在,及其两侧重力场特征的显著差异,为塔里木板块东部界线的重新厘定和认识提供了重要的地球物理依据。

通过对内蒙古重力资料的结合研究,首次提取剩余重力异常943处,布格重力异常723处,在此基础上首次系统地完成了全区重力资料的综合解释推断。全区推断区域性深大断裂构造(Ⅰ级、Ⅱ级)55条,其中本次研究工作新识别划分的断裂20条,对前人划分的35条断裂构造位置及规模做了必要的修改调整。新推断一般断裂(Ⅲ级)1624条。推断地层单元425个,中—新生代盆地357个,中—酸性岩体194个,基性、超基性岩体75个,圈定中—酸性岩浆岩带8处,超基性岩浆岩带2处。

全区推断的Ⅰ级、Ⅱ级深大断裂为构造单元(Ⅰ级、Ⅱ级、Ⅲ级)划分提供了重要依据。特别是物探推断的西拉木伦河断裂带为西伯利亚板块、华北板块终级缝合带的厘定提供了重要的地球物理依据。同时深大断裂是深源岩浆的通道,控制着侵入岩和矿产的分布,在断裂产状变化或交会处是矿产形成和富集的有利部位。重力推断的大兴安岭中酸性岩浆岩带是有色金属矿产和贵金属矿产的集中分布区。索伦山、二连-贺根山基性—超基性岩带是铜、镍、铬等矿床集中分布区,可见重力推断的岩浆岩带是重要的成矿区域。重力推断的太古宙—古元古代隆起区是沉积变质型铁矿及绿岩型金矿的集中分布区。所以对重力推断的隐伏、半隐伏前古生代基底隆起区是寻找同类型隐伏矿产的重点靶区。

首次完成了全区金属与非金属矿产14个Ⅲ级成矿(区)带的布格重力异常图、剩余重力异常图、重力推断地质构造图的成果图编制工作;并对各成矿(区)带重力场特征与矿产的关系进行了系统的分析总结,绝大多数金属矿点基本都处在布格重力异常的边部梯级带处,剩余重力正负异常交界处附近,或正异常的边部;并据此指出了成矿远景区,该项成果为全区矿产预测及成矿规律研究提供了重要依据。

首次完成了铝土矿、铁、金、铜、铅、锌、钨、锑、稀土、磷、银、铬、锰、镍、锡、钼、硫、萤石、菱镁矿、重晶石20个重要矿产161个典型矿床所在区域的物探系列剖析图及概念模型图(包括图件320张)。在此基础上总结了已知矿床的重力场特征,结合磁测成果,建立了各矿种不同成因类型矿床的地球物理模型。该项成果为典型矿床预测模型的建立、成矿要素的提取提供了重要依据。

首次完成了以上20个重要矿产177个预测工作区的布格重力异常图、剩余重力异常图,重力推断地质构造图531套,同时完成了相应图件的数据库建设工作。研究了预测区地质构造,包括断裂、地层、岩体、岩浆岩带、盆地等重力推断地质体与矿产的关系,指出了找矿靶区或成矿有利地区,完成了以上预测工作区预测靶区的优选工作。该项成果为矿产预测靶区的确定及预测要素的提取提供了重要依据。

对区内与成矿有关的隐伏、半隐伏岩体进行了定量解释,其成果为资源量预测、矿产资源潜力评价提供了重要依据。

第三节 磁 法

本项目共完成编制了内蒙古自治区14个Ⅲ级成矿(区)带航磁异常图件,每个均包括ΔT等值线平面图、ΔT化极等值线平面图、ΔT化极垂向一阶导数等值线平面图、磁法推断地质构造图,比例尺为1∶50万,共计55张;编制了内蒙古自治区Ⅲ级成矿(区)带航磁异常特征图集,编制了内蒙古自治区航磁推断找矿靶区工作部署图集。

综合型汇总研究重点是深化和提高,通过总结评价本次矿产资源潜力评价中磁法应用效果,充分表明磁法在矿产资源潜力评价中效果是明显的。磁法根据磁异常特征不但可以较客观地估算磁性铁矿资源量,还可以利用航磁异常特征资料解决地质构造等问题。下面重点列举综合型汇总研究成果的一些新的认识和新的发现。

(1)在磁性铁矿资源量潜力评价方面,首先利用磁测体积法对内蒙古自治区磁性铁矿资源量进行了估算,预测的全区磁性铁矿资源总量为81.04×10^8t,其中已查明资源量为37.26×10^8t,本次预测资源量43.78×10^8t。加之还有大量的低缓磁异常并没有包含在本次评价中,其中不乏有矿致异常。另外本次评价资源量多为500m以浅,所以深部找矿也具有一定的找矿潜力。因此分析认为,内蒙古自治区磁性铁矿资源量潜力巨大,值得进一步研究挖掘。

另外,特别地根据控矿因素、地质环境、矿床成因及矿床形成空间对磁性铁矿潜力分析,指出狼山-阴山陆块区深部可能存在大型磁性铁矿床。

(2)详细论述了航磁异常圈定重要控矿断裂构造的效果,并指出了这些重要控矿断裂与矿产成因的关系及标志。

(3)详细论述了利用航磁异常正则化滤波曲线特征圈定大型火山构造的效果,首次建立了依据磁法推断分析确定的内蒙古自治区大型火山构造架构,并仔细分析了相关地质单元内古火山构造架构特征类型及与矿产的关系。

(4)详细地论述了利用航磁异常正则化滤波曲线特征圈定大兴安岭-林西岩石圈断裂带边界,并详细分析了带内断裂特征。发现了未定名断裂1,该断裂北起八大关牧场经阿尔山、大石寨,南至扎鲁特旗梅林庙,呈"S"形展布,南侧从大石寨起分为两支,区内长690余千米,平均宽48km。

(5)详细论述了铁、铜等20个矿种典型矿床,对不同成因类型的矿床赋存区位、航磁异常局域及区域特征进行了详细描述,推断解释了各种典型矿床的控矿因素、成矿环境及区域或局域构造背景,同时指出了找矿方向。

依据Ⅲ级成矿单元,详细论述了各Ⅲ级成矿单元航磁异常特征,分析和描述了找矿标志特点。根据区域及局部航磁异常分布特征,结合重要控矿构造特点及断裂分布特征和已知不同类型矿床产出地质环境,综合分析部署了铁、铜等20个矿种的有利找矿靶区70个。

第四节 化 探

首次对全区化探资料进行整理和研究,建立全区1∶20万区域化探基础数据库、中大比例尺地球化学数据库,编制完成全区1∶20万地球化学工作程度图和1∶5万地球化学工作程度图,为今后进行数据管理提供了较全面的地球化学资料。

对内蒙古自治区进行地球化学景观三级景观区的划分,共分4个大区,19个亚区,7种地球化学景观,为今后化探工作部署及方法技术的确定提供有利依据。

对全区收集的区化数据进行评估整理,编制39种元素地球化学图,对全区元素含量分布及变化特征进行研究;根据全区地球化学景观及地质背景对元素丰度的影响,确定不同的异常下限,编制全区39种元素单元素地球化学异常图,客观地反映了元素异常的分布特征,共圈定单元素异常33 519个。

对铜、银等13个金属矿种122个典型矿床进行综合研究,编制典型矿床所在位置中大比例尺地球化学研究图件,建立21个典型成因类型矿床的地质-地球化学找矿模型,在此基础上编制全区13个矿种组合异常图,反映各矿种主要成因类型的特征元素组合及分布规律;编制全区铜、银等13个矿种的综合异常图,共圈定综合异常2155处,并进行成因分类及解释评价工作,划分甲类异常393个、乙类异常1294个、丙类异常468个;编制13个矿种全区找矿预测图,共圈定找矿预测区207个,划分A级预测区45个,B级57个,C级105个,在A、B级找矿预测区内,结合中大比例尺地球化学资料,圈定最小预测区32处。

编制铜、银等15个矿种131个预测工作区地球化学图件,并对其地球化学特征进行综合研究与评价,总结各矿种预测工作区内主成矿元素及伴生元素地球化学分布特征,为成矿规律预测组进行矿产预测提供了地球化学基础资料。

利用地球化学方法进行铜矿的定量预测,完成全区26个铜矿找矿预测区找矿靶区的划分及铜资源量地球化学估算工作,圈定A级找矿靶区14处,B级找矿靶区114处,估算出铜总资源量1040.597×10^4 t。

根据各Ⅲ级成矿(区)带内主要矿产的元素组合,编制组合异常图及综合异常图,研究综合异常元素组合特征与成矿地质体的相关关系,对各成矿(区)带的找矿方向进行探讨。

根据全区已知断裂构造及岩体中的元素组合特征,利用全区化探基础资料进行断裂和岩体的推断工作,推断出断裂构造67条,基性—超基性岩体30个,酸性岩体5个。

第五节 遥 感

重新制作了内蒙古自治区ETM遥感影像镶嵌图,色彩均匀,影像清晰,地面分辨率达15m,可以满足小于等于1∶5万比例尺的遥感图像制作,遥感地质矿产特征与近矿找矿标志解译以及进行遥感最小找矿预测区的圈定,为本项目的遥感解译工作打下良好的基础。

全面开展完成了1∶50万内蒙古自治区研究成果:1∶50万内蒙古自治区遥感影像图,1∶50万内蒙古自治区遥感构造解译图,1∶50万内蒙古自治区遥感异常组合图。全面完成了覆盖内蒙古自治区1∶25万遥感资料应用研究工作,在全面编制了1∶25万遥感影像图的基础上,针对内蒙古自治区地质构造背景、成矿规律以及14个Ⅲ级成矿带开展并完成了遥感地质矿产特征解译、遥感羟基及铁染异常信息提取工作,为内蒙古自治区基础地质构造研究和区域找矿预测提供了遥感依据。

遥感专题组对铁、铝、铜、铅、锌、钨、金、锑、稀土、磷、锡、钼、镍、锰、铬、银、萤石、硫铁、菱镁矿和重晶石矿20个矿种的177个预测工作区以及71个典型矿床分别进行了遥感影像图制作,遥感矿产地质特征与近矿找矿标志解译,遥感羟基异常、遥感铁染异常提取等遥感找矿要素,为内蒙古自治区矿产资源量的预测提供了重要遥感预测要素。

1. 断裂构造遥感解译

在遥感断层要素解译中按断裂的规模、切割深度、断裂对地质体的控制程度,结合已知的地质资料,依次划分为巨型、大型、中型和小型4类。

内蒙古自治区境内解译出多条巨型断裂带,如华北地台北缘断裂带,该断裂带为一条重要的铁、金-

多金属矿产成矿的导矿构造,与该构造带相伴生的脆韧性变形构造、小型断裂构造多为金-多金属矿产的容矿构造。

2. 脆韧性变形构造遥感解译

本次在内蒙古自治区境内解译出的脆韧变形趋势带按其成因分为节理、劈理、断裂密集带构造17条和区域性规模脆韧性变形构造192条。其中区域性规模变形构造分布有明显的规律性,多与大规模断裂带相伴生,形成脆韧性变形构造带。大体分为4条规模较大的脆韧性变形构造带。

3. 环形构造遥感解译

内蒙古自治区境内的环形构造比较发育,在全区1∶25万遥感构造解译图上共圈出1310个环形构造。它们在空间分布上有明显的规律,多在不同方向断裂带交会部位形成多重环或复合环,仅265个环形构造呈单环出现。按其成因类型分为11类,主要有与隐伏岩体有关的环形构造685个、中生代花岗岩类引起的环形构造258个、古生代花岗岩类引起的环形构造107个、火山口145个、火山机构或通道15个、闪长岩类引起的环形构造19个、基性岩类引起的环形构造7个、褶皱引起的环形构造11个、与浅层-超浅层次火山岩体引起的环形构造7个、断裂构造圈闭的环形构造1个和成因不明的55个。内蒙古自治区境内已知的铁、金-多金属矿产在空间分布上多与环形构造有密切的关系,多分布于隐伏岩体形成的环形构造内部或边部。

4. 色要素遥感解译

内蒙古自治区境内共解译出210块遥感色要素,其中由绢云母化、硅化引起的157块,由侵入岩体内外接触带及残留顶盖引起的53块。它们多分布于不同方向断裂带的交会部位及环形构造集中区,且大部分调查异常分布区有矿床(点)的分布,因此,本次解译出的色调异常区可作为金-多金属矿产找矿预测的依据之一。

5. 遥感异常提取

利用全国项目办提供的Landsat7 ETM数据和内蒙古自治区地质调查院自有的Landsat7 ETM数据,按春、秋、冬、夏顺序选择了内蒙古自治区99景数据,采用"面向特征主分量选择法"(克罗斯塔技术)对全区进行遥感羟基异常和铁染异常提取。

6. 羟基异常分布特征

第四纪玄武岩羟基异常发育,属地层岩性引起的羟基异常,与矿化无关。中生代和新生代二长花岗岩、碱长花岗岩、花岗闪长岩出露区及其内外接触带,羟基异常发育,由地层岩性及接触变质引起,与矿化有关。太古宙英云闪长片麻岩出露区羟基异常较发育,属地层岩性引起,与矿化关系较密切。多组断裂交会部位及环形构造集中区羟基异常相对集中,并且多分布于金-多金属成矿(区)带上,与矿化关系密切。

7. 铁染异常分布特征

第三纪(古近纪+新近纪)玄武岩,二叠纪—侏罗纪中酸性火山岩,二叠纪灰黑色板岩、龙井组砂砾岩,新元古代千枚岩、泥质板岩,铁染异常集中分布,属地层岩性引起,与矿化无关。二叠纪英云闪长岩内部或内外接触带铁染异常集中分布,部分与矿化有关。太古宙变质表壳岩,铁染异常集中分布,与矿化关系密切。中小型断裂交会部位及环形构造集中区铁染异常相对集中,异常与矿化关系密切,多分布于金-多金属成矿(区)带上。

在全国遥感汇总组的指导下,参考国内新疆、青海、甘肃等第四纪盐湖型钾盐矿床的成矿规律及分布状态,提出了全区阿拉善盆地、巴丹吉林沙漠、腾格里沙漠等区域存在工业型钾盐矿床的可能,提出了以遥感为主要方法在该区开展工业型钾盐矿床遥感找矿研究项目,得到内蒙古自治区有关部门的批准,有望在内蒙古自治区钾盐找矿领域取得突破。

第六节 自然重砂

完成了内蒙古自治区金、铜、钨、铅、锌、钼、锡、铬、锑、锰、硫、重晶石、磷、稀土14个矿种异常图,全区共圈定各矿种异常1214个。其中Ⅰ级异常36个,Ⅱ级异常105个,Ⅲ级异常1073个。每个矿种异常图都建立了数据库、编图说明。各矿种Ⅰ级异常和重要的Ⅱ级异常都进行了异常解释与评价。

完成了内蒙古全区金、铜、铅等14个矿种的综合异常图1张,共圈定综合异常59个,建立了综合异常图相应的数据库、编图说明。

按照内蒙古矿产资源潜力评价项目办任务书要求和预测组提供的预测工作区,根据内蒙古的自然重砂特征,共完成金、铜、铅锌、钨、稀土、磷、铬、锰、钼、锡、萤石、硫12个矿种72个预测工作区异常图、共圈定异常274个、Ⅰ级异常49个、Ⅱ级异常91个、Ⅲ级异常134个,建立了相应的数据库和编图说明。每个预测工作区圈定的异常都进行了异常解释和评价。

完成了内蒙古自治区预测工作区自然重砂组合异常图2张,圈定组合异常2个;综合异常图1张,圈定综合异常2个。建立了相应的数据库和编图说明。

根据自然重砂异常的空间分布规律与其区域地质、地质构造的内在关系,在全区范围内划出5个异常区带。异常区的矿物组合与所划综合异常特征,在5个异常区带内划出18个成矿预测区和2个成矿靶区。最终又结合自然重砂找矿模型研究划分出8个找矿远景区。

第七节 成矿规律

对全区铁、铝、金、铜、铅、锌、钨、锑、稀土、钼、银、锰、镍、铬、锡、磷、硫、萤石、重晶石、菱镁矿20个重要矿产的时空分布规律进行了研究总结,研究了重要矿床(点)的成因类型、成矿时代、控矿因素等成矿特征,划分了矿产预测类型和矿产预测亚类,划分了预测工作区,确定了典型矿床,编制各单矿种预测类型及预测工作区分布图。

对各矿种152个典型矿床进行详细的研究,填制典型矿床的地质描述模型,总结了各典型矿床的成矿要素,填制成矿要素表,通过对典型矿床的成矿地质背景、控矿因素的研究,编制了典型矿床成矿模式图及典型矿床成矿要素图。

经过对177个预测工作区的成矿地质背景及区域控矿要素的综合研究,对各预测工作区的成矿规律进行了总结,填制预测区成矿要素表、编制预测区成矿要素图及区域成矿模式图。

首次对铁、铝、金、铜、铅锌、钨、稀土、锑、磷、银、铬、锰、镍、锡、钼、硫、萤石、菱镁矿、重晶石等各单矿种进行Ⅴ级成矿(区)带划分。编制完成Ⅴ级成矿(区)带划分图。

在全国统一Ⅲ级成矿(区)带的基础上,首次对自治区进行了全覆盖Ⅳ级成矿(区)带划分,对综合矿种进行了Ⅴ级矿集区划分。共划分34个Ⅳ级成矿(区)带,148个综合矿种Ⅴ级矿集区,编制完成了内蒙古综合矿种Ⅳ、Ⅴ级成矿(区)带图。

对内蒙古重要Ⅲ级成矿(区)带的地质背景、成矿特征及演化进行了总结,共划分成矿系列42个,其中前寒武纪成矿系列8个,古生代成矿系列15个,中-新生代成矿系列19个,并进一步划分出亚系列44个,建立了区域成矿谱系。

全面研究了全区铁、铜、金、钼、银等20个矿种的单矿种成矿规律,完成了单矿种成矿规律研究成果报告 19 份，全面总结综合矿种的成矿规律，完成了内蒙古自治区重要矿种区域成矿规律研究成果报告。编制完成了内蒙古自治区综合矿种地质矿产图、成矿规律图、成矿系列图（前寒武纪、古生代和中生代），比例尺为 1∶150 万。

完成了内蒙古自治区煤炭资源潜力评价报告、内蒙古自治区海拉尔赋煤带煤炭资源潜力评价报告、内蒙古自治区二连赋煤带煤炭资源潜力评价报告、内蒙古自治区准格尔煤田煤炭资源潜力评价报告、内蒙古自治区东胜煤田煤炭资源潜力评价报告、内蒙古自治区贺兰山-桌子山煤田煤炭资源潜力评价报告、内蒙古自治区绍根矿区煤炭资源潜力评价报告、内蒙古自治区集宁矿区煤炭资源潜力评价报告及相关附图、附表。

完成了铁、铝、金、铜、铅、锌、钨、稀土、锑、磷、银、铬、锰、镍、锡、钼、硫、萤石、菱镁矿、重晶石、煤炭 21 个矿种相关成果图件的数据库建设。

第八节 矿产预测

在综合研究地质、物探、化探、遥感及解译资料的基础上，填制了 152 个典型矿床的评价找矿模型卡片；填制典型矿床预测要素表、编制典型矿床预测要素图、建立典型矿床预测模型各 152 份，对于没有物化探资料的地区采用物化探剖析图弥补了资料的不足，较为全面地反映了典型矿床的地质、物探、化探特征，为预测工作区的研究奠定了基础。完成各典型矿床资源预测，编制了典型矿床预测成果图 152 份。

利用物探、化探、遥感综合信息对研究区内与成矿有关的地质体和断裂进行推断解释，并进行异常信息提取。通过分析预测工作区已有矿床的特征、成因模式，梳理各类矿化信息、找矿标志和综合异常等，从矿产预测的角度出发，充分考虑地质、地球物理、地球化学、遥感等综合标志，建立区域综合地质信息预测模型。填制预测区预测要素表、编制预测区预测要素图、建立区域预测模型各 177 份。

根据典型矿床、预测工作区研究成果，综合分析与已知矿床成矿有关的各类矿化信息及各要素在成矿作用中的贡献不同，划分要素级别，利用证据权法进行定位预测，并对最小预测区进行优选、分级。共圈定铁矿最小预测区 1328 个，铬矿最小预测区 91 个，锰矿最小预测区 109 个，铜矿最小预测区 529 个，铅矿最小预测区 596 个，锌矿最小预测区 596 个，钨矿最小预测区 116 个，锑矿最小预测区 9 个，钼矿最小预测区 321 个，镍矿最小预测区 91 个，锡矿最小预测区 184 个，金矿最小预测区 796 个，银矿最小预测区 450 个，铝矿最小预测区 15 个，稀土矿最小预测区 33 个，磷矿最小预测区 153 个，硫铁矿最小预测区 109 个，萤石矿最小预测区 283 个，重晶石最小预测区 7 个，菱镁矿最小预测区 7 个。对各矿种圈定的最小预测区分布进行了分析评价。

首次估算了全区铁、铝、金、铜、铅、锌、钨、稀土、锑、磷、钼、银、镍、锰、锡、铬、萤石、硫铁矿、重晶石、菱镁矿 20 个矿种的资源量（表 4-1），预测了 20 种矿产未查明资源量及其地下 2km 以上空间分布情况。

分别按预测精度（334-1、334-2、334-3）、深度（500m 以浅、1000m 以浅、2000m 以浅）、预测方法类型（沉积型、侵入岩型、火山岩型、变质型、复合内生型、层控内生型）、最小预测区级别（A 类、B 类、C 类）、可利用性（可利用、暂不可利用）、可信度（≥0.75、≥0.5、≥0.25）对各单矿种进行资源量统计分析。对全区重要矿产的分布现状及矿产潜力进行了评价，说明了各单矿种的重要成矿带及预测资源量的空间分布特征。

以本次各单矿种预测成果为基础，结合已发现矿床，进行矿产勘查工作部署。在已知矿区的外围及深部部署矿产勘探工作，在矿点和本次预测成果中的 A、B 级优选区相对集中的地区部署矿产详查工作，在找矿远景区内部署矿产普查工作。共提出工作部署建议区 946 个，其中普查区 425 个，详查区 273 个，勘探区 248 个，为未来矿产勘查工作提供依据。

表 4-1 内蒙古自治区最小预测区数及预测资源量一览表

矿种	最小预测区（个）				预测资源量（×10⁴ t）			
	A类	B类	C类	总计	A类	B类	C类	预测资源总量
铁矿	226	385	717	1328	258 437.3	174 549.3	156 218.3	589 204.9
铝矿	3	5	7	15	148.1	81.1	132.1	361.3
铜矿	93	193	243	529	534.9516	273.6526	426.6842	1235.2884
金矿	137	273	386	796	0.032 602 7	0.032 447 5	0.026 103 6	0.091 153 8
铅矿	120	215	261	596	803.2863	338.1993	215.3432	1356.8288
锌矿	120	215	261	596	2190.8436	751.5650	457.8967	3400.3052
钨矿	17	48	51	116	16.1680	15.8571	9.8998	41.9249
锑矿	1	2	6	9	0.1144	0.5430	0.2596	0.9171
稀土矿	5	7	21	33	23 557.9305	1095.3660	1202.3390	25 855.6355
银矿	90	143	217	450	4.3630	1.7417	1.3119	7.4165
钼矿	48	112	161	321	294.9890	281.0128	247.0107	823.0125
锰矿	13	32	64	109	991.1	1378.4	1497.8	3867.3
镍矿	16	37	38	91	26.5874	21.1806	12.9548	60.7228
锡矿	32	57	95	184	116.4427	43.9482	25.0062	185.3971
铬矿	24	28	39	91	412.1	302.9	163.5	878.4
磷矿	12	36	105	153	5645.8	3534.7	43 380.4	60 108.1
菱镁矿	1	2	4	7	257.3	117.5	16.5	391.4
硫铁矿	25	30	54	109	52 931.3	21 184.9	7123.1	81 239.3
萤石	46	84	153	283	8406.1	508.3	1143.2	10 057.7
重晶石	1	2	4	7	1.6	2.7	1.4	5.7
煤炭		136			17 623 276	28 893 020	26 851 617	73 367 913

按照国家、内蒙古自治区相关产业政策的要求，依据全区矿产资源特点、地质工作程度及环境承载能力，统筹考虑全区经济、技术、安全、环境等因素，结合本次各单矿产资源预测结果，在综合考虑当前矿产资源分布和预测成果等因素的基础上，进行未来开发基地划分，以促进矿产资源勘查工作的科学安排和合理布局，全区共划分未来开发基地88个，完成各单矿种未来开发基地图20张。

煤炭资源潜力评价共划分3个赋煤区，11个赋煤带，11个煤田，69个矿区，35个煤产地，2个远景区。全区共筛选、圈出预测区82个，预测基本单元136个，预测面积47 635.74 km²，预测资源量7336.79×10⁸ t。

完成并汇交了煤、铁、铝、金、铜、银、镍、锰等20个矿种最终成果图件、数据库、说明书；系统汇总了煤、铁、铝、金、铜、铅、锌、钨、稀土、锑、磷、钼、银、镍、锰、锡、铬、萤石、硫铁矿、重晶石、菱镁矿21个矿种的潜力评价成果和数据，分别按照矿产预测类型、预测区、预测资源量对预测成果进行了统计分析；统计汇总了全区20个矿种的预测区数量成果，圈定最小预测区5823个，其中A类最小预测区1030个，B类最小预测区1906个，C类最小预测区2887个；以Ⅲ级成矿（区）带为单元，提取了14个Ⅲ级成矿（区）带共42个成矿系列的预测要素，建立了相应的预测模型，编制了Ⅲ级成矿（区）带及内蒙古自治区按空间位置预测成果图、按成矿系列预测成果图、未来勘查工作部署建议图，为未来矿产勘查工作提供依据。

预测了内蒙古自治区矿产资源的勘查趋势、推断了开发产能增长趋势,设计了未来矿产资源开发基地的战略布局。

根据煤炭资源潜力评价成果,共划分了11个赋煤带——海拉尔、大兴安岭中部、松辽盆地西部、大兴安岭南部、二连、阴山、鄂尔多斯盆地北缘、宁东南、桌子山-贺兰山、北山-潮水、香山。全区共筛选、圈出预测区82个,预测基本单元136个,预测面积47 635.74 km²,预测资源量7336.79×10⁸ t,同时建立了矿产预测汇总成果数据库,为更好地规划、管理、保护和合理利用矿产资源,也为部署矿产资源勘查工作提供基础资料,为编制中长期发展规划提供科学依据。

第九节 数据库

一、数据库维护

1. 地质工作程度数据库

在对原数据库进行了认真核对、补充完善和必要修改的同时,新收录区域地质调查、矿产勘查、地球物理勘查、地球化学勘查、遥感地质调查、水文地质调查、环境地质调查、工程地质调查专业、综合类专业等地质成果资料3225件,并对原库中有严重出入的数据进行了修改,建立了MS Access 2000格式的内蒙古自治区地质工作程度数据库。

截至2012年,维护后地质工作程度数据库共包含地质工作程度数据6904条,矿产地工作程度数据2675条,矿区工作情况数据7328条。

2. 矿产地数据库

收集了2003年1月—2011年12月提交的大调查项目、资补费项目、地方专项等各类报告,并以《内蒙古自治区矿产资源储量表》中新增矿产地为重点,按矿种及储量规模分类查找最新、最全的矿产勘查报告和相关资料进行补充与维护。

截至2012年,维护后矿产地数据库共收录各类矿产地2162处。其中特大型矿产地19处,大型97个,中型261个,小型738个,各类矿点、矿化点1045个。

3. 区域地球化学数据库

区域地球化学数据库新增数据27 000个,包含1:20万图幅6个,元素39个。维护后区域地球化学数据库中1:20万数据共计151 205个。

4. 区域重力数据库

完成1:100万重力原始数据(五项)"五统一"改算,2个图幅,维护后区域重力数据库中包含数据90 114个,其中1:100万数据11 667个,1:50万数据1631个,1:20万数据76 816个。

5. 航磁数据库

航磁数据库新增1:5万航磁数据7个测区、1:20万航磁数据1个测区,并对全区数据进行了核查、校对,制作全区和分片航磁ΔT等值线图15张。

6. 自然重砂数据库

对全区167幅的重砂数据进行了核查,其中检查出不合理的最大值1个,属原始资料错误造成,并予修改,另有错录、遗漏数据 26 处,按原始重砂鉴定报告予以改正和补充。

7. 遥感影像数据库

完成了全区 ETM 原始数据检查 102 景。

8. 1∶20 万数字地质图空间数据库

根据本项目要求,将原系统库(20Wslib)更换为矿产资源潜力评价项目全国统一系统库。本次仅对 MAP、北京、西安等文件进行系统库更换工作,共完成 131 幅。

9. 1∶50 万数字地质图空间数据库

将内蒙古东北地区恩和哈达-阿荣旗共 9 幅、中东部区二连浩特-阿巴嘎旗共 5 幅、包头-满都拉地区 3 幅、西乌珠穆沁旗 1 幅 1∶25 万地质图进行了认真细致的阅读和理解,确定了与原地质填图单元的合并原则等;对图形文件进行了简化、更换系统库、生成标准图框、投影变换;图形裁剪与 1∶50 万数字地质图接边;拓扑造区、属性录入、文件汇入 1∶50 万数字地质图数据库,更新了 1∶50 万数字地质图空间数据库。

二、专题成果数据库建设

各专题成果数据库建设按照一图一库的原则进行,完成建库工作如下。

1. 成矿地质背景成果数据库

本次建库工作完成 1∶25 万分幅实际材料图和建造构造图数据库 178 个,矿产资源潜力评价预测工作区地质构造专题底图数据库 179 个。

2. 成矿规律与预测成果数据库

本次建库工作完成矿产资源潜力评价区域成矿规律图、预测工作区成矿要素图和预测要素图预测成果图等数据库 1041 个。

3. 物探、化探、遥感自然重砂成果数据库

(1)重力成果数据库。重力全区重力工作程度图、推断地质构造图、布格和剩余重力异常图等数据库 4 个。重力预测工作区推断地质构造图、布格和剩余重力异常图等数据库 531 个。

(2)磁测成果数据库。磁测全区磁法工作程度图、推断地质构造图、磁异常分布图和航磁等值线平面图等数据库 7 个,磁测预测工作区推断地质构造图、磁异常分布图和航磁等值线平面图等数据库 848 个。

(3)化探成果数据库。化探全区地球化学景观图、工作程度图、推断地质构造图、地球化学图及异常图等数据库 85 个,化探预测工作区推断地质构造图、地球化学图及异常图等数据库 2386 个。

(4)遥感成果数据库。遥感全区及 1∶25 万分幅遥感矿产地质特征解译图、羟基(铁染)异常分布图等数据库 410 个,遥感预测工作区遥感矿产地质特征解译、羟基(铁染)异常分布图等数据库 707 个。

(5)重砂成果数据库。重砂全区自然重砂异常图数据库 44 个,重砂预测工作区自然重砂异常图数据库 73 个。

4. 综合信息集成数据库建设

GeoPEX 集成数据库系统实现了内蒙古自治区矿产资源潜力评价图件、报告、编图说明书、元数据等一体化管理,可按专业、矿种、图件类型、图层分类、空间范围、图元属性等多种方式浏览、查询、检索图件、图层、图元、属性及相关文档,对检索结果进行方便导出、辅助综合编图等应用。

第五章 成果转化应用

全国资源潜力评价项目所取得的资料及成果，在矿产勘查工作中的应用主要集中在以下几个方面：为矿产勘查项目提供基础的地质及物化探资料，为整装勘查选区提供基础的地质及物化探资料及各矿种的预测成果，为矿业权设置提供设置依据。

第一节 各专业基础资料应用情况

一、建造构造图的应用

综合 1：25 万、1：20 万建造构造图编制的各矿种预测底图为最有实际应用价值的图件。除应用于潜力评价的矿产预测工作区专题底图和大地构造相图编图之外，该建造构造图还应用于其他专业地质构造底图，由于其资料具有综合性、最新和资料套改的优势，已被广泛应用于地质调查、地质勘查和科研领域。完成的全区大地构造相图已被地质构造研究领域参考应用。预测工作区专题底图已被矿产预测和成矿规律研究直接应用。

二、地球物理成果的应用

（一）重力成果的应用

近几年，随着全国矿产资源潜力评价工作的开展，各负责单位对全区重力基础资料进行了系统的整理和综合解释，其成果在基础地质研究、找矿预测研究及其矿产勘查部署等方面得到了广泛的应用。特别是隐伏、半隐伏构造的解释推断成果为覆盖区构造单元及成矿（区）带划分、远景区圈定、矿调工作区选区、矿业权设置等提供了重要依据。

重力异常主要是由地幔起伏及壳内地质体的密度差异引起的重力场变化的客观反映。地幔密度远远大于地壳平均密度，所以地幔起伏或区域性超壳断裂会形成明显的区域重力异常。就地壳而言，一般情况下，从太古宙到中-新生代，随着地层时代变新，其密度值呈降低趋势；酸性—中酸性—基性—超基性岩体其密度随岩体的基性程度增强而增大。所以对局部重力异常而言，当前中生代地层达到一定沉积厚度或基性—超基性岩体达到一定规模时其重力场特征一般显示为相对重力高，中-新生代地层达到一定沉积厚度或酸性岩体达到一定规模时一般显示相对重力低。对于壳内一定规模的断裂构造由于两侧地质体密度的显著差异，必然会引起重力场的明显变化。以重力场特征为依据结合地质、磁法、化探、遥感资料对区内深大断裂、沉积盆地、岩体、地层的解释推断成果得到了广泛的应用。下面分述之。

1. 推断断裂为构造单元划分、成矿（区）带划分提供了重要依据

全区重磁推断的Ⅰ、Ⅱ级深大断裂为构造单元、成矿（区）带划分提供了重要依据（关于成矿（区）带划分详见本章第二节）。多数构造单元界线与重磁推断深大断裂趋于一致。具体应用实例如下。

1)华北板块与西伯利亚板块界线(Ⅰ级构造单元界线)的厘定

关于内蒙古自治区境内华北板块、西伯利亚板块间界线的厘定,地质学界始终存在着不同观点。从重力场特征看,二连-贺根山蛇绿岩带及索伦山-毡铺洋壳残片分布带无论所在区域重力场特征,还是其两侧重力场的差异性,后者较前者更为明显。

以二连-贺根山蛇绿岩带为界,其北侧重磁异常带与其南侧所谓中间地块磁场特征分区明显,重力场则表现为渐变过渡的特征(图5-1),重力场值及趋势变化差异性不显著。其间推断断裂所在位置梯级带呈断续分布,在水平方向导数图上沿断裂未形成连续分布的极值带。

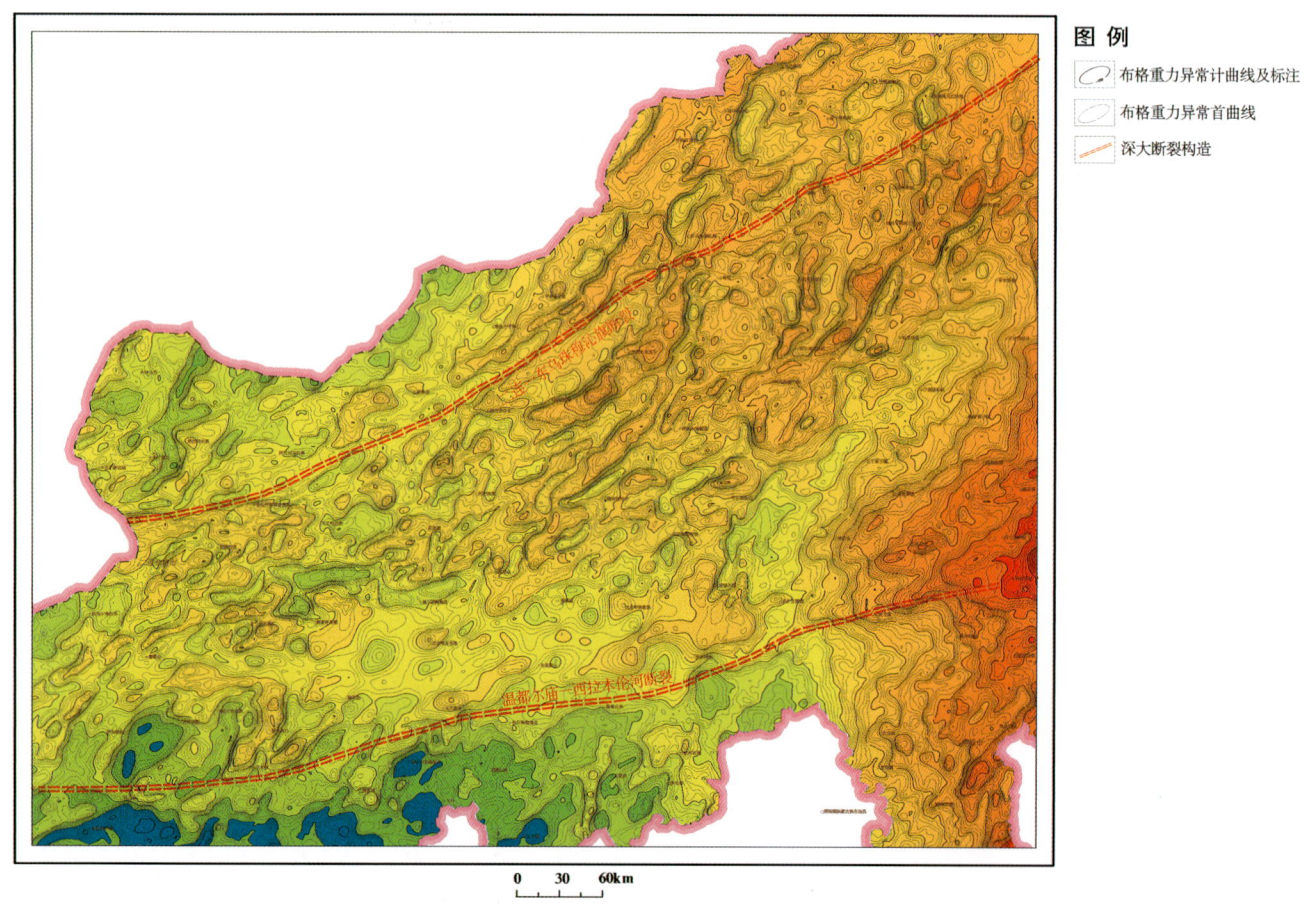

图5-1 二连-东乌珠穆沁旗断裂及温都尔庙-西拉木伦河断裂所在区域布格重力异常图

华北板块北缘断裂带所在区域重磁场以索伦山-西拉木伦河断裂带(索伦山-毡铺洋壳残片带)为界与其北侧形成了明显的分界线(图5-2),北侧呈区域性负磁异常带,南侧为条带状正磁异常带。北侧重力场值相对正高且平稳,南侧重力场表现为明显的梯级带下降,形成近东西向展布的低值带。西拉木伦河断裂构造所在位置布格重力异常呈明显线性延伸且连续分布的梯级带,在水平方向导数图上其线性特征更为突出,沿断裂构造呈窄条状线性极值带展布。

从重磁场特征看,相比较而言更支持索伦山-毡铺洋壳残片带(索伦山-西拉木伦河断裂带)为构成华北板块与西伯利亚板块的终极缝合带(晚古生代晚期缝合带)的观点。故认为重力推断西拉木伦河断裂(F蒙-2085-⑤)为华北板块与西伯利亚板块接合带的厘定提供了重要依据。

2)额尔古纳岛弧及海拉尔-呼玛弧后盆地界线(Ⅲ级构造单元界线)的厘定

额尔古纳岛弧及海拉尔-呼玛弧后盆地的Ⅲ级构造单元界线[同时亦是Ⅲ级成矿(区)带界线]即为重磁推断的德尔布干断裂。

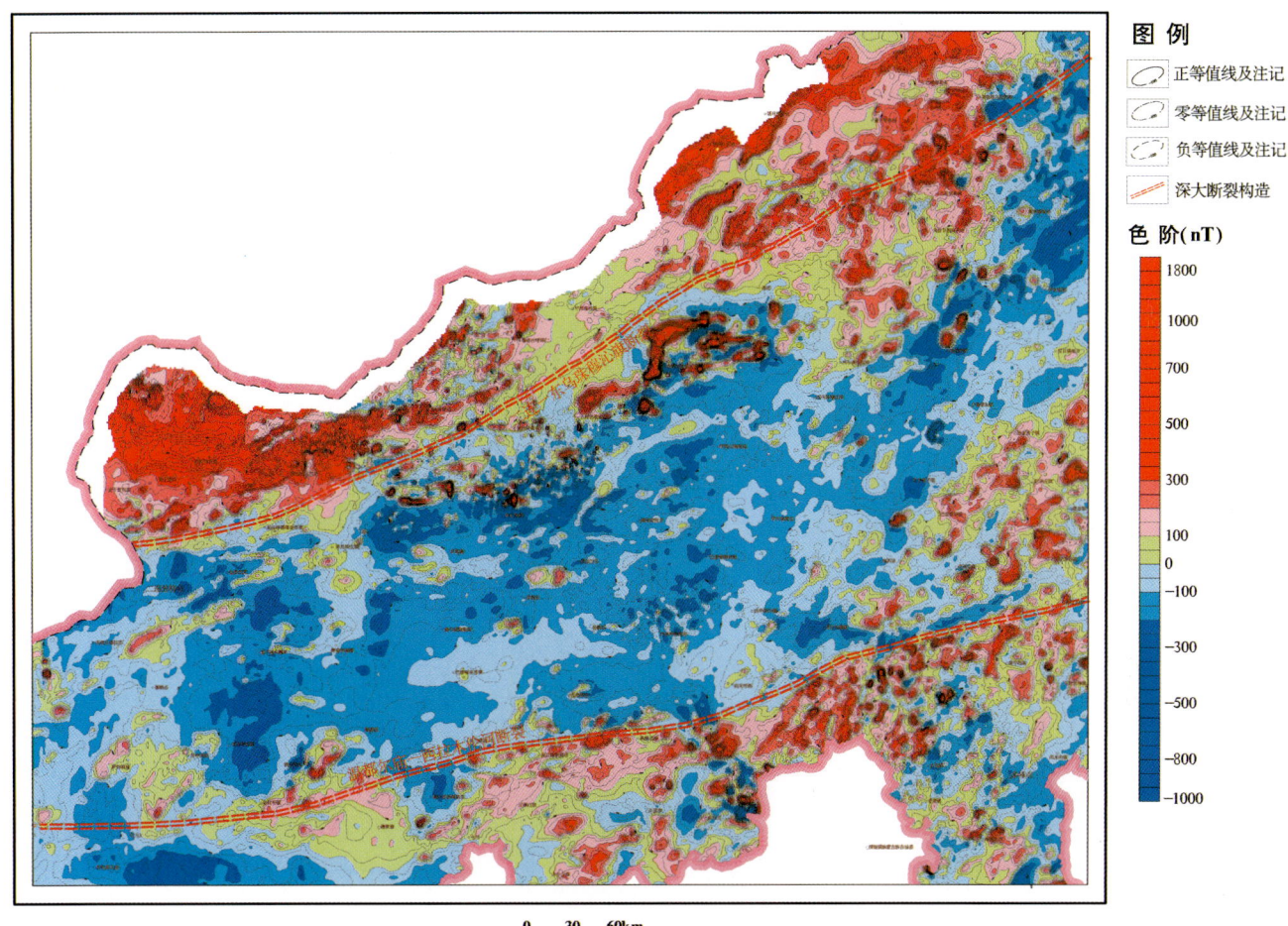

图 5-2 二连-东乌珠穆沁旗断裂及温都尔庙-西拉木伦河断裂所在区域航磁等值线图

德尔布干断裂地处呼伦贝尔大草原覆盖区,岩石露头稀少,在地表极少见到断裂踪迹。因此迄今为止,关于德尔布干断裂的构造特征和构造属性存在很大的分歧。但重磁场特征可作为有力的证据对其属性进行分析研究。

布格重力异常向上延拓 2km 深度 135°水平方向导数图上,德尔布干断裂表现为一条明显的走向 45°左右的重力场分界线(图 5-3)。断裂带西部主要表现为重力高异常,东部主要表现为重力低异常。向上延拓不同高度的重力场东西差异显著,说明断裂两侧的岩性、基底和地壳结构不同。在区域航磁异常上,德尔布干断裂表现为两种不同磁场的分界线,分界线走向亦为 45°左右。断裂带北西侧为强烈升高的线性磁异常带,南东侧磁场强度明显降低。

从重磁场特征看,德尔布干断裂表现为一条近北东向宽 10～15km 的重、磁异常线性梯度带,众多的重磁异常均呈带状或串珠状分布,构成两侧不同重、磁场区的分界线。由此看来,作为Ⅲ级构造单元界线[Ⅰ-Ⅰ-2 额尔古纳岛弧(Pz_1)与Ⅰ-Ⅰ-3 海拉尔-呼玛弧后盆地(Pz)之界线]的德尔布干断裂重磁推断是最主要的依据。该项成果对于内蒙古东部大地构造格局的确定提供了基础依据。

2. 推断盆地及隐伏半隐伏岩体、地层、断裂构造等为矿产预测提供了重要依据

1)为煤炭远景区划分靶区圈定提供了重要依据

内蒙古中北部二连浩特及东北部海拉尔一带为本区中-新生代盆地群分布区。地表大面积覆盖第四系、第三系,少量分布白垩系。中-新生界密度明显低于前中生界,当其具一定沉积厚度时会形成局部重力低,反之为局部重力高。利用剩余重力异常特征结合以往电测深资料研究了盆地区的基底构造,圈

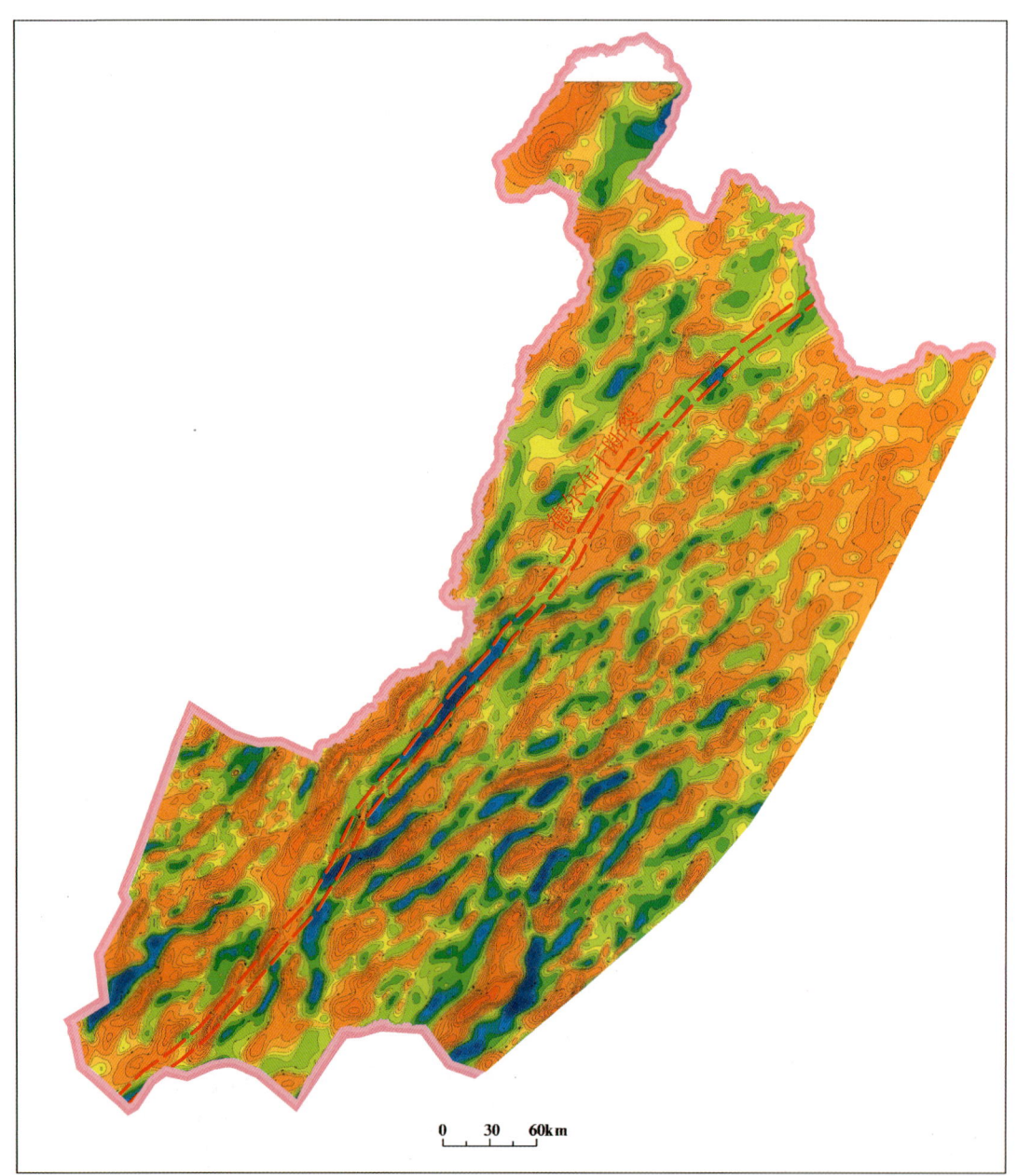

图 5-3 德尔布干地区布格重力异常上延 2km 水平 135°方向导数图

定了前中生代基底相对隆起区及坳陷区(即中-新生代盆地区)(图 5-4、图 5-5)。

众所周知,海拉尔-二连盆地群蕴藏着丰富的煤、石油,是内蒙古乃至全国能源资源供应的重要基地之一。这些地区工作程度较低,所以本次利用重力资料为盆地内部基底构造的研究成果为煤炭、石油等远景预测、勘查部署选区提供了重要的依据。

2)为其他非金属、金属成矿远景区划分和最小预测区的圈定提供了重要依据

本区重力勘查工作程度较低,本次全国矿产资源潜力评价重力专题工作应用的重力资料最大数据比例尺为 1∶20 万。工作比例尺虽小,但是在项目开展过程中,重力资料在成矿远景区划分、最小预测区的圈定中却显示出了较好的效果。应用实例如下。

(1)朝不楞式侵入岩体型铁锡矿朝不楞预测工作区。该预测工作区地表被第三纪、第四纪沉积层及侏罗纪火山岩覆盖面积较大,矿产预测有一定的难度。而朝不楞铁锡矿主要与泥盆系塔尔巴特组和酸性侵入岩有关,所以依据重力场推断的泥盆纪地层分布区及泥盆纪地层与酸性侵入岩的接触带,对矿产

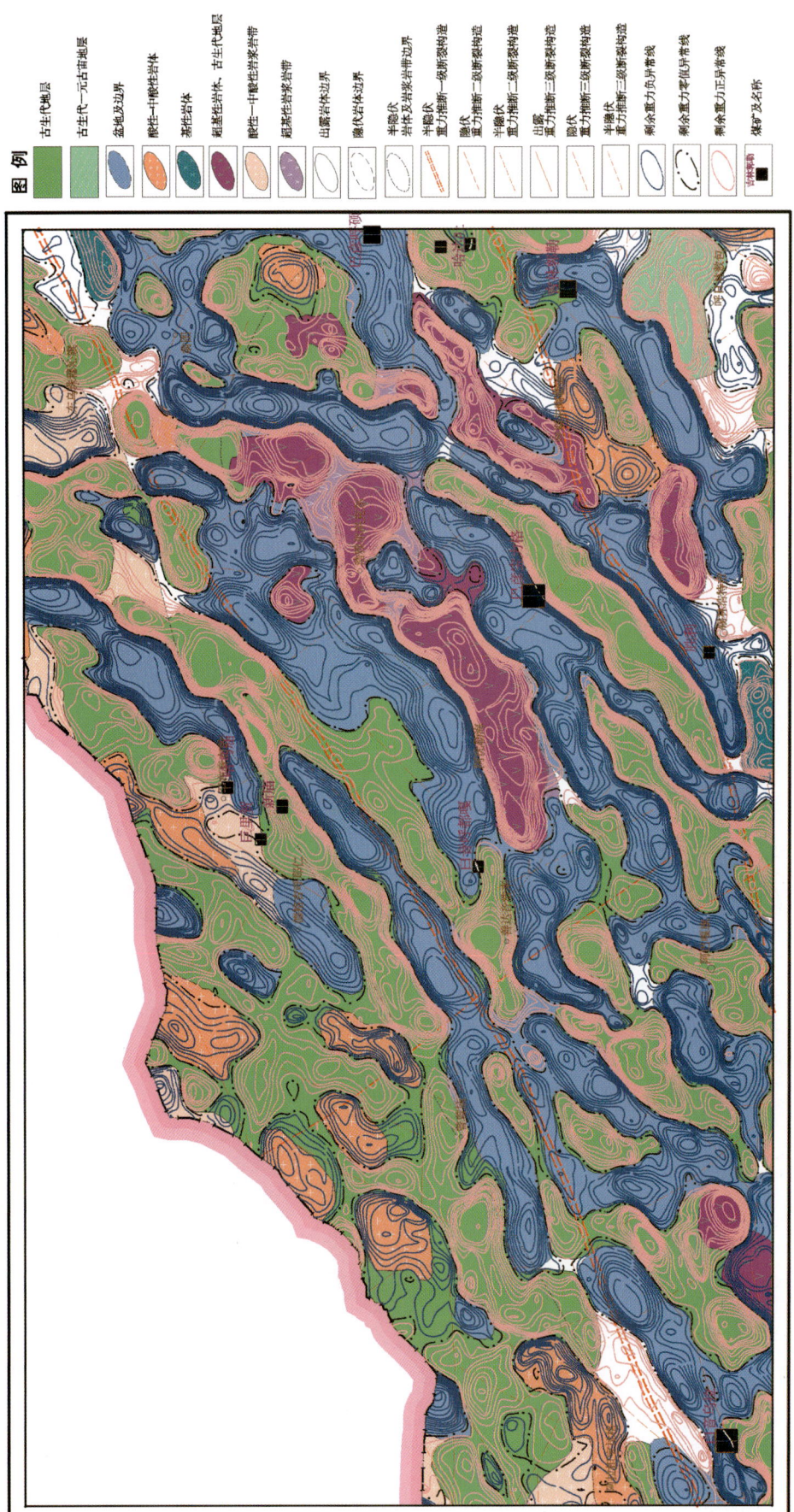

图 5-4 二连浩特一带剩余重力异常及推断地质构造综合图

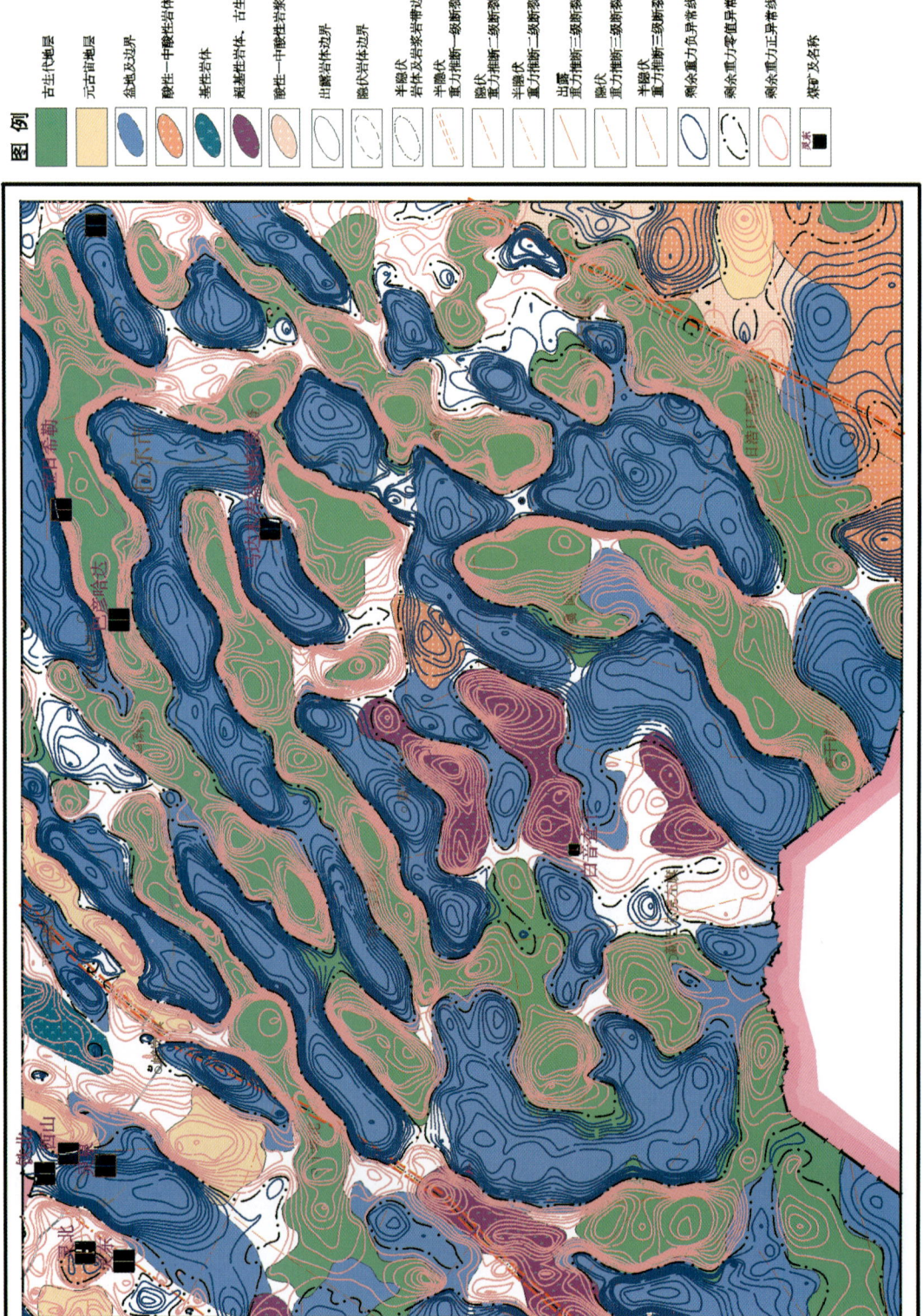

图 5-5 海拉尔一带剩余重力异常及推断地质构造综合图

预测有一定的指示作用。

朝不楞预测工作区剩余重力异常正、负相间分布,通过重力场分析,预测区内规模较大剩余重力正异常推断由密度较大的泥盆纪、奥陶纪地层引起。区内规模较小,形状不规则的剩余重力负异常多为酸性侵入岩引起。规模较大,异常形态较规则的剩余重力负异常多与中生代盆地有关。重力推断的古生代地层及古生代地层与岩体的接触带处是成矿的有利部位,这一成果为该区特别是中-新生界覆盖较普遍的区域之成矿远景区划分、最小预测区圈定、资源量预测等提供了重要依据(图5-6)。

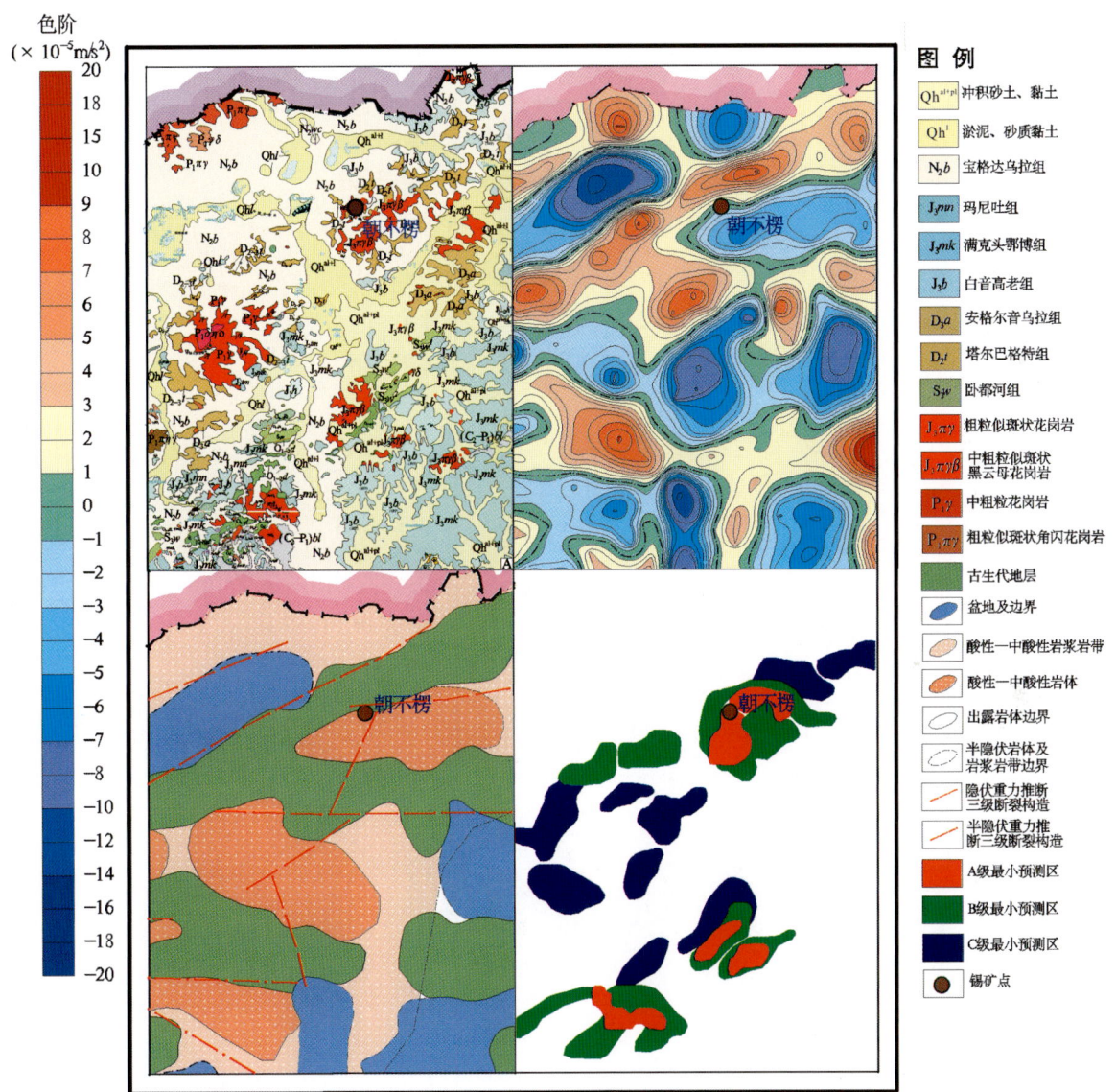

图5-6 朝不楞铁锡矿预测工作区剖析图

(2)陈家杖子式火山隐爆角砾岩型金矿预测工作区。该预测工作区位于内蒙古赤峰地区,该区域是内蒙古金铜多金属矿的主要矿集区,太古宙地层是该区金矿重要的矿源层。区内出露最老的地层为新太古界建平群斜长角闪片麻岩、花岗质片麻岩,其在重力场上形成了明显的局部剩余重力正异常。规模较大的剩余重力负异常,是由伴随强烈的区域岩浆活动而形成的酸性侵入岩引起。重力推断的太古宙隆起区是寻找同类型金矿床的有利地区。该区剩余重力正异常及其重力推断成果是圈定最小预测区的重要依据,同时也为远景区划分资源量预测提供了重要信息。图5-7中最小预测区范围与重力推断的太古宙隆起区基本对应。

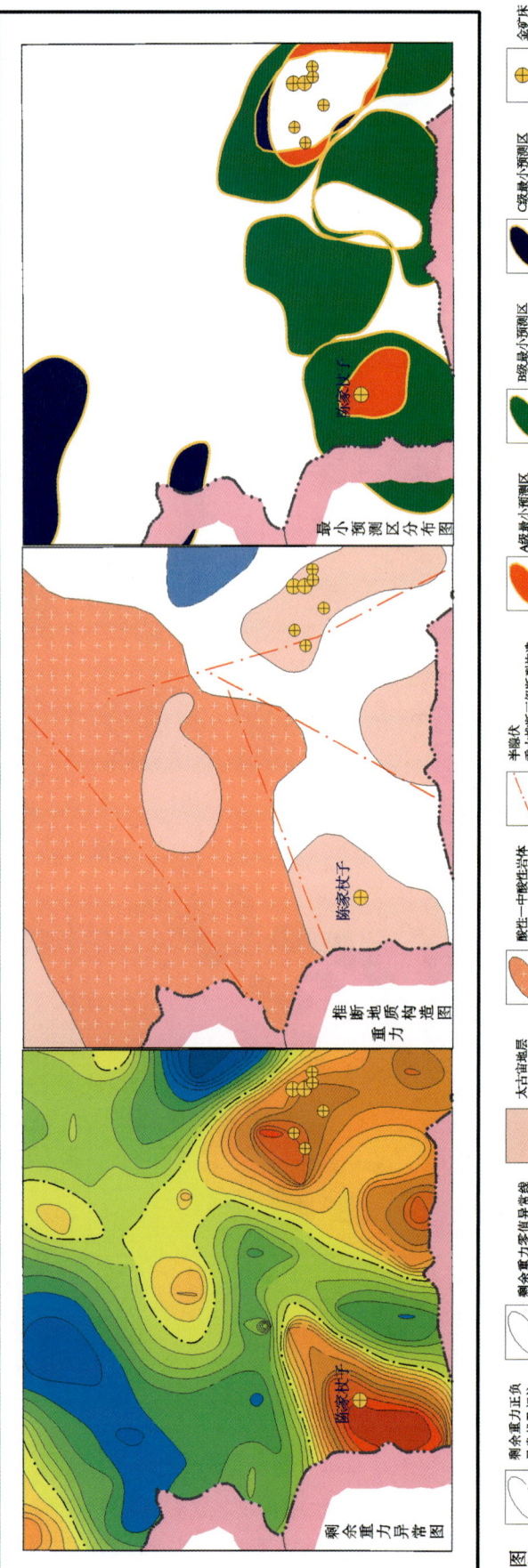

图 5-7 陈家杖子金矿预测工作区剖析图

3）为矿产远景调查选区及工作部署提供了重要依据

重力全区及铁、铜等 20 个矿种 177 个预测工作区基础图件和成果图件于 2010—2013 年依次完成。2010 年以来，全区开展的区域物化探普查、矿产远景调查及大批矿产勘查项目的立项选区、工作部署等重力资料研究成果为其提供了重要的地球物理依据，已利用资源潜力评价重力成果资料的矿产远景调查项目及矿产勘查项目名称详见内蒙古自治区部分矿产远景调查项目一览表、内蒙古自治区地质调查部分立项申请通过一览表（表 5-1、表 5-2）。

表 5-1　内蒙古自治区部分矿产远景调查项目一览表

类别	序号	项目名称	图幅名称	起始时间（年/月）	结束时间（年/月）	承担单位	资金来源
战略性矿产远景调查	1	内蒙古自治区莫力达瓦旗塔温敖宝地区矿产远景调查	小新力齐幅，三号店林场幅，小二沟前屯幅，大库如奇沟幅，塔温斡博郭乌都幅	2010	2012	吉林大学	中央
	2	内蒙古自治区乌拉特后旗马尼图—查干花地区矿产远景调查	准苏亥幅，哈拉图幅，包恩亨幅，乌尼乌苏幅	2010	2012	内蒙古自治区地质勘查局	中央
	3	内蒙古自治区查干哈达庙—别鲁乌图地区矿产远景调查	锡林呼都格站幅，敖伦尚达幅，朱日和幅，胡尔嘎庙幅，察干德尔斯幅，北柳图庙幅	2010	2012	内蒙古自治区地质调查院	中央
	4	内蒙古自治区科右中旗西南沟一带矿产远景调查	郭境特乌拉幅，索金达坂幅，乌苏伊和牧场幅，特格乌拉幅	2010	2012	内蒙古自治区有色地质局	中央
	5	内蒙古自治区四子王旗白乃庙地区矿产远景调查	白乃庙幅，察干德尔斯幅，哈布其尔庙幅，满都拉土幅	2010	2012	天津地质调查中心	中央
	6	内蒙古自治区莫力达瓦旗库如奇地区矿产远景调查	二号店子幅，库如奇幅，得力其尔幅，后沃尔奇幅，忠诚堡幅，东亚东镇幅	2010	2012	沈阳地质调查中心	中央
	7	内蒙古自治区东乌旗额仁高比地区矿产远景调查	额仁高比公社幅，洛格敦幅，努仁查干敖包幅，花哈勒幅	2010	2012	内蒙古自治区地质勘查局	中央
	8	内蒙古自治区满洲里—扎赉诺尔地区矿产远景调查	满洲里幅，胪滨幅，头道井幅，扎赉诺尔幅	2011	2013	内蒙古自治区地质调查院	中央
	9	内蒙古自治区东乌珠穆沁旗阿拉坦合力地区矿产远景调查	杭嘎拉土乌拉幅，绥和查干边防站幅，阿拉坦合力大队幅，阿拉坦合力公社幅，勒果多瓜勒吓幅	2011	2013	内蒙古自治区地质调查院	中央
	10	内蒙古自治区阿巴嘎旗乌和尔楚鲁图一带矿产远景调查	正在实施中（尚未提交报告）	2011	2013	天津地质调查中心	中央
	11	内蒙古自治区莫力达瓦旗巴彦街地区矿产远景调查	正在实施中（尚未提交报告）	2011	2013	沈阳地质调查中心	中央

续表 5-1

类别	序号	项目名称	图幅名称	起始时间（年/月）	结束时间（年/月）	承担单位	资金来源
矿产远景调查	12	内蒙古自治区额济纳旗饮水井地区12幅1∶5万区域矿产地质调查	黑鹰山幅,饮水井幅,哈珠幅,哈珠东山幅,哈珠南山幅,砾石滩幅,梧桐井幅,标山幅,石板井幅,骨头井幅,咸味井幅,化石山幅	2010/03			地方
	13	内蒙古自治区额济纳旗蓬勃山地区9幅1∶5万区域矿产地质调查	红旗山幅,蓬勃山幅,千条沟幅,风雪山幅,额默勒乌拉幅,盐碱洼幅,锥西口幅,旱山幅,望京山幅	2010/03			地方
	14	内蒙古自治区额济纳旗珠斯楞地区6幅1∶5万区域矿产地质调查	辉森乌拉幅,黑石山幅,辉森塔格幅,珠斯楞幅,库仁昌吉幅,乌兰苏海幅	2010/03			地方
	15	内蒙古自治区阿拉善右旗恩格尔乌苏地区17幅1∶5万区域矿产地质调查	查干·楚鲁特幅,霍托勒·沃博勒金·哈沙幅,索日图幅,芒罕超克幅,干珠尔幅,塔布格幅,杭嘎勒幅,包尔乌拉幅,浩勒呼都格幅,乌兰申吉幅,乌珠尔查干幅,查干陶勒盖幅,哈尔干沙尔幅,哈就呼都格幅,恩格尔乌苏幅,准哈勒呼都格幅,查干罕尔杭幅	2010/03			地方
	16	内蒙古自治区阿拉善额济纳旗喝别特拉日格等2幅1∶5万区域矿产地质调查	喝别特拉日格幅,查干乌拉幅	2010/03			地方
	17	内蒙古自治区阿拉善右旗大山口等6幅1∶5万区域矿产地质调查	大山口幅,腰泉幅,腰泉东幅,金洞子山幅,沙枣泉幅,必鲁图幅	2010/03			地方
	18	内蒙古自治区乌兰察布市三道沟等5幅1∶5万区域矿产地质调查	铁沙盖幅,宿黑蟆幅,乌兰哈达幅,三道沟幅,宏盘幅	2010/12	2013/12	中国冶金地质总局地球物理勘查院	地方
	19	内蒙古自治区阿拉善左旗苏海图等6幅1∶5万区域矿产地质调查	合屯盐池幅,苏海图幅,图格力幅,乌尔图幅,吉兰泰盐池幅,哈腾乌苏幅	2010/12	2013/12	石家庄经济学院	地方
	20	内蒙古自治区莫力达瓦达斡尔族自治旗拉抛等8幅1∶5万区域矿产地质调查	四平山青年垦植场幅,烟囱石幅,七十四公里幅,拉抛幅,满都胡浅幅,哈力图幅,宜和德幅,嫩江县幅	2010/12	2013/12	中国地质大学（武汉）	地方

续表 5-2

序号	项目编号及年份	项目名称
15	2012	内蒙古自治区阿拉善左旗阿蒙乌苏铁铜多金属矿普查
16	2012	内蒙古自治区阿拉善左旗乌拉尚德铅锌多金属矿预查
17	2012	内蒙古自治区额济纳旗咸味井铜多金属矿普查
18	2012	内蒙古自治区多伦县小井铅多金属矿预查
19	2012	内蒙古自治区巴林右旗召呼都格一带磁异常查证
20	2012	内蒙古自治区太仆寺旗苏家沟铅锌银多金属矿普查
21	2013	内蒙古自治区额济纳旗白疙瘩煤炭预查
22	2013	内蒙古自治区巴林左旗毛布力格铅锌多金属矿预查
23	2013	内蒙古自治区正蓝旗英图银铅多金属矿预查
24	2013	内蒙古自治区多伦县石人沟银铅多金属矿普查
25	2013	内蒙古自治区阿拉善左旗亚马图晶质石墨矿普查
26	2013	内蒙古自治区和林格尔县碾盘梁金多金属矿预查
27	2013	内蒙古自治区翁牛特旗穿心洞铅银多金属矿预查
28	2013	内蒙古自治区克什克腾旗后石子山铅锌多金属矿预查
29	2013	内蒙古自治区乌拉特后旗干温都尔金铜多金属矿预查
30	13-1-KC001	内蒙古自治区阿拉善左旗超浩尔陶勒盖地区蒙C-2010-0192等航磁异常查证
31	2013	内蒙古自治区阿拉善左旗苏里图地区蒙C-2010-0504等航磁异常查证
32	（招标编号）CT-ZB00047-2013	内蒙古自治区乌兰察布市旗下营等4幅1∶5万区域矿产地质调查

具体应用实例如下。

(1)内蒙古自治区赤峰市娘娘庙后身等4幅1∶5万区域矿产地质调查项目。此矿产调查项目工作区位于内蒙古赤峰地区。该区域是金铜多金属矿的重要成矿区,太古宙地层是该区金矿重要的矿源层。调查区地表中-新生界覆盖较普遍,已开展的1∶20万化探金多金属异常较弱,所以一直未引起地质工作者的重视。

调查区属于"官地式复合内生型银金矿赤峰预测工作区"的一部分。在该预测工作区重力资料研究中发现,在化探丁类异常AS19、AS20异常区,尽管地表主要分布有侏罗系、白垩系,但化探异常与北东向展布的剩余重力正异常G5的西段对应(图5-8)。G5的东段地表出露太古宙地层,据此推断G5为太古宙地层隆起所至,其西段白垩系覆盖较薄,下伏仍为太古宙地层隆起区。重力定量反演显示,白垩系覆盖厚度小于100m。该区域虽然两处化探异常强度较弱,元素组合单一(Au,B),但依据重力推断其下伏为该区重要的矿源层——太古宙地层,据此将该区划分为金多金属矿重要成矿远景区。这一研究成果成为该区矿产远景调查立项的主要依据,并在工作部署中将化探丁类异常区AS19、AS20划为重点工作区。目前矿产远景调查工作已开展。

(2)内蒙古查干哈达庙—别鲁乌图地区矿产远景调查。该项目工作区位于内蒙古中部区,属于"二道井地区温都尔庙式火山沉积-喷溢型铁矿预测工作区"的一部分。

矿调工作区西北部第三系、第四系覆盖普遍(图5-9),这一区域一直未列入重要的矿产远景调查区。通过本次预测工作区重力资料研究显示:矿调工作区西北部存在北东向带状展布的剩余重力正异常,异常鞍部零星出露有密度正高异常的温都尔庙群,由此定性推断剩余重力正异常区为温都尔庙群隆

续表 5-1

类别	序号	项目名称	图幅名称	起始时间(年/月)	结束时间(年/月)	承担单位	资金来源
矿产远景调查	21	内蒙古自治区乌兰察布市苏吉营盘等4幅1:5万区域矿产地质调查	苏吉营盘幅,三元井幅,土城子幅,黄羊城幅	2010/12	2013/12	中国煤炭地质总局地球物理勘探研究院	地方
	22	内蒙古自治区兴安盟呼列勒乌拉等7幅1:5万区域矿产地质调查	呼列勒乌拉幅,郭境特乌拉幅,索金达坂幅,乌苏伊和牧场幅,特格乌拉幅,苑家街幅,翁呼拉幅	2011/08	2013/12	吉林省区域地质矿产调查所	地方
	23	内蒙古自治区兴安盟科尔沁右翼前旗等5幅1:5万区域矿产地质调查	前公主岭幅,科尔沁右翼前旗幅,斯力很公社幅,镇西幅,靶道旁幅,永长屯幅	2011/08	2013/12		地方
	24	内蒙古自治区兴安盟前十家子等5幅1:5万区域矿产地质调查	万宝镇幅,前十家子幅,陈家屯幅,前哈格屯幅,马吉拉呼屯幅	2011/08	2013/12	河南省地质矿产局第二地质矿产勘查开发院	地方
	25	内蒙古自治区兴安盟乌兰吐等4幅1:5万区域矿产地质调查	乌兰吐幅,东图门扎拉格幅,四方山幅,呼和马场幅	2011/08	2013/12	河南省地质矿产局第二地质矿产勘查开发院	地方
	26	内蒙古自治区兴安盟马家窑等7幅1:5万区域矿产地质调查	孟恩套力盖幅,马家窑幅,哈日道布幅,科尔沁右翼中旗幅,敖兰敖日格幅,西白彦花幅,前进公社亥吐幅	2012/01	2013/12		地方

表 5-2 内蒙古自治区地质调查部分立项申请通过项目一览表

序号	项目编号或年份	项目名称
1	09-1-KC029	内蒙古自治区额济纳旗望湖山东金多金属矿预查
2	09-1-KC051	内蒙古自治区牙克石哈达岭东AS29化探异常查证
3	09-1-KC052	内蒙古自治区多伦县庄家营子-柳条沟银铅多金属矿普查
4	09-1-KC099	内蒙古自治区多伦县石人沟银铅多金属矿预查
5	09-1-KC105	内蒙古自治区太仆寺旗石砾山金铜多金属矿普查
6	09-1-KC136	内蒙古自治区额济纳旗敦德乌苏铜镍多金属矿预查
7	09-1-KC157	内蒙古自治区多伦县核桃坝多金属矿预查
8	10-1-KC29	内蒙古自治区阿拉善左旗亚马图晶质石墨矿普查
9	10-3-KC28	内蒙古自治区宁城县十八台东航磁异常查证
10	10-3-KC26	内蒙古自治区乌拉特前旗西热庙一带航磁异常查证
11	10-3-MT05	内蒙古自治区额济纳旗希热哈达东煤炭预查
12	11-1-KC11	内蒙古自治区科尔沁右翼前旗巴尔陶勒盖—复兴屯一带铅锌多金属矿预查
13	11-1-KC12	内蒙古自治区科尔沁右翼前旗树木沟铅锌多金属矿预查
14	2012	内蒙古自治区乌拉特后旗欧布拉格北金铜多金属矿预查

第五章 成果转化应用

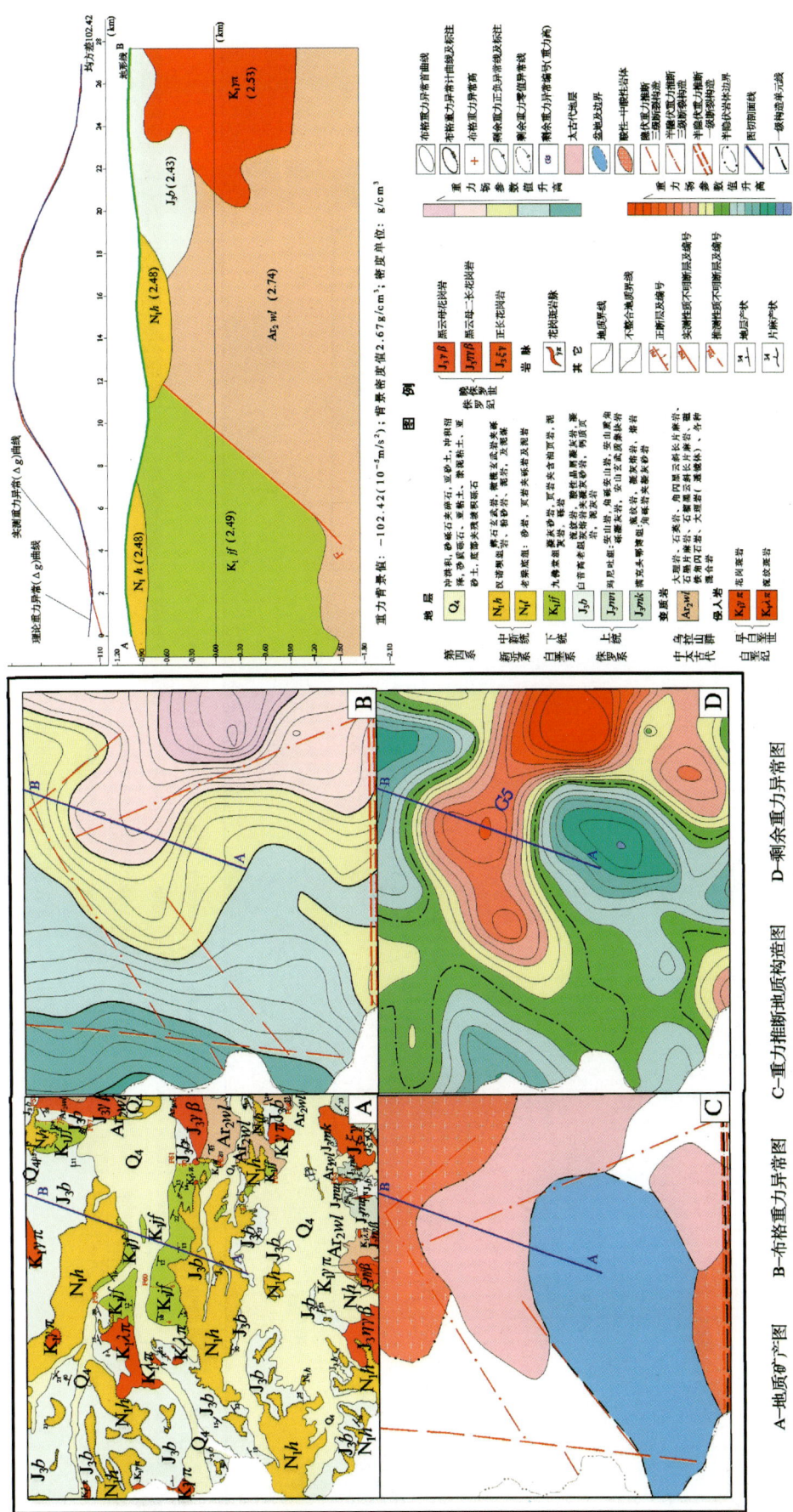

图 5-8 赤峰市娘娘庙后身等 4 幅矿产远景调查区重力反演模型图

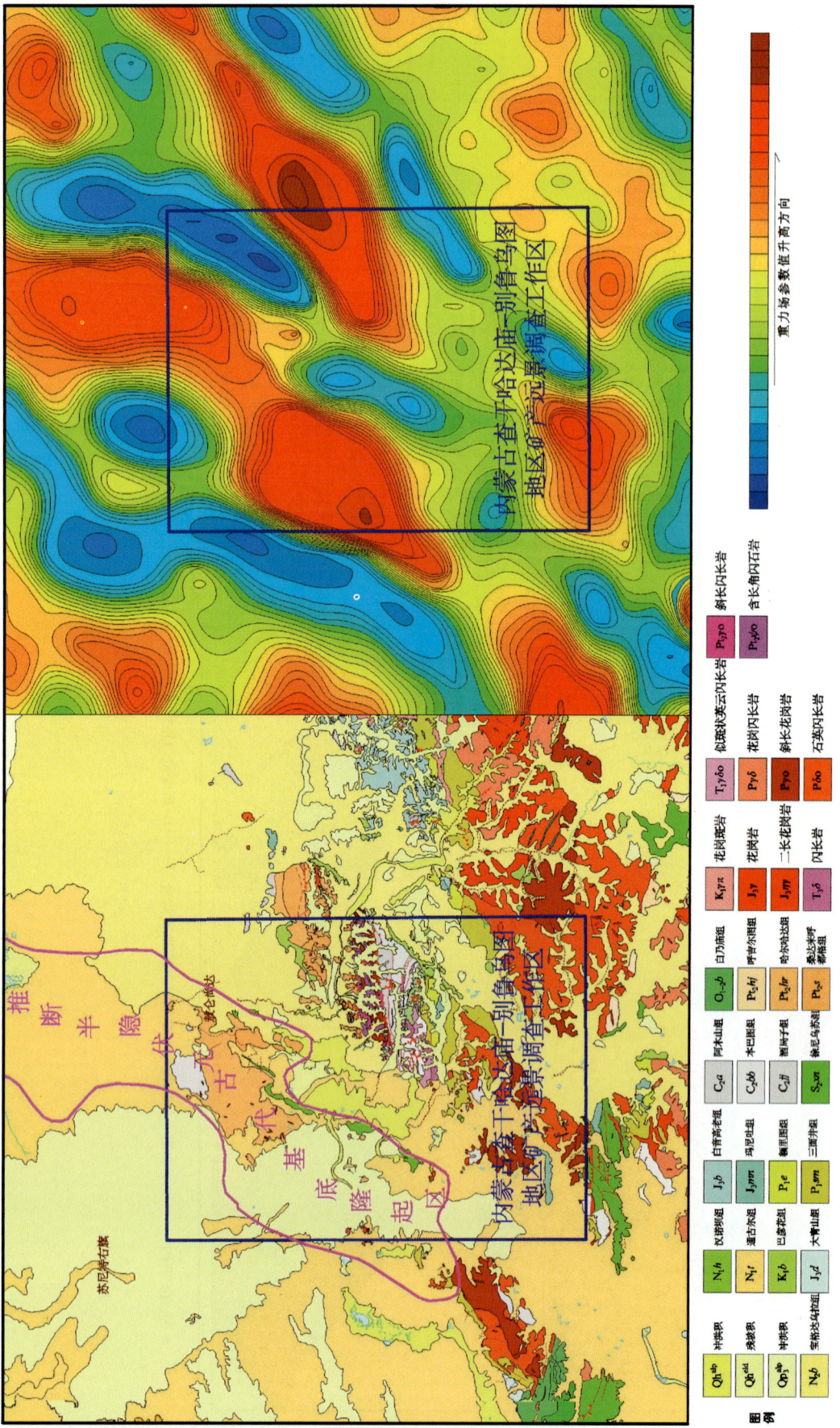

图 5-9 查干哈达庙—别鲁乌图地区地质、剩余重力异常图

起区。重力定量反演显示，中-新生界覆盖较薄，下伏仍为温都尔庙群。内蒙古中部元古宇温都尔庙群为铁矿的主要赋矿层位，所以认为重力推断的这一温都尔庙群隆起区应是铁多金属矿重要的成矿远景区。这一研究成果不仅为资源潜力评价工作中最小预测区的圈定提供了重要依据，同时也为该区矿产调查立项提供了最重要的立项依据，对该区的找矿工作起到了指导作用。

(3) 内蒙古乌拉特中旗克布地区铜镍矿调查评价。该项目在2011年开展了1∶1万重力测量工作。工作区位于潜力评价项目在2011年4月开展的"小南山式侵入岩体型铜镍矿乌拉特中旗预测工作区"的西部(图5-10)，这一区域主要出露超基性岩，围岩为太古宙变质岩；该区域超基性岩底部是镍矿的相对富集区。

1∶1万重力测量成果显示(图5-11)，中部基性—超基性岩集中分布区为布格重力异常高值区，二者分布范围相当，但重力高异常略向北位移，且北侧等值线密集，南侧较稀疏，这与岩体向北倾伏有关。剩余重力异常特征与岩体中不同岩性岩相的对应关系更为明显，叠加于重力高异常之上的条带状、不规则状局部重力低，对应于密度相对较低的苏长岩、蛇纹石化橄榄岩、闪长岩等，窄条状局部高异常与蛇纹石化橄榄辉石岩基本对应。通过重力反演计算可见(图5-11)，岩体基本形成一南缓北陡似盆状侵入体，一般深度在2.5km上下，底界面最大深度大约8.5km。该区镍矿主要赋存于超基性岩底部凹状转弯处。

由此可见，通过大比例尺重力测量圈定了与镍矿有关的超基性岩分布范围，并大致了解了其空间分布形态，确定不同岩性、岩相的分界线，该项研究成果为下一步矿产勘查勘探线部署、钻孔布设提供了重要依据。

(4) 内蒙古自治区铬铁矿找矿战略选区研究。2013年初本区开展了铬铁矿找矿战略选区研究，进行中央勘查基金项目的调研，计划进行"内蒙古自治区铬铁矿找矿战略选区研究"立项工作。

本区铬铁矿主要分布在区内的几条蛇绿岩带上。矿床类型主要为岩浆晚期矿床，主要是产于蛇绿岩带超镁铁质岩体中的豆荚状铬铁矿。通过以往资料显示，本区索伦山和贺根山2个超铁镁质岩体是铬铁矿的主要产地。下面以贺根山岩体为例说明重力资料应用情况。

位于内蒙古二连-贺根山蛇绿混杂岩带中段的贺根山岩体，呈北东向断续分布，其间有中、新生代松散沉积物覆盖。超基性岩主要岩性自下而上为超镁铁质岩(变形橄榄岩)→具堆晶组构的超镁铁质—镁铁质岩→均质辉长岩→低钾拉斑玄武岩质辉绿岩岩墙群→枕状或块状拉斑玄武岩(平均密度2.72g/cm³)。

1∶20万区域重力测量成果显示，超基性岩出露区与布格重力异常高值区及剩余重力正异常(G01、G03)分布趋势一致，中心部位基本对应(图5-12)。另外，超基性岩分布于古生代地层中，出露地层有二叠系哲斯组、上石炭统—下二叠统格根敖包组、中下泥盆统塔尔巴格特组、蓟县系哈尔哈达组(平均密度为2.67g/cm³)。显然重力高的形成同时应有前中生代老地层的贡献。依据重力异常展布特征，大致圈定了贺根山地区半隐伏超基性岩体的位置及分布范围，该成果为"内蒙古自治区铬铁矿找矿战略选区研究"立项工作提供了主要的依据。

4) 为矿业权设置选区提供了重要依据

2012年初内蒙古自治区地质调查院承担了内蒙古自治区矿业权设置方案的编写工作，主要是针对已完成的1∶5万矿产调查和1∶5万物化探测量基础地质工作的区域。根据以往资料分析，一般情况下前中生界密度较大，中-新生界密度较小，剩余重力异常主要是不同地质体的密度差的反映，所以依据重力资料推断的隐伏、半隐伏地质体为覆盖区矿业权设置提供了重要的地球物理依据。已利用资源潜力评价重力成果资料的矿业权设置项目详见表5-2。具体应用实例如下。

(1) 内蒙古自治区锡林郭勒盟查干敖包庙等10幅1∶5万异常查证与勘查选区矿业权设置方案。矿业权设置区跨越西伯利亚板块和华北板块，其北部为西伯利亚板块，南部为华北板块。1∶20万区域重力测量成果清晰地显示出这一构造界线，构造带北侧异常走向北东，南侧异常走向近南北，由此可见重力资料为基础地质研究提供了重要的地球物理依据。

矿业权设置区内新生代沉积物覆盖普遍，基岩零星出露，以往的矿产调查中在基岩出露区发现铜、

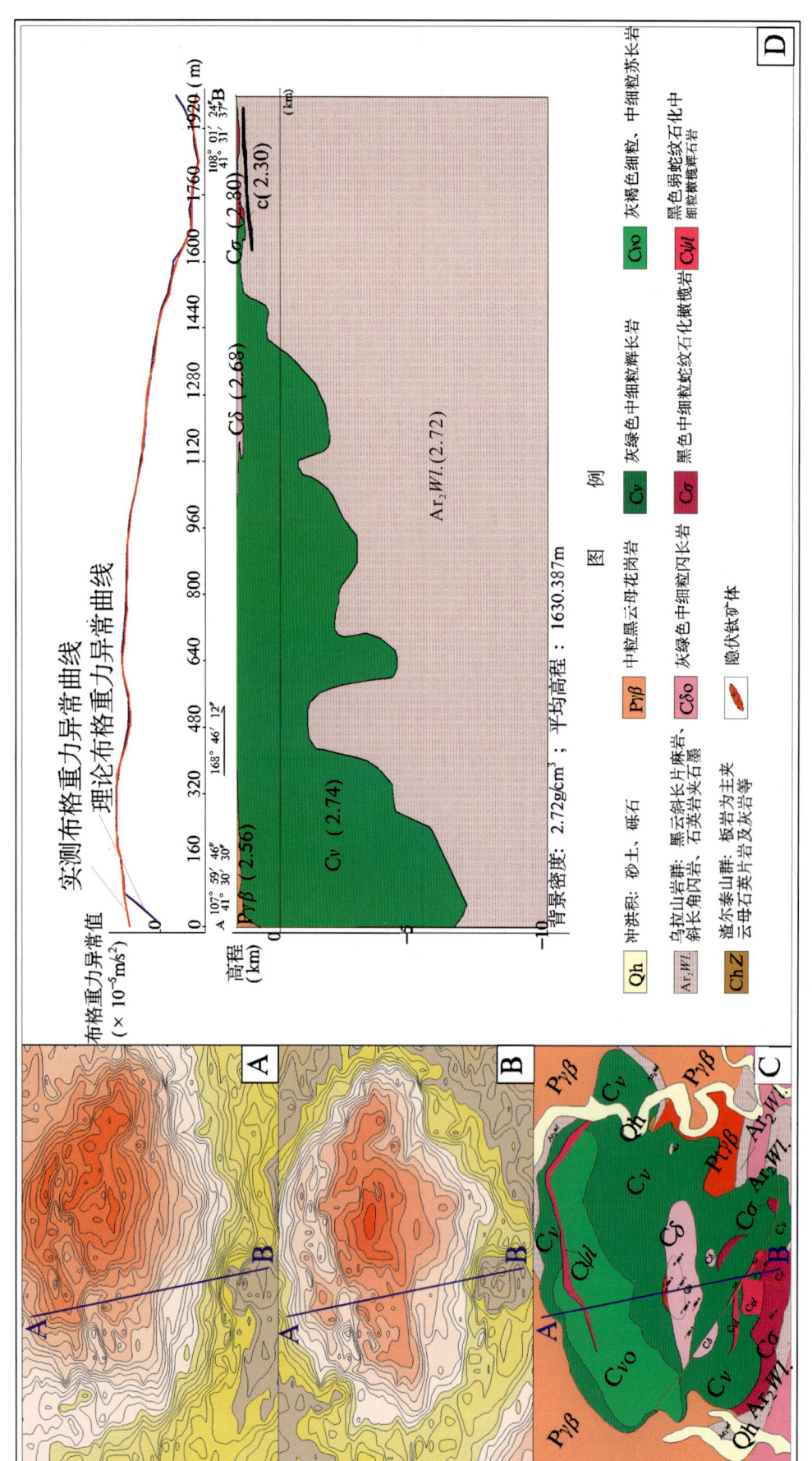

图 5-11 乌拉特中旗克布地区 2.5D 反演模型图

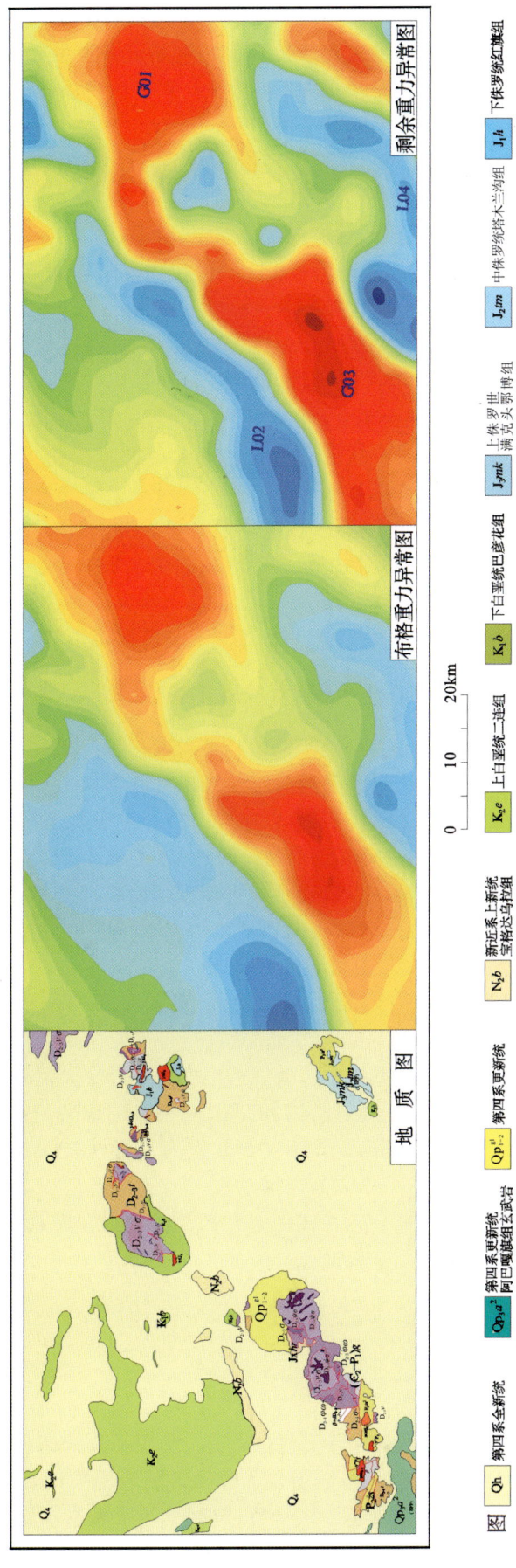

图 5-12 贺根山地区 1:20 万重力测量成果图

铅、铁、铬铁、钼锌、铅锌、铜镍等金属矿产多处,其中铜镍矿与元古宇宝音图群有关,铬铁矿与石炭系本巴图组有关,铜、铁、钼锌、铅锌等与石炭系—二叠系宝力高庙组有关。可见了解古生界石炭系、二叠系及元古宇宝音图群的空间分布对继续开展找矿工作有一定的指导意义。对区内地质体的密度参数的统计显示,元古宇宝音图群(平均密度 2.69g/cm³)、石炭系(平均密度 2.69g/cm³)与中-新生代沉积岩(密度小于 1.90g/cm³)、火山岩及中酸性岩体(平均密度 2.55g/cm³),可见不同性质的地质体密度差异显著。前中生代地层分布区,在剩余重力异常图上常显示为形状较为规则的正异常,以此可以有效地划分前中生界的分布范围,特别是对于覆盖区前中生代隐伏地层范围的圈定,对于矿业权设置区域的划分尤为重要。如图 5-13 中,G3、G5、G7 剩余重力正异常推断为前古生代地层隆起区,该项研究成果为这些区域矿业权设置选区提供了重要依据。

(2)内蒙古自治区赤峰市官地等 4 幅 1∶5 万矿调区矿业权设置方案。矿业权设置区位于内蒙古东南部赤峰地区,该区域是内蒙古境内金属矿产最为集中的地区,地质矿产调查工作程度正高。据以往矿产勘查工作成果表明,该区域二叠系额里图组是银金多金属矿产的赋矿层位,额里图组与侵入岩的接触带是重要的成矿地段。在官地等 4 幅矿调工作区,中-新生界分布较广,覆盖严重,额里图组及侵入岩出露面积较小。所以该区利用重力资料推断的隐伏半隐岩体及古生代地层对进一步找矿有指导意义。

额里图组(平均密度为 2.81g/cm³)与其上覆的中-新生代沉积岩有较大的密度差,所以若中-新生代沉积岩厚度较小,其下为二叠系或更老的地层时,则会引起一定规模的剩余重力正异常,推断设置区中部的椭圆状正异常是半隐伏额里图组(包含更老地层)的客观反映,这一研究成果为该区矿业权区设置选区提供了重要的地球物理依据(图 5-14,图中蓝色矩形框为拟设矿业权区范围)。

3. 重力推断岩浆岩带为矿产远景预测提供了重要的地球物理依据

内蒙古自治区地域辽阔,各时代地层发育齐全,并跨越不同的构造单元。在区域构造活动中,由于压力、温度的变化往往伴随着强烈的岩浆活动,从而导致大量的侵入岩产生。规模巨大并侵位于地层或出露于地表的酸性侵入岩常常会引起区域性的重力低。所以,以地质资料为基础,以重力异常为依据,可以定性推断区域岩浆岩带分布范围。内蒙古大兴安岭中南段为典型的重力推断的构造岩浆岩带分布区。

大兴安岭中南段(克什克腾旗—霍林郭勒市)地表以广泛出露密度较低的古生代、中生代中酸性侵入岩及大面积分布的侏罗纪火山岩为特征,重力场一般表现为区域重力低。该区重力低不仅受北东向大兴安岭岭脊断裂及近东西向西拉木伦河断裂控制,更重要的是位于大兴安岭梯级带呈大"S"形展布的扭曲部位之西南侧,属明显的地幔变异带(图 5-15),伴有呈面状、带状、等轴状展布的局部航磁正异常。综合重磁场推断该区域是幔源岩浆沿深部构造上侵或喷出形成的巨型岩浆岩带。

呈北东向展布的大兴安岭中南段重力低值区或其外围等值线密集处或变形带上是矿床(点)分布最集中的地段。该区分布有众多不同类型的铁、铜、铅、锡、锌、钨、钼、银、稀土、金、水晶、巴林石、萤石等矿床。表明这些矿产形成过程中,中—酸性岩浆岩活动区(带)不仅为其提供了充分的热源同时也提供了物质来源。上述现象说明,应用重力资料推断的每一个岩浆岩活动区(带)实质上是一个成矿系统。在空间上,这些岩浆岩活动区(带)控制着内生矿床的分布,在成因上它们存在着内在联系。可见,重力推断的岩浆岩带为矿产远景预测提供了重要的地球物理依据。

(二)磁法成果的应用

1. 基础性航磁成果图件在实际生产中得到广泛的应用

本次全国矿产潜力评价航磁课题基础成果图件包含全区性的 1∶50 万基础航磁图件和预测工作区性的 1∶10 万~1∶25 万航磁基础图件,以 ΔT 等值线平面图、ΔT 化极等值线平面图、ΔT 化极垂向一阶导数等值线平面图系列完成。全区性的覆盖内蒙古自治区全境,预测工作区基本覆盖了内蒙古自治区 20 个重要矿种主要成矿(区)带。

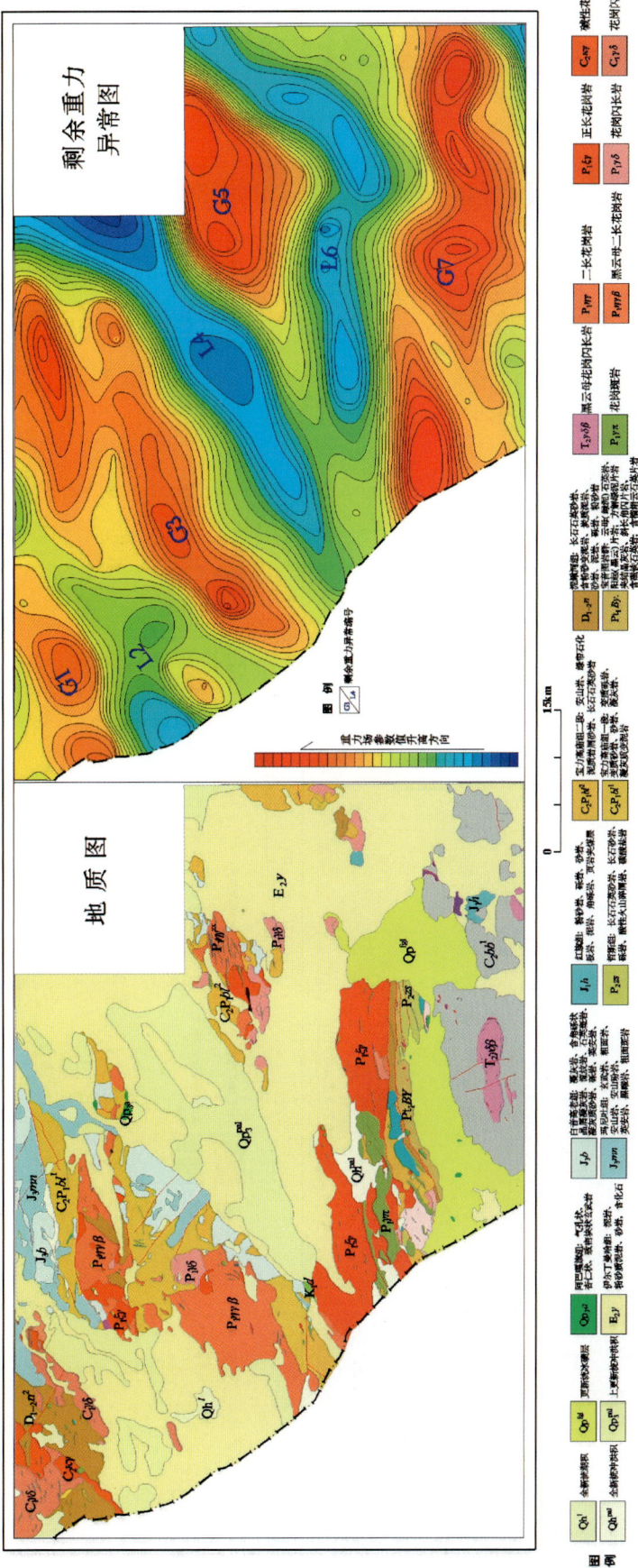

图 5-13 锡林郭勒盟查干敖包庙矿业权设置区地质、剩余重力异常图

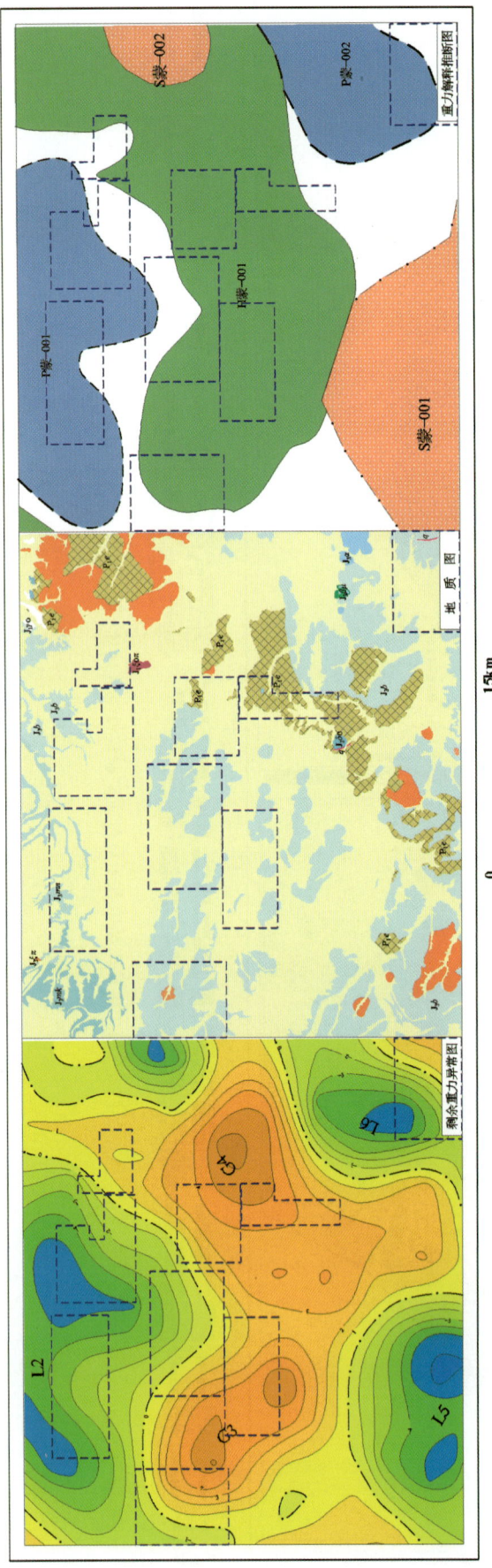

图 5-14 赤峰市官地等 4 幅 1:5 万矿调区剖析图

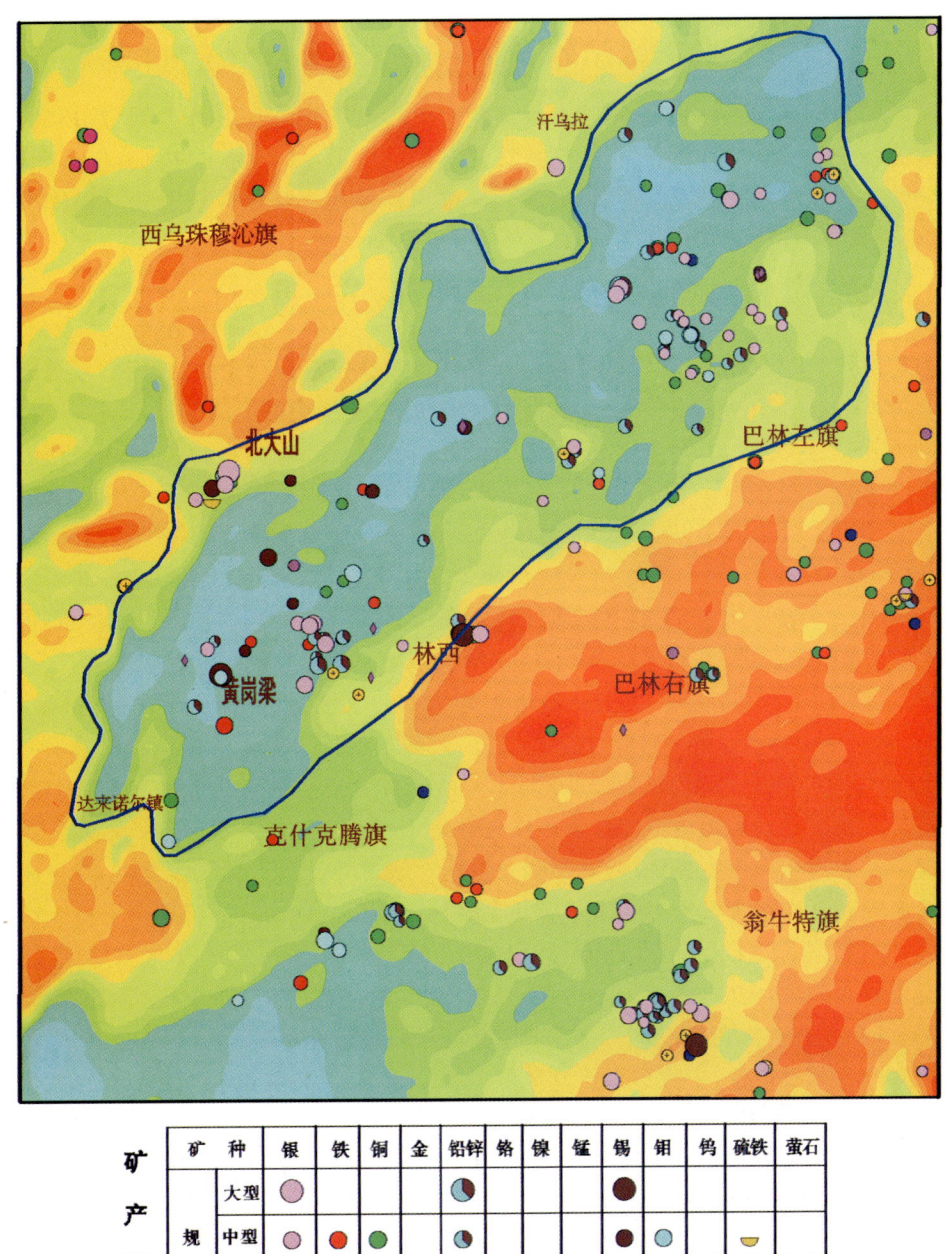

图 5-15 大兴安岭中南段重力推断岩浆岩带区域重力异常图

所以,基础性航磁成果图件是一套系统的、完整的、适用性很强的基础技术资料。从它编制成功的开始就不断地应用到了生产实践中。如在矿业权设置方面应用了大量的潜力评价航磁资料,在评估矿产地或矿床潜力中首先参考的是基础航磁资料,在选定找矿靶区及立项申请报告中航磁基础资料为重要的技术依据,自本潜力评价项目开展以来,曾为"内蒙古自治区乌拉特前旗西热庙一带航磁异常查证"等多个地质调查项目提供航磁基础成果资料。并且很多项目成功通过了立项申请,获得地质勘查项目,详见表 5-2。

地质工作中应用到基础性航磁资料,例子很多不胜枚举,所以基础性航磁成果资料成为地质工作中重要的、不可缺少的技术资料,必将为今后的地质工作发挥更大的作用。

2. 航磁异常档案的建立为内蒙古自治区磁性矿产研究开发奠定了坚实的基础

本次全国矿产潜力评价项目航磁子课题,根据现有的航磁资料将内蒙古自治区境内的航磁异常,按照新的全国性编号要求重新编号命名,根据航磁异常不同的特征,如位置、规模、面积、强度、走向、地质环境及航磁异常工作程度划分出异常等级等,建立异常卡片档案。全区共登陆航磁异常卡片6550个。这份档案目前已为进一步遴选有意义的航磁异常提供了快捷方便之途径。

3. 磁性矿产资源量的估算为内蒙古自治区铁矿资源指明了前景

本次全国矿产资源潜力评价,首次对内蒙古自治区内航磁异常进行全面的解释,包括已知铁磁性矿床和本次推断为铁磁性矿床的航磁异常,采用"磁测体积法"和"线性回归法"进行了资源量估算,将估算的资源量,按照不同成因类型、不同精度、不同深度等条件进行了技术分析统计,其结果为:累计已探明铁矿资源储量 37.26×10^8 t(内含2006年底—2008年底查明资源量 $47\,621.1\times10^4$ t),预测新增铁矿资源量 $437\,793.1\times10^4$ t。其中沉积变质型铁矿查明 $98\,880.2\times10^4$ t,预测新增 $238\,804.6\times10^4$ t;矽卡岩型铁矿查明 $32\,999.10\times10^4$ t,预测新增 $36\,114.3\times10^4$ t;岩浆岩型铁矿查明 $25\,402.2\times10^4$ t,预测新增 4412.4×10^4 t;海相火山型铁矿查明 $24\,815.4\times10^4$ t,预测新增 $92\,327.4\times10^4$ t;陆相火山型铁矿查明 2.4×10^4 t,预测新增 1673.6×10^4 t;其他类型铁矿(如热液型、风化淋滤型等)查明 $190\,463.43\times10^4$ t,预测新增 $64\,460.8\times10^4$ t;按精度统计,预测新增精度为334-1的有 $266\,030.4\times10^4$ t,精度为334-2的有 3354×10^4 t,精度为334-3的有 $168\,409\times10^4$ t。按深度统计,埋深500m以浅的有 $410\,602.3\times10^4$ t,1000m以浅(包括500m以浅)的有 $431\,804.2\times10^4$ t,2000m以浅的有 $437\,793.4\times10^4$ t。

经以上统计分析清楚地看出内蒙古自治区铁磁性矿产资源潜力巨大,且较大比例预测资源量集中在沉积变质型铁矿和海相火山型铁矿,两者预测总量达 33.11×10^8 t,占预测总量的75.6%。这充分说明内蒙古自治区铁磁性矿产资源潜力工作方向和工作目标今后应该为找寻沉积变质型铁矿和海相火山型铁矿。

另外现有资料表明,内蒙古自治区航磁程度正高,全区主要成矿(区)带1:5万航磁基本覆盖,部分地区还进行了1:2.5万航磁测量,小于1:5万比例尺航磁测量基本覆盖了主要盆地和沙漠地区,空白区仅有呼伦贝尔市北部及中蒙、中俄边界狭窄地带,约 8×10^4 km^2。虽然经过1958年、20世纪60年代末、20世纪70年代末和2003年以来至今的4次铁矿找矿高潮,但是利用航磁资料找矿还是具有很大的潜力。

虽然磁性矿产在航磁异常上多表现为非常明显的高值异常,形态相对规则,梯度变化大,异常多处在磁测推断的断裂带上或其两侧,利用这一规律也发现了不少铁矿,但是仅凭借异常特征分析进行判断,未进行踏勘查证就定为非矿异常,错误率正高。因此,对未进行三级查证就定为非矿的1403处丙类异常和3665处丁类异常进行加大勘探投入,到实地去勘探查证,会从中发现一些性质不明的异常,也可能发现一些矿致异常,从而开拓新的成矿远景区。内蒙古有乙类异常1015处,这些异常多数没进行三级查证,毋庸置疑,对这类异常进行查证会有新的突破。如果对468处甲类异常进行深入研究,了解其深部和旁侧是否还有盲矿体,将有较大的找矿希望。若考虑超低品位铁矿的利用,对矿点、矿化点重新评估也会有较大的找矿希望。因此,在内蒙古自治区利用航磁资料找矿具有非常大的潜力。

综上所述,得出内蒙古铁磁性矿产资源还存有巨大潜力的结论,必将对今后的铁磁性矿产勘查起到重要的作用。

4. 应用基础航磁资料解释基础地质问题成果显著

本次全国矿产潜力评价内蒙古自治区航磁课题组,利用新编基础性航磁图件,根据区域和局部的不同磁场特征,如不同磁场区的分界线、磁异常梯度带、串珠状磁异常带、线性异常带、磁异常突变带、异常错动带、雁行状异常带、放射状的异常带组等特征,对内蒙古自治区断裂构造、侵入岩分布、变质岩地层分布进行了系统的解译推断划分。本次工作共划分出一级断裂 8 条、二级断裂 20 条、三级断裂 526 条,圈定盆地 8 个、侵入岩体 610 处、火山岩地层 331 处、变质岩地层 21 处、火山构造 23 处,蚀变带 19 个,并完成了主要断裂部分地段的定量推断解释计算。

这些磁法推断地质构造成果很大程度上验证了内蒙古一级、二级断裂构造与其他方法推断断裂构造相互的对应性,也在很多情况下体现了磁法推断的独特性和有效性。

5. 根据区域和局部航磁异常特征划定找矿靶区

本次全国矿产潜力评价内蒙古航磁课题组,根据区域及局部航磁异常分布特征,结合重要控矿构造特点及断裂分布特征和已知不同类型矿床产出地质环境,综合分析部署了铁、铜等 20 个矿种有利找矿靶区 70 个,详见表 5-3。

表 5-3 磁法推测各矿种找矿靶区表

矿种	成因类型	数量	矿种	成因类型	数量
铁矿	海相火山岩型	14	稀土矿	沉积型	1
	矽卡岩型、其他类型	9		沉积变质型	1
	沉积变质型	1		层控型硫铁铅锌多金属	3
铜铅锌多金属	热液型	4	硫铁矿	层控型硫铁	1
钼矿	斑岩型	5		沉积型	1
钨矿	热液型	1	菱镁矿	热液型	1
锡矿	热液型锡铅锌银	3	重晶石矿	热液型	5
铬铁矿	蛇绿岩型	5	萤石矿	热液充填型	5
锰矿	海相火山岩型	3		沉积改造型	1
	沉积变质型	1	磷矿	岩浆岩型	3
铝土矿		1		沉积变质型	1

注:本内容详见《内蒙古自治区矿产资源潜力评价磁测资料应用综合研究成果报告》。

6. 利用航磁基础资料在找寻铁磁性矿床中的应用

1)以往应用成果回顾

以往找寻铁磁性矿床大致可分为四个阶段:一是 1951—1955 年,主要对象是白云鄂博式铁矿,主要方法是做地面磁法。目的是围绕白云鄂博主矿周围寻找隐伏矿体,以扩大矿区远景;二是 1958—1961年,主要对象是温都尔庙式和鞍山式铁矿,目的是评价已知矿区和矿点的远景,发现隐伏矿体。工作主要集中在温都尔庙、红格尔庙到二道井及三合明等地区;三是 1964—1976 年,主要对象是矽卡岩型和鞍山式铁矿,采用方法以地面磁法检查航磁异常为主,工作主要集中在大小兴安岭、包白线两侧等地区;四是 1977—1979 年开展富铁矿会战,主要在温都尔庙式铁矿南北矿带。

其次,从 1955—1976 年,为寻找铬铁矿在地槽区进行了超基性岩体圈定,主要集中在贺根山、二连、索伦山三个地区。

另外,从 20 世纪 70 年代到现在,对多金属矿床也开展了大比例尺的各种物探工作,工作地区主要集中在大小兴安岭与华北地台北缘西段。

在铬铁矿普查中利用航磁资料圈定隐伏超基性岩体取得了明显的地质效果;在寻找磁性铁矿中,利用航磁资料扩大了白云鄂博西矿和东矿、三合明西矿、朝不楞北矿带、温都尔庙矿区的许多隐伏矿体。通过航磁异常检查发现和肯定了一批矿床,例如黄岗梁、书记沟、谢尔塔拉、壕赖沟、高腰海、黑敖包、公义明、东五分子、黑鹰山、卡休他他、叠布斯格等大、中型矿床。其中,黄岗铁矿是大型铁锡矿床,在全国范围内是首批通过专门的查证航磁异常工作发现的矿例,对推动全国航磁异常查证工作起了重要作用。书记沟铁矿位于玄武岩覆盖区,它的发现开阔了人们的眼界,给人以重要启示。谢尔塔拉铁锌矿是在航磁工作的当年验证见矿的,创建了矿床发现史上的新纪录。因而,这三个矿床的发现在全国范围内都有一定影响。

除此之外,还发现或肯定了一批小型铁矿床。其中,具有弱磁性的棋盘井赤铁矿矿床,规模虽然不大,却说明用高精度磁测寻找弱磁性铁矿及其他多金属矿床是有效的。

2)未来在找寻铁磁性矿床中的应用展望

过去已找寻的铁磁性矿床的航磁异常特征,多为强度高,异常明显规整,规模较大、埋藏较浅甚至出露地表的矿床。由于以往地质工作程度低,利用磁测技术较为容易发现。而现在的情况大为不同,一则工作程度普遍有很大的提高,二是埋藏浅的、异常较明显容易找寻的矿床比较少了。所以现在的工作方式方法应该有相应调整。

首先,充分研究分析已知铁磁性矿床成因类型、产出地质环境及成矿机制等特点,能够在未来找矿中得到借鉴。在这方面的研究,本次全国矿产潜力评价进行了较为系统的分析研究,从预测工作区的划分至典型矿床的研究比较详尽,对未来工作能够起到借鉴和指导作用。二是开拓思路,用新的找矿理论与观点,利用现在高精度磁测资料,结合地质构造环境,重视成矿有利地段的航磁异常,包括低缓的航磁异常的研究分析,必要时进行再次的踏勘检查工作,对这些航磁异常做出新的认识与评价,从中获取新的找矿突破是完全有可能的。三是应重视找寻深部(大于500m)矿产资源,重点是:①在已知矿产地及其外围的航磁异常,利用现代计算机数据处理的先进手段,重新进行评估及验证这方面的航磁异常或地面磁测异常,以便扩大其资源量规模;②是对未知航磁异常进行新的综合性筛选评估,使其有新的突破。搞好该项工作必定有丰硕的成果。

三、地球化学成果的应用

地球化学成果的应用目前主要体现在为整装勘查选区和矿业权设置提供地球化学依据。整装勘查选区过程中,需要考虑有利的地质背景条件,还要尽量包括相关元素完整的地球化学异常,与预测矿种密切相关的多元素地球化学组合异常是划分整装勘查区的必要条件之一。潜力评价项目圈定的最小预测区是整装勘查选区及矿业权设置工作中重要的参考要素。另外,基础地球化学研究中提取的单元素异常作为必不可少的地球化学依据大量应用于其他综合研究项目中。

(一)整装勘查选区

1. 东乌旗地区

在朝不楞-查干敖包铁锌铅成矿带上,目前已找到数个大中型多金属矿产地,具有较好的有色金属、贵金属矿产成矿潜力和找矿远景。在总结分析区域成矿规律和工作区成矿地质条件的基础上,在东乌旗地区优选了成矿条件较好的区域开展整装勘查工作,如图5-16所示,区内大部分区域已完成1∶20万化探扫面工作,局部地区已进行了1∶5万区域化探和1∶5万矿调。

依据本区地质矿产特征,化探课题组选取Pb、Zn、Ag、Cu、Au、W、Mo、Sn等主要成矿元素,利用潜力评价项目收集的1∶20万化探扫面数据,采用累频分级方法编制了单元素异常图(图5-17)和综合异常剖析图,并提取单元素异常外带编制了地球化学组合异常图,为整装勘查部署及矿业权区块划分提供了翔实可靠的基础地球化学资料。

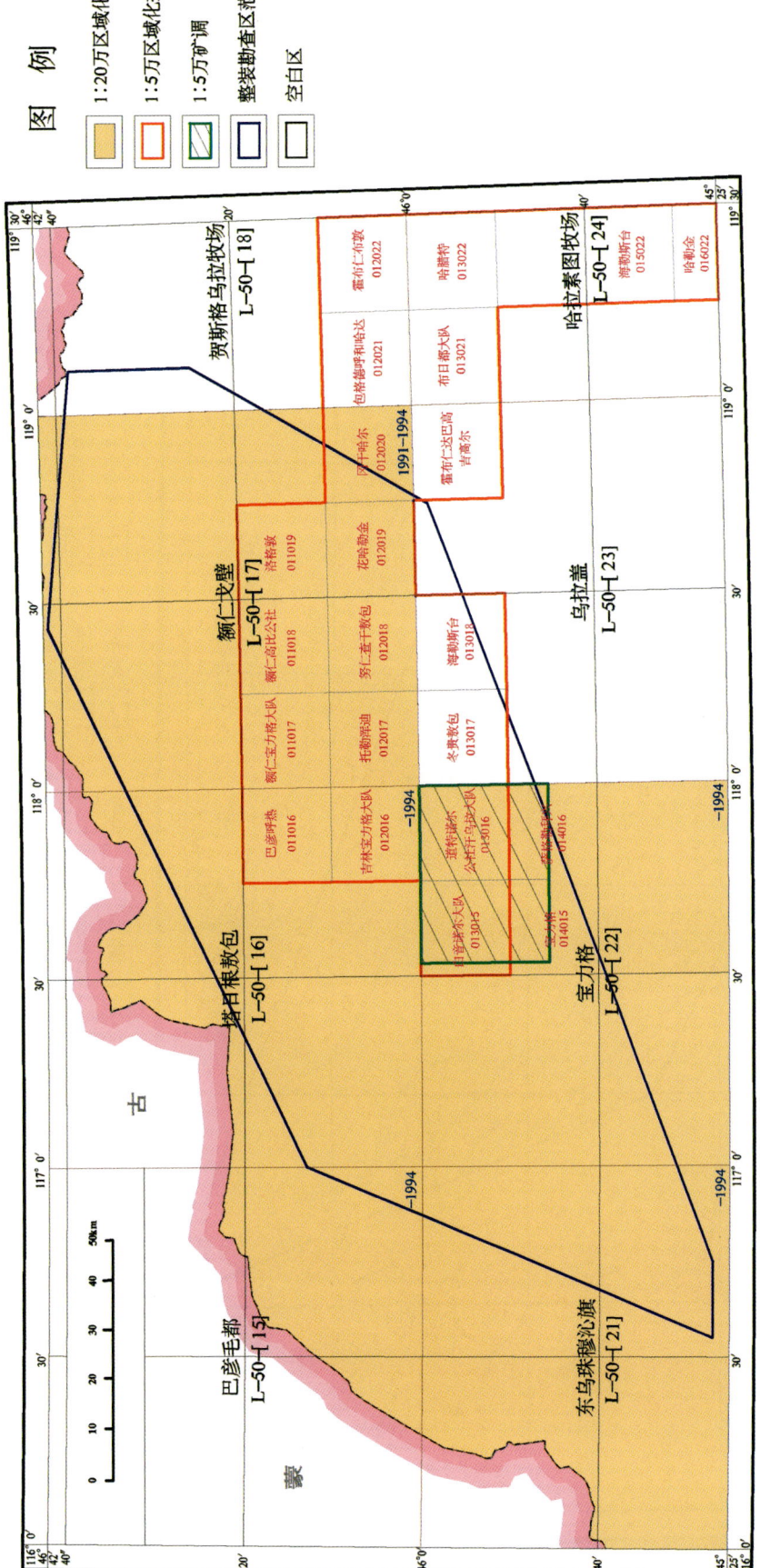

图 5-16 内蒙古自治区东乌旗地区铅锌矿整装勘查区地球化学工作程度图

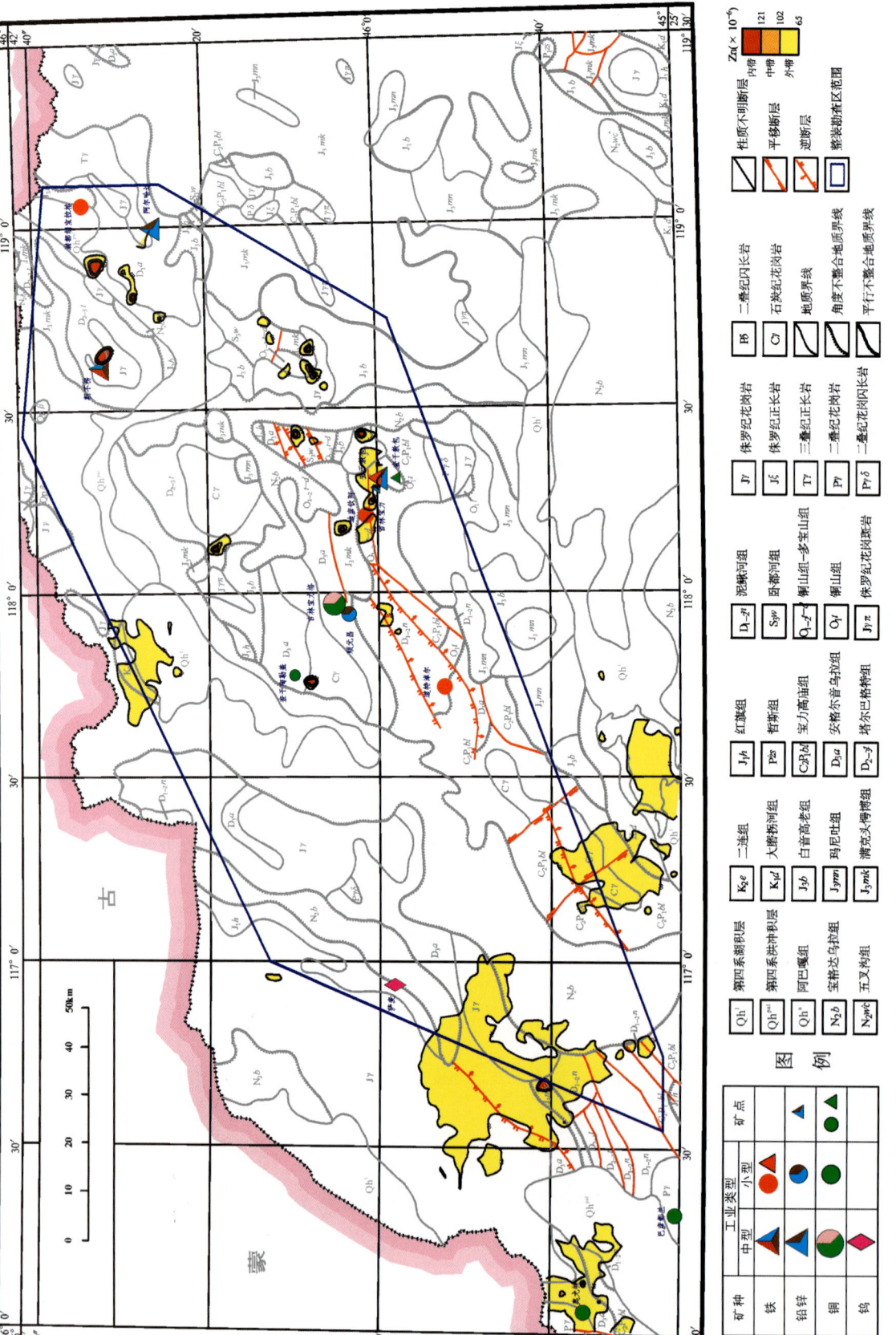

图 5-17 内蒙古自治区东乌旗地区铅锌矿整装勘查区锌地球化学异常图

2. 哈达门沟地区

哈达门沟金矿整装勘查区位于乌拉山地区，该区先后进行了1∶20万区域化探扫面和1∶5万水系沉积物测量，南部为1∶25万多目标地球化学调查区（图5-18）。

勘查区内成型矿产为金，利用1∶20万区域化探扫面资料，根据区内相关元素异常分布情况，选取Au、Hg、Cu、Ag、Pb、Zn、W等元素，采用累频分级方法编制单元素异常图和综合异常剖析图，为该区进行矿业权设置提供了可靠的基础地球化学资料。

3. 霍各乞地区

在内蒙古中部狼山—渣尔泰山地区设立了乌拉特后旗霍各乞铜多金属矿整装勘查区，收集整理了区内1∶5万化探（图5-19）、区域地质调查、矿产远景调查、矿产勘查、航磁等资料，结合矿产资源潜力评价成果，将该区作为方法试点进行了找矿预测与评价。

化探课题组选取Cu、Pb、Zn、Ag、W、Sn、Mo、Au、As、Sb十个元素，在勘查区内整理、编制了单元素地球化学图、组合异常图、综合异常图等化探基础图件，为整装勘查区的部署及矿业权区块划分提供了翔实可靠的基础地球化学资料。

（二）矿业权设置

为进一步规范1∶5万化探调查、1∶5万矿产调查、1∶5万航磁测量、1∶5万综合方法找矿区（含区域化探异常查证区）矿业权管理，内蒙古自治区国土资源厅在目前已完成的1∶5万化探测量区和1∶5万矿调区内对探矿权、采矿权空间布局进行详细安排，编制矿业权设置方案。

（三）其他综合研究

潜力评价研究成果不仅为整装勘查选区及矿业权设置提供了地球化学依据，还大量应用于其他综合性研究项目。

1. 三稀矿产资源现状及潜力分析

利用现有地物化遥资料，对内蒙古二连—东乌旗地区的三稀矿产资源现状及潜力进行分析，地球化学研究方面，选取Y、Zr、Nb、Cd、Li、Be、Sr七种元素，采用累频分级方法提取异常，编制多元素组合异常图，根据异常的分布规律及地质特征，圈定18处综合异常、6个找矿远景区，如图5-20所示，根据异常元素组合及分布特征将全区分为3个异常带。

(1) 西部毕力河-苏尼特左旗异常带：划分了V-1、V-2、V-5三个找矿远景区，该带综合异常元素组合以Li、Be、Y为主，个别异常中伴有Nb、Zr、Sr、Cd等元素异常，主要元素异常套合好。异常规模大，呈不规则状分布。异常对应的地层主要为石炭系—二叠系宝力高庙组和侏罗系白音高老组、玛尼吐组，部分异常与泥盆系泥鳅河组和奥陶系乌宾敖包组、巴彦呼舒组有关；对应岩体主要为石炭纪、二叠纪中酸性花岗岩体。异常区内花岗细晶岩脉、花岗岩脉、石英脉等脉岩较为发育。

(2) 北部东乌珠穆沁旗-额仁戈比异常带：划分了V-3、V-4两个找矿远景区，综合异常总体沿北东向展布，异常元素组合以Li、Be、Cd为主，部分异常中伴有Y、Nb、Zr、Sr等元素异常。异常对应地层主要为古生界奥陶系多宝山组、泥盆系泥鳅河组、塔尔巴格特组、安格尔音乌拉组，石炭系—二叠系宝力高庙组，中生界侏罗系白音高老组、满克头鄂博组；对应岩体主要为二叠纪、侏罗纪花岗岩、花岗斑岩体；部分异常区内花岗斑岩脉、花岗岩脉、闪长玢岩脉等脉岩发育。

(3) 东南部锡林浩特异常带：划分为V-6找矿远景区，该带主要为Li、Be、Cd、Y、Nb、Zr等元素组成的综合异常，各异常元素间套合好。异常多呈不规则状展布，走向以北东为主，展布方向与地层、岩体、断裂的延伸方向一致。异常对应地层主要为二叠系寿山沟组、大石寨组、哲斯组、林西组，侏罗系酸

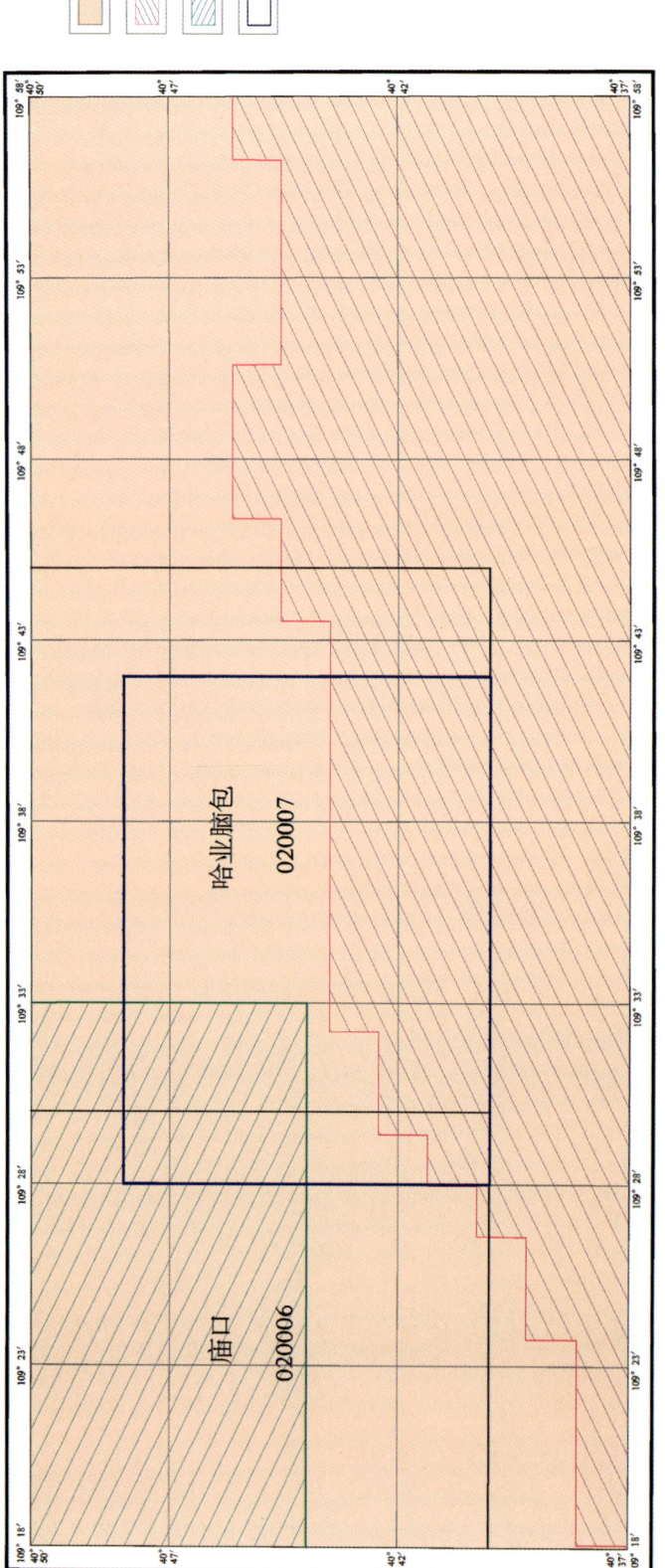

图 5-18 内蒙古自治区乌拉山地区金矿整装勘查区地球化学工作程度图

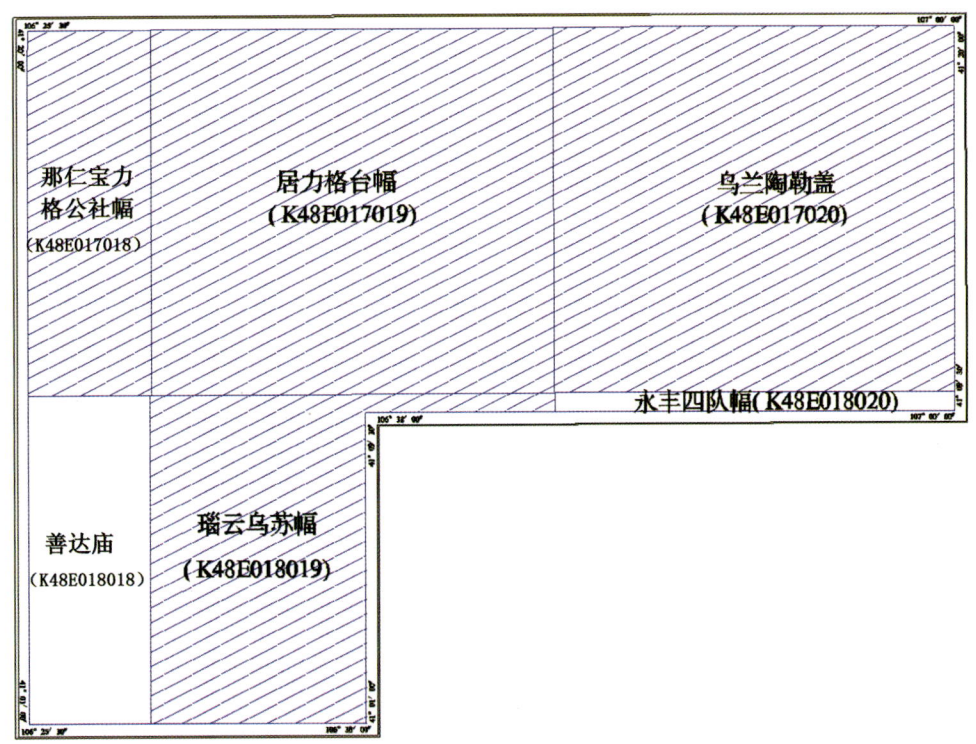

图 5-19　霍各乞铜多金属矿整装勘查区 1∶5 万化探资料收集情况示意图

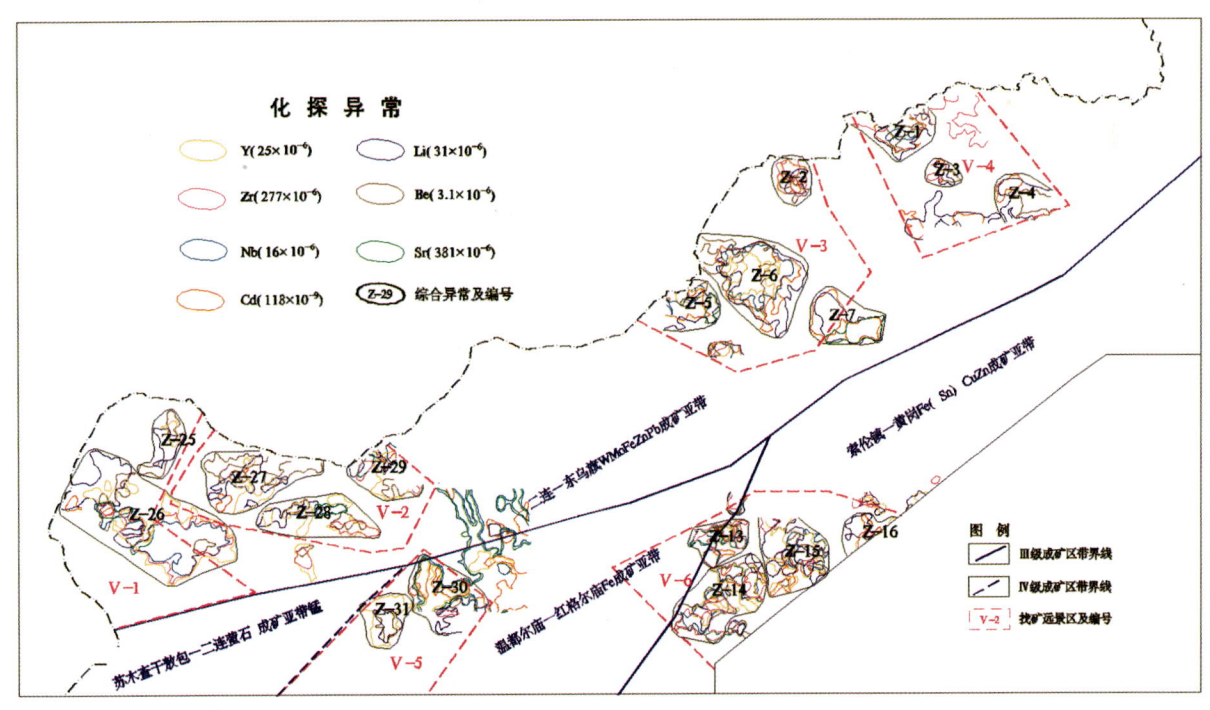

图 5-20　内蒙古自治区二连—东乌旗地区地球化学综合异常图

性—中基性火山熔岩、火山碎屑岩，部分异常与石炭系本巴图组有关；对应岩体主要为侏罗纪和白垩纪花岗斑岩、正长花岗岩等中酸性岩体；异常区内花岗细晶岩脉、花岗岩脉、花岗斑岩脉等脉岩极为发育。

区内侏罗系白音高老组酸性火山碎屑岩、酸性熔岩和二叠纪碱性花岗岩与稀有金属成矿关系密切,选取与之相关的10个综合异常进行重点分析研究,编制综合异常剖析图(图5-21),Z-28综合异常区内元素组合为Li、Be、Sr、Nb、Y、Zr,异常空间展布方向近东西向。除Nb异常仅显示外带以外,其他元素均具有明显的内、中、外带,各元素异常相互套合,异常的分布与出露地质体关系密切:西部Li、Y、Be组合异常产于石炭系泥鳅河组与侏罗系白音高老组和石炭系宝力高庙组的内外接触带,该异常带还发育一条北东向断裂;北部为Y、Sr、Nb异常,该区域出露地质体为第四纪玄武岩;东部异常元素为Be、Y、Zr,对应地质体为石炭系宝力高庙组和二叠纪碱长花岗岩。

该项研究成果清晰地表达了该区已知稀有金属矿产与地质背景、地球化学异常之间的联系,为对该区进行找矿潜力分析与评价提供了地球化学基础资料。

2. 重要矿产资源潜力评价及区域成矿规律研究

该项工作包括两方面内容:一方面将全区分为多个区块进行地球化学综合研究;另一方面运用地球化学方法对115°以东的钼、铅、锌、银的矿产资源量进行估算。

在全国矿产资源潜力评价项目铁、金、铜、铅、锌、钨、稀土、银、锡、钼、镍11个矿种化探综合研究成果的基础上,将内蒙古自治区划分为47个区块开展重要金属矿产的找矿潜力预测(图5-22)。在已进行区化探扫面工作的34个区块选取相关元素编制单元素地球化学图(图5-23),充分研究各区块成矿元素地球化学场的分布、单一及异常集中区组合异常特征与几何形态(异常形态),圈定地球化学综合异常669个,编制各区块组合异常图、综合异常图(图5-24),为科学合理地规划和部署矿产勘查工作提供翔实可靠的地球化学证据。

以喀喇沁旗—建平地区(第39块)为例,介绍一下对各区块进行的地球化学研究。

1) 主要成矿及伴生元素地球化学特征

根据本区矿产分布特征,选取Au、As、Sb、Hg、Cu、Pb、Zn、Ag、Cd、W、Sn、Mo、Bi、Fe_2O_3、Co、Ni、Mn、Cr、Ti、V、La、Th、U、Y、Nb共25个元素(氧化物)编制单元素(氧化物)地球化学图,下面分组对元素(氧化物)地球化学场的分布进行简单介绍。

(1) Au、As、Sb、Hg地球化学分布特征。Au多以背景区和低值区分布,高值区分布范围较小,主要分布在太古宙乌拉山岩群。As、Sb、Hg在研究区多以背景区和低值区分布,其中Au、As、Sb在三叠纪酸性岩中呈低值区分布。

(2) Cu、Pb、Zn、Ag、Cd地球化学分布特征。Pb在研究区多以背景区和高值区分布,高值区分布范围较大,受北东向构造控制,总体走向北东,主要对应白垩系和三叠纪酸性岩体。Ag、Cd高值区规模相对较小,高值区空间吻合程度高,主要分布在白垩系和侏罗系、三叠纪酸性岩体的接触部位。Cu、Zn高值区主要分布在研究区北部和南东部,对应白垩系。

(3) W、Sn、Mo、Bi地球化学分布特征。W、Sn、Mo、Bi高值区主要分布在研究区北西和南东部位,对应白垩系。其中,Bi元素的高值区范围较W、Sn、Mo高值区大。

(4) Fe_2O_3、Co、Ni、Mn、Cr、Ti、V地球化学分布特征。Fe_2O_3、Co、Ni、Mn、Cr、Ti、V高值区主要分布在研究区北西和南东部位,对应太古宇、元古宇和白垩系,对应的岩体有元古宙超基性岩体。Cr元素与其他元素不同的是,Cr元素高值区主要分布在研究区南东部,在北西地区呈背景分布。

(5) La、Th、U、Y、Nb地球化学分布特征。La高值区主要分布在研究区北西和南东部位,对应太古宇、元古宇和白垩系,对应的岩体有元古宙超基性岩体。Th、Nb高值区在研究区内大面积分布,主要对应白垩系和三叠系、侏罗纪酸性岩体。Th与Nb不同的是,Th元素在研究区南东呈背景区分布,而Nb元素呈高值区分布。U、Y高值区主要分布在研究区北西地区,对应白垩系和三叠系、侏罗纪酸性岩体。

2) 地球化学综合(及组合)异常特征分析

以各区块单元素地球化学图为基础,结合区块内地质背景特征、已知矿床(点)的地球化学特征及空

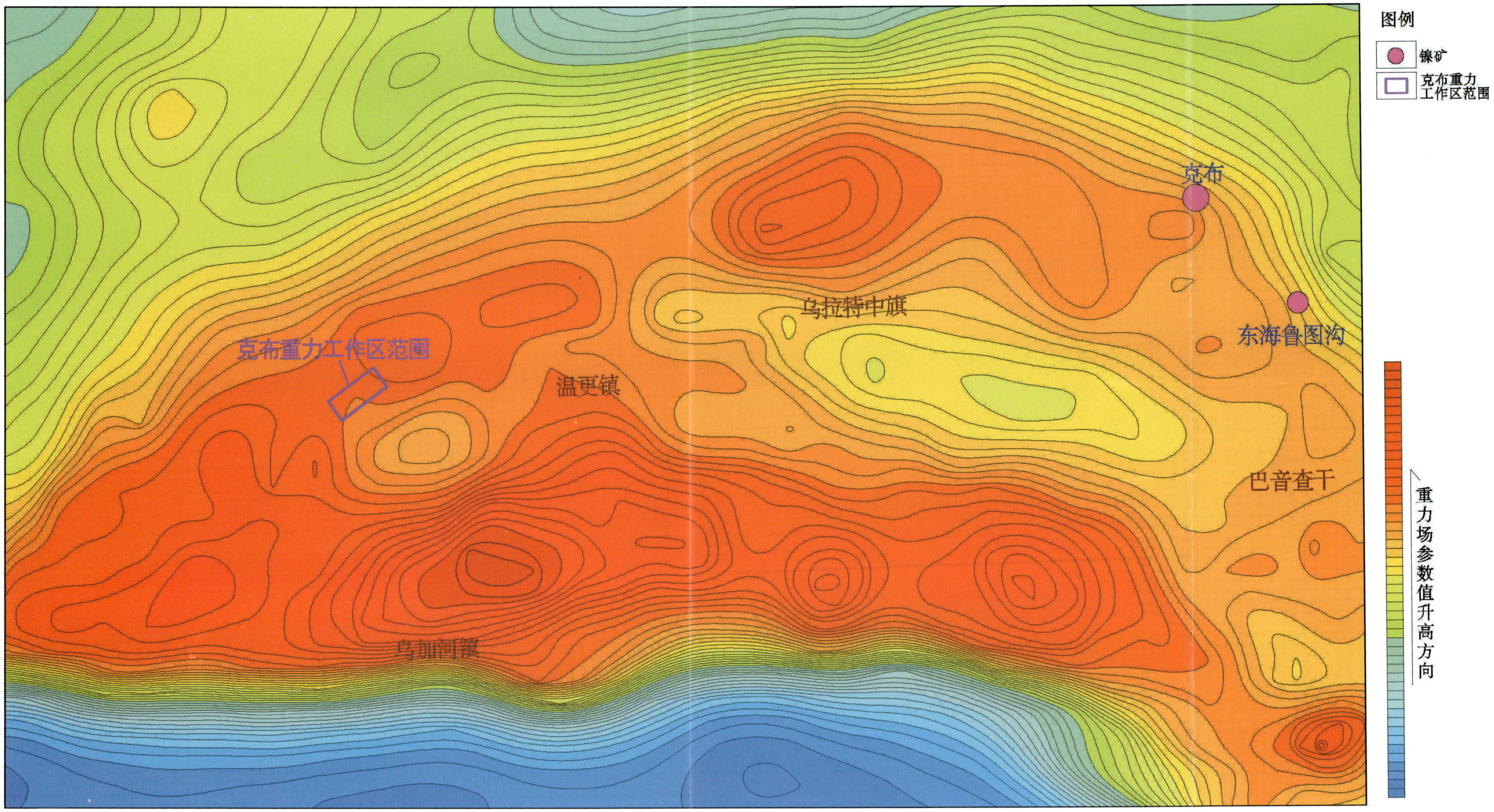

图 5-10 乌投铬中崖化矿区 1:10000 工作区化探异常图

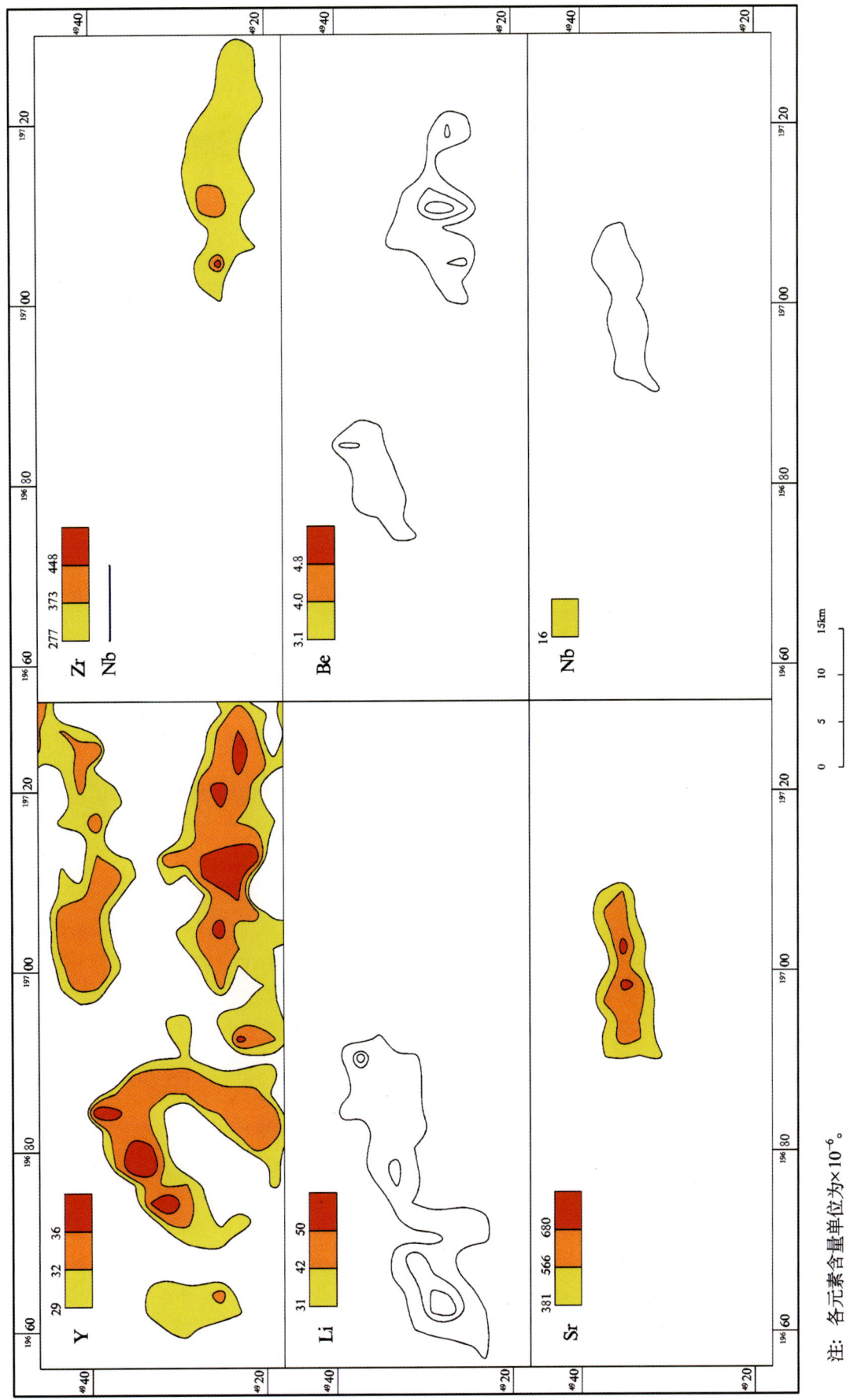

图 5-21 Z-28 地球化学综合异常图

注：各元素含量单位为 $×10^{-6}$。

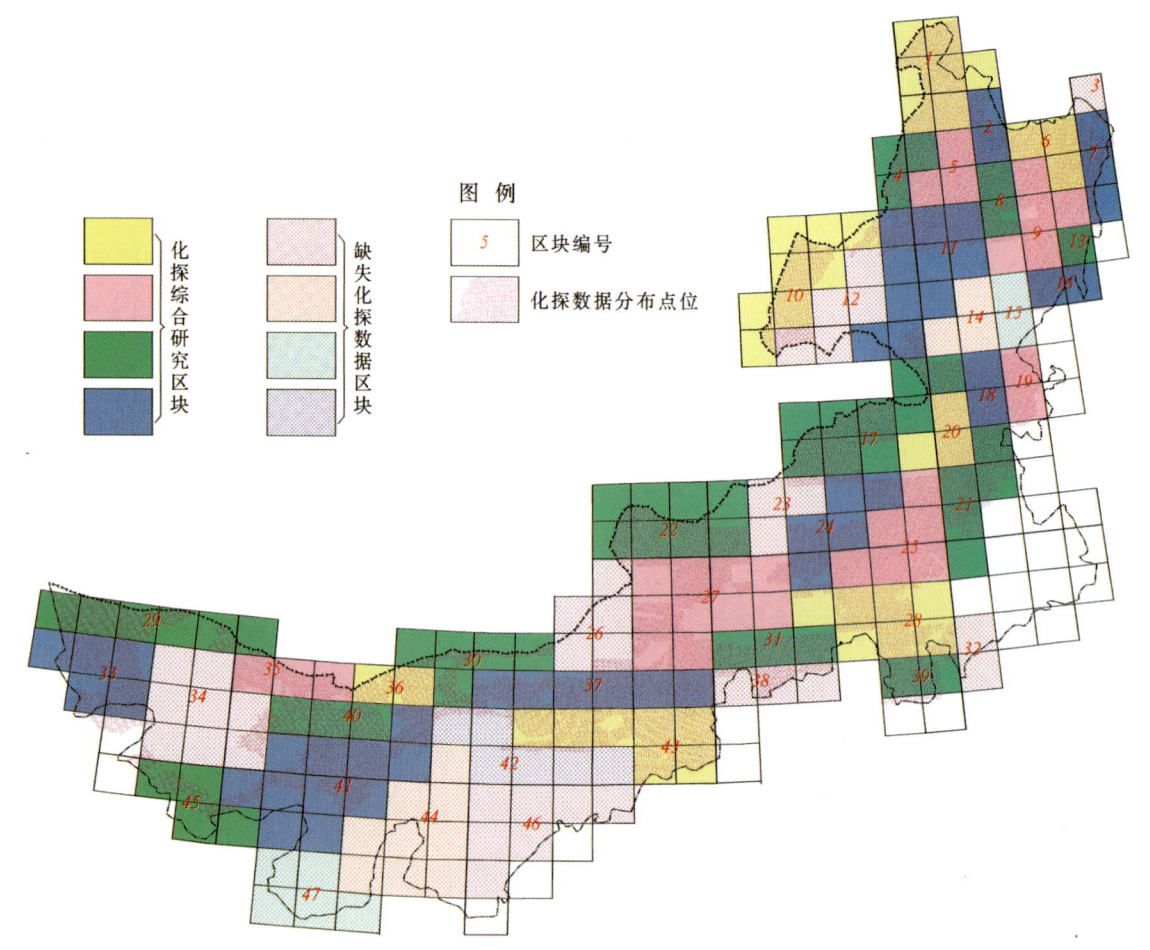

图 5-22 内蒙古自治区 47 区块划分及区域化探扫面工作分布图

间分布,本区选取特征元素编制了多元素组合异常图,圈定了综合异常。本区共圈定 6 个综合异常,根据综合异常所处地质条件、异常元素组合特征,将综合异常分以下两类进行描述。

Z-2、Z-3、Z-4 综合异常是以 Au 元素异常为主的综合异常,综合异常范围较大,异常形态为不规则状,异常元素以 Au、Cu、Pb、Zn、Ag、W、Mo 为主。Au 元素异常强度正高,但异常面积较小;Cu 元素异常强度正高,且面积较大。异常元素间呈相互套合的状态。异常对应的地层主要是太古宇乌拉山岩群。异常区内侵入岩比较发育,侵入岩为侏罗纪花岗岩和三叠纪中细粒花岗岩。其中,三叠纪中细粒花岗岩是该区主要的侵入岩体,其面积较大。异常区内分布有多个金、铜、铅锌金属矿点、矿化点。

Z-1、Z-5、Z-6 综合异常范围较大,异常形态为不规则状,异常元素以 Cu、Pb、Zn、Ag、Au、W、Mo 为主。异常对应的地层比较简单,主要是白垩系义县组,另外还零星分布太古宇乌拉山岩群。异常区侵入岩分布较少,在 Z-1 中分布有面积较小的侏罗纪花岗斑岩、三叠纪花岗岩,以及少量的花岗斑岩脉。

以区域化探扫面数据为基础,研究内蒙古自治区东经 115°以东钼、铅、锌、银等矿种的典型成因类型矿床的区域地球化学特征,综合成矿地质环境和控矿条件,将典型矿床地球化学组合模型与地球化学异常特征有机结合,在研究元素在不同自然地理-地质环境中的迁移分布规律的基础上,按Ⅲ级成矿带分别建立矿床区域地球化学找矿模型,为在相应的Ⅲ级成矿带内预测矿产资源量提供了类比依据;以选取的典型矿床为参考条件,运用类比方法,在相似的地质地球化学条件下,对区域地球化学异常进行推

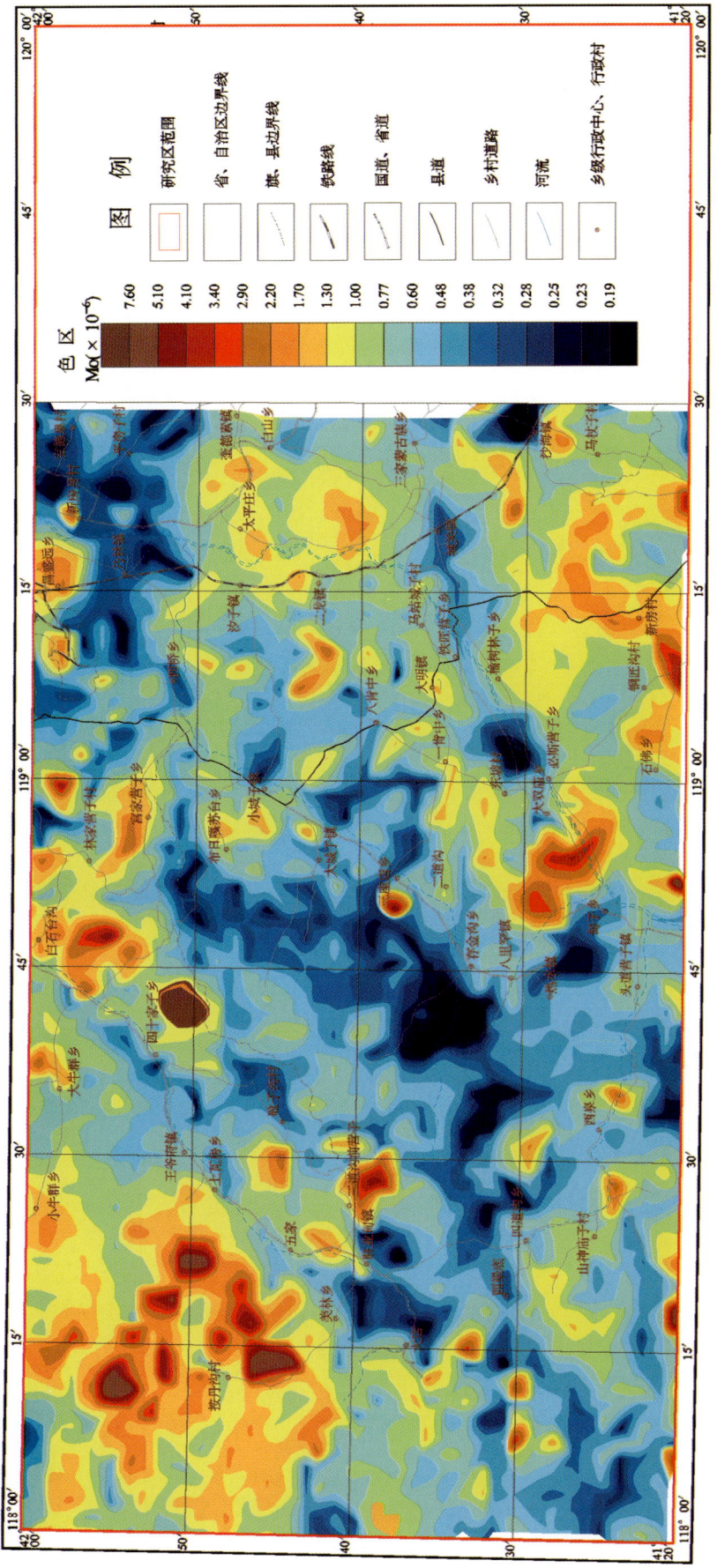

图 5-23 内蒙古自治区喀喇沁旗-建平地区(第 39 块)钼地球化学图

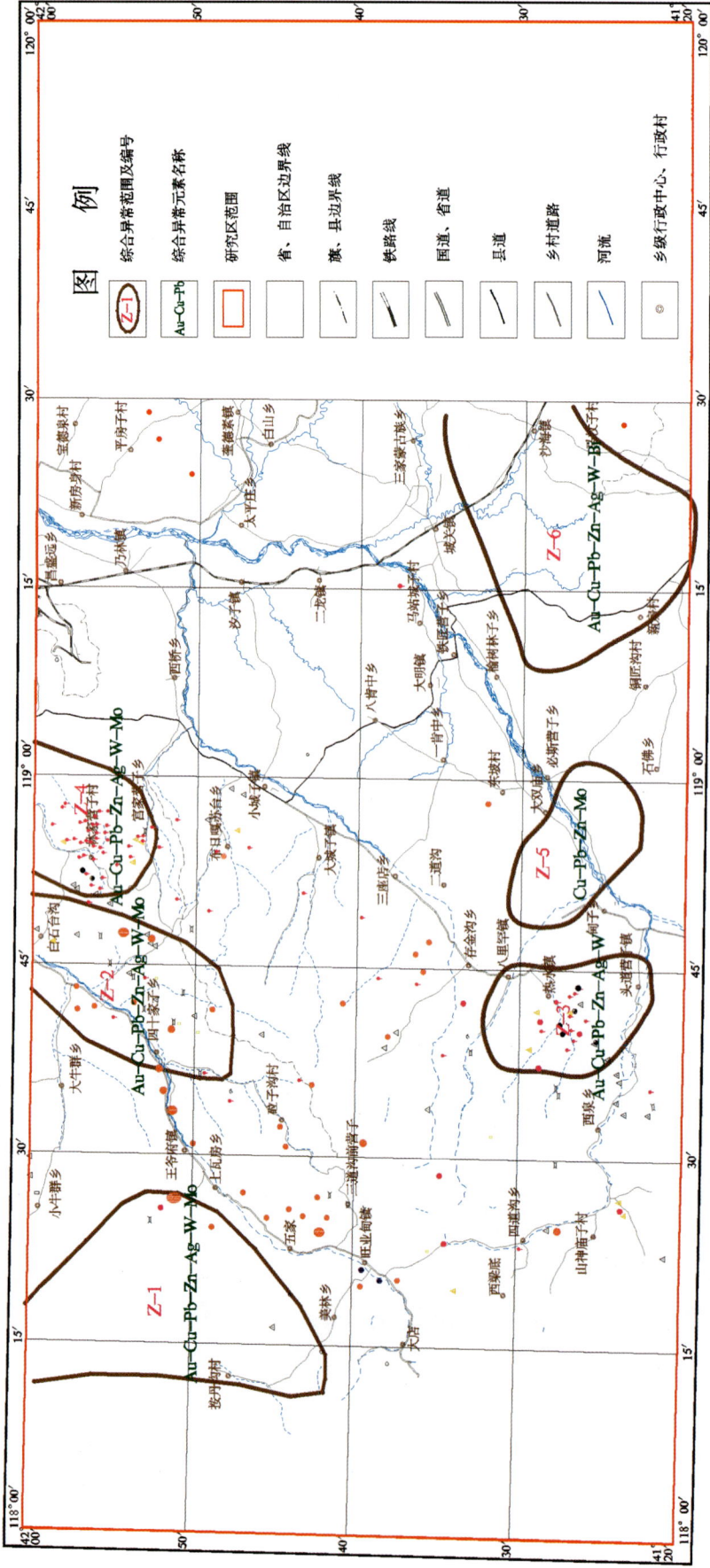

图 5-24 内蒙古自治区喀喇沁旗—建平地区（第 39 块）地球化学综合异常图

断解释,圈定找矿靶区,运用地球化学方法进行矿产资源量预测,预测该区钼资源量 748.228×10^4 t,铅资源量 1184.899×10^4 t,锌资源量 2566.230×10^4 t,银资源量 1.953×10^4 t,该项成果为在同一成矿(区)带上发现新的矿床或矿集区提供了有力的地球化学依据。

四、遥感成果的应用

1. 遥感在大地构造划分中所起的作用

内蒙古自治区断裂系统与区域构造线一致,共有 4 个断裂区系,即天山地槽断裂区北山断裂系、华北地台断裂区、兴安-内蒙古中部地槽断裂区、秦昆地槽断裂区北祁连断裂系。通过 1∶25 万和 1∶50 万遥感资料的综合研究,台区断裂呈东西向,槽区断裂西部呈北西向,东部呈北东向,与区域构造体系基本一致。结合地质资料,综观构成一向南突出的弧形构造格架(图 5-25)。根据遥感影像、物探和地质资料,将本区断裂构造分为深大断裂、大断裂及一般断裂三级。

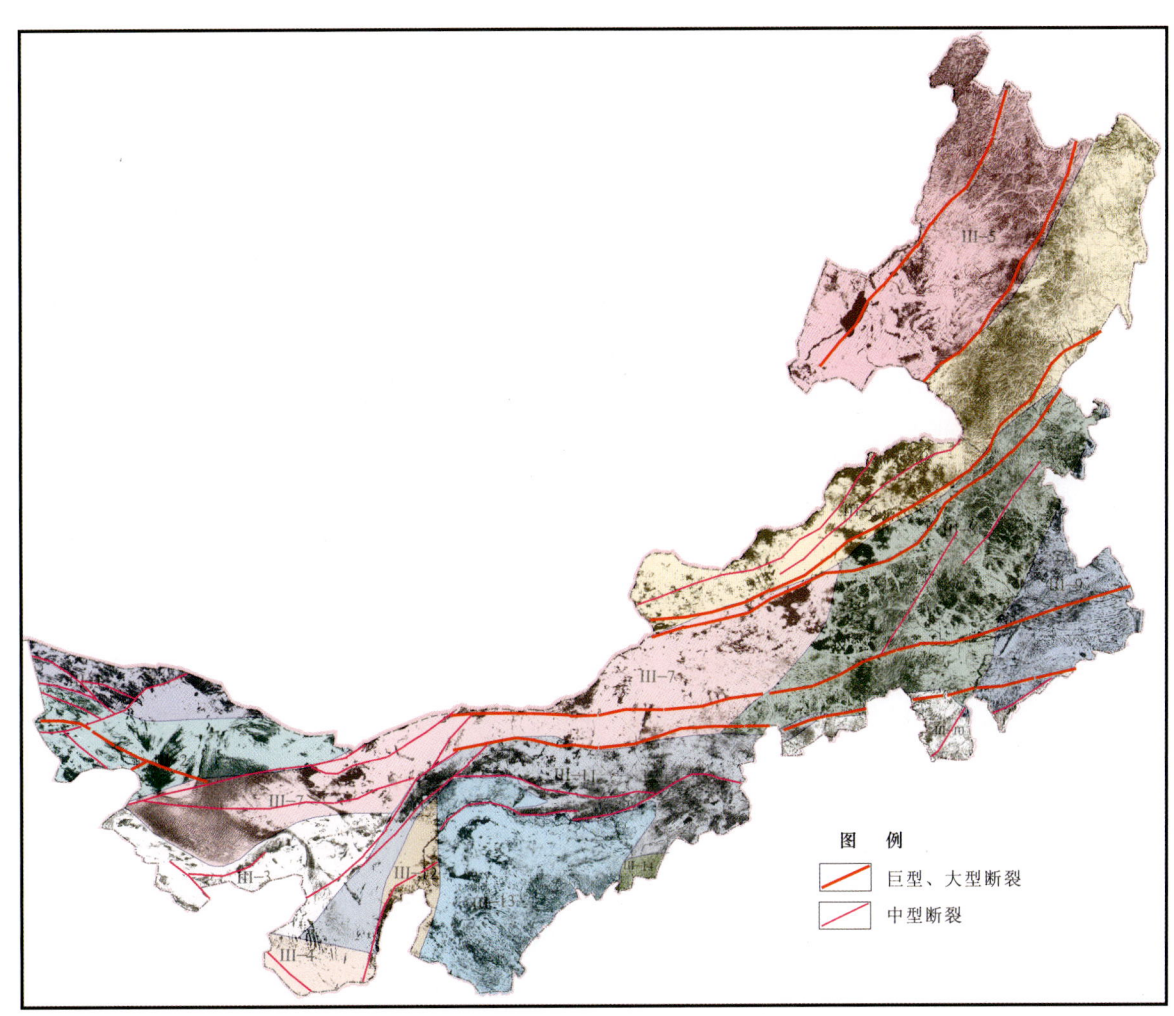

图 5-25 内蒙古自治区遥感解译构造及成矿(区)带划分图

按切割深度不同,可分为超岩石圈断裂(本次研究称为巨型断裂)、岩石圈断裂(称为大型断裂)及壳断裂(中型断裂)。

深断裂控矿是通过它所控制的沉积建造和不同性质的岩体及地下热流而起控矿作用的。深断裂由于切割深度大、波及范围广,不仅能够控制特殊的含矿建造,而常成为超基性、基性、花岗质岩浆上涌和地下热流上升的通道,即不同深度的成矿物质进入地壳上部或地表部分的上升通道,进而为成矿提供必不可少的物源、热源、水源及矿床就位的场所。因此,深断裂对于内生矿床具有重要的控矿意义。

(1)巨型断裂——超岩石圈断裂:切穿岩石圈,深入软流层,规模大,地球物理场反映明显,有发育良好的蛇绿岩套,具有长期发展和多次活动的特点,并能控制两侧地史发展和演化,构成Ⅰ、Ⅱ级构造单元分界线、不同板块的分界线,形成一些与超基性岩、基性岩、中酸性岩有关的深源内生矿产,如二连-贺根山、索伦山超岩石圈断裂带上,形成了贺根山铬铁矿床、乌珠尔铬铁矿床等,局部地区形成与基性岩体有关的铜矿床(点),如小坝梁等处;索伦山西部的乌兰套海超岩石圈断裂带和查干敖包-阿荣旗超岩石圈断裂带上,局部地区出露有超基性岩体和基性岩体,虽未形成小型规模以上的矿床,但仍不失为今后寻找此类矿床的找矿远景区域。

(2)大型断裂——岩石圈断裂:切穿岩石圈或切入上地幔顶部,但不进入软流层,规模较大,对岩浆岩带和沉积建造有明显的控制作用。沿断裂带有超基性岩体分布,但形不成良好的蛇绿岩套。本区大兴安岭主脊——林西深断裂、乌奴耳-鄂伦春旗深断裂、临河-武川深断裂、石崩深断裂、走廊过渡带北缘深断裂、北山地块南缘、北缘深断裂等均属岩石圈断裂。

(3)中型断裂——壳断裂:按切割壳层深度可分为两类。切穿硅铝层而不进入硅镁层者称硅铝层深断裂,沿断裂带有酸性岩浆活动,形成花岗岩带,自治区内的东升庙-大佘太、贺兰山西缘、桌子山东缘、磴口-乌达等深断裂皆为此列;切穿整个地壳,不进入上地幔的深断裂称为硅镁层深断裂,沿断裂带有玄武岩流喷溢;自治区内的和林格尔-黄旗海、巴彦钱达门-吉兰泰、宝音图隆起西缘,阿巴嘎旗等深断裂皆属硅镁层深断裂。

除上述深断裂外,自治区的台区和槽区均分布有较多的大断裂,如二连-达茂旗、二连-苏尼特右旗、额尔古纳河、海拉尔河、根河、洮儿河、伊敏河等大断裂,长几十千米至几百千米,切割深度小于深断裂,一般不切穿硅铝层,也具有长期发展和多次继承性活动的特点,对两侧地史的发展深化也有一定的控制作用,构成Ⅲ级以下构造单元界线,常控制矿化集中区。

(4)一般断裂:此型断裂,尤其是张性和张剪性断裂往往构成区域低压条件,是含矿岩体侵入和含矿热液运移或沉淀的重要通道和空间,与成矿的关系极为密切,自治区几乎所有热液脉型矿床多与此类构造有关(表5-4)。

断裂构造复合或分支、转折部位,切割较深,空间较大,往往形成中生代火山机构,是火山喷发的火山管道,又是超浅成、浅成、深成岩的侵入通道,并形成与之有关的矿产,如乌奴格吐铜钼矿床和浩布高铁锌矿床等大兴安岭地区与火山机构有关的矿床均属此例。

除断裂构造外,线性构造中尚有节理、裂隙等,对控矿也有具体意义,对网脉状钨、锡、钼等矿床尤为有控矿意义,如毛登锡矿床,西沙德盖、流沙山等钼矿床,白石头洼、毫义哈达等钨矿床。

例1:高家窑-乌拉特后旗-化德-康保-赤峰深大断裂

华北陆块与其北侧兴蒙古生代造山带之间的边界断裂,断裂迹象明显,影像标志清晰。在西部内蒙古石崩一带断层两侧色调、影纹明显不同。东部河北康保一带,断裂两侧TM影像色调、影纹、岩性出露有差别,地貌标志不同,北侧浅玫瑰红色,色调偏红,纹理清晰,南侧浅灰黄色,色调偏黄,纹理较为模糊(图5-26)。断裂带北侧出露二叠纪变质安山岩、凝灰岩、砂岩夹生物灰岩等,南侧主要为新太古代—古元古代变质岩。两侧地貌也有差异,断裂北侧高原丘陵地貌,地势起伏较大,南侧高原台地地貌,地形平缓,地势起伏小。

表 5-4 一般断裂与有关矿床

断裂组（方向）	主要分布区域	规模	性质	形成时间	活动性	有关矿床实例
东西向断裂组	主要分布于本区中部地区，华北地台北缘阴山地区	数十千米至百余千米	以逆断层居多	形成时间较早，常被北向东、北西向断层切割	中生代复活，继承性活动强烈，局部地段形成推覆构造	霍各气、炭窑口、东升庙（同生断裂）白乃庙（东西向片理化带）、毛登（二连-贺根山深断裂与西里庙-达青牧场挤压带间构造脆弱带）、小坎梁、孟恩陶勒盖（冲断带）、库里吐（东西向断裂及北东向裂隙构造）
北东向断裂组	多分布于中部、东部槽区	数千米至百余千米	以压剪性为主	被北西向断裂所切，多形成与古生代	中生代有继承性活动	东升庙、炭窑口（同生断裂）、别鲁乌图、西沙德盖（北东与北西向断裂复合部位）、白音诺（北东、北北东向）、浩布高（北东向层间断裂与北西向断裂交汇部位控制火山机构）、朝不楞（北东、北东东向）、敖瑠达坝（以北东为主，北北东次之）、莫古土、黄岗梁
北北东向断裂组	主要分布于大兴安岭中生代火山岩区	数千米至数十千米	以左行剪切断层和正断层为主	中生代	中生代活动性强烈，常构成垒堑构造	莲花山、布敦花
北西向断裂组	主要分布于北山槽区	30~50km	以高角度逆冲断居多，多与深断裂平行排列，在中东部地区多为张性、张剪性	切割东西向和北东向断裂	中生代有活动，控制中生代岩体	乌奴格吐山（北东与北西向复合部位）甲乌拉、大井子、东升庙、炭窑口（同生断裂）、白音皋、流沙山
南向北断裂组	主要分布于桌子山、贺兰山一带	规模小，长几千米至几十千米	多为压性断层，并有压性冲断和推覆构造	切割东西向与北东向断裂，又被北西向断层切割	中生代有活动	莲花山、布敦花

图 5-26 高家窑-乌拉特后旗-化德-康保-赤峰深大断裂遥感影像特征

断裂呈近东西向横亘于华北陆块北缘。在华北陆块北缘中东段,因受北东—北北东向断裂切割、左旋平移而呈阶梯状。该断裂从西到东经内蒙古高家窑、乌拉特后旗、化德,河北康保、围场,内蒙古赤峰,辽宁开原、西丰,吉林海龙、桦甸、和龙,向东延入朝鲜境内。在内蒙古西部,该断裂被称为高家窑-乌拉特后旗-化德岩石圈断裂,河北省境内部分称康保-围场深大断裂,在内蒙古东部和辽宁省西部称为赤峰-开原岩石圈断裂。华北境内是该断裂西段,自内蒙古高家窑至河北围场。断裂走向近东西,倾向北,倾角 30°～80°不等。总体上表现为强烈的挤压逆冲变形带,断裂自北向南逆冲。围场县城以东断裂形成 5～10km 宽的碎裂岩带及片理化带、糜棱岩带。

高家窑-乌拉特后旗-化德-康保-赤峰深大断裂是一个规模巨大的长期活动的岩石圈断裂,其主要特征为:①线性构造发育,表现为挤压逆冲变形带;②断裂南、北两侧地质发展史迥然不同,断裂南侧普遍发育前寒武纪结晶基底岩系发育,其上覆盖中新元古代、古生代浅海相稳定型沉积盖层,中生代陆相火山岩-碎屑岩层,新生代玄武岩流堆积,断裂北侧未发现前寒武纪结晶基底岩地层,代之以古生代"地槽型"海相火山岩及陆源碎屑岩沉积建造为主;③沿断裂带岩浆活动频繁,在断裂带及其两侧有不同时代的基性—超基性岩、中酸性侵入岩或喷发岩,尤以古生代的花岗岩的分布最为醒目,它们呈带状平行展布于断裂一侧或两侧,构成一条巨大的东西向古生代岩浆岩带;④沿断裂带有铁质超基性岩侵入,形成文圪气大型蛭石矿床及含低品位的磷灰石超基性岩体;⑤断裂南侧控制白云鄂博群和渣尔泰山群地层分布,进而控制以层控型为主的大型 Cu、Pb、Zn、S 矿床。

例 2:临河-集宁-赤城-平泉断裂带

该断裂带西起内蒙古临河,向东经乌拉特前旗、武川县、察右中旗、集宁、河北尚义、赤城至平泉,再向东因受北北东向断裂强烈改造以及中生代断陷盆地沉积覆盖而地表表现不明显。断裂走向近东西向,断裂南倾,或北倾,倾角 40°～70°,南盘向北逆冲。断裂在内蒙古境内被称为临河-集宁断裂,在河北省境内此断裂被称为尚义-赤城-平泉断裂。断裂表现为重力梯级带和磁场异常带,影像特征明显,具有直沟、垭口等线状影像标志,平泉以东因北北东向断裂改造及中生代火山-碎屑岩覆盖,影像标志不明显。断裂内蒙古段大致沿乌拉山—大青山北侧延伸,为正、负地形的分界线,河北段控制河谷地貌的分布,形成淡色调负地形带(图 5-27)。

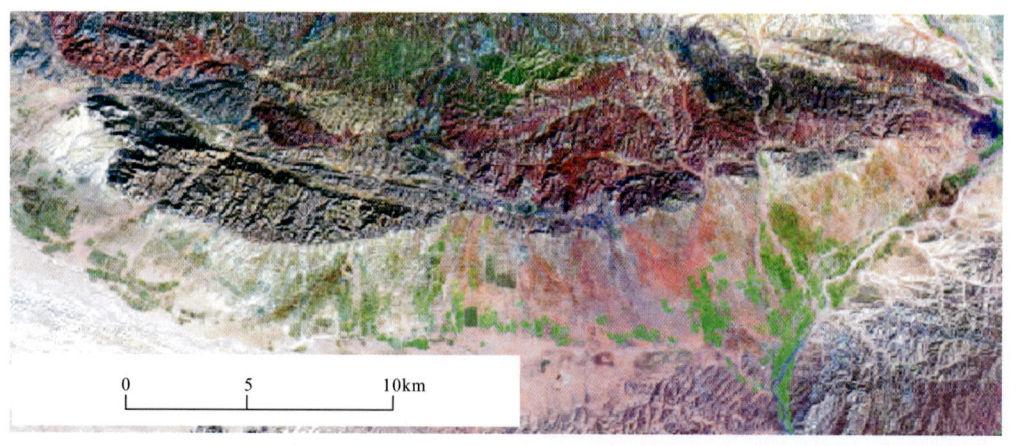

图 5-27 临河-集宁断裂影像图

临河-集宁断裂西端截止于狼山断裂,控制了内蒙古乌拉山和大青山地区太古宙和元古宙地层的分布。断裂南侧主要为太古宇乌拉山岩群、集宁岩群,断裂带以北则为渣尔泰山群和白云鄂博群类复理石建造。断裂控制武川盆地和固阳盆地,进而对这两个盆地早白垩世煤炭的形成及规模起到控制作用。沿断裂带古生代的岩浆活动异常发育,主要为基性、中酸性侵入岩的侵入活动。

例 3:乌拉特前旗-呼和浩特断裂

该断裂西起乌拉特前旗,向东经包头、呼和浩特,沿乌拉山和大青山南麓东西向展布,又称为乌拉山-

大青山山前断裂(图5-28)。TM影像断裂表现为一狭长的线状带,两侧色调、影纹、地貌具有明显差异,断裂北侧是乌拉山和大青山脉,南侧是平坦的河套平原,断裂构成山脉与平原的天然分界线。总体上与乌拉山-大青山北麓的临河-集宁断裂平行展布,断裂走向东西,断面南倾。在乌拉山前,沿该断裂内发育有一条规模较大的钾化带,带内岩石破碎强烈,发育有糜棱岩、碎裂岩和挤压片理带,同时带内热液蚀变十分发育(据《内蒙古自治区区域地质志》,1999)。早侏罗世,断裂活动表现为南部上升,北部下降,在北侧断陷盆地中沉积了中、下侏罗统河湖相碎屑岩及含煤建造。晚侏罗世末期断裂活动更为强烈,主要表现为由南向北的逆冲推覆,致使其北侧的阴山地区的冲断层、逆冲叠瓦状构造及低角度推覆构造普遍发育,并与其北部相邻的临河-集宁断裂形成南北对冲之势,早白垩世及以后,断裂性质发生变化,北侧乌拉山和大青山不断抬升,南侧则不断下沉,表现为同沉积断层特征,并逐渐演化成目前的构造格局。乌拉特前旗-呼和浩特断裂控制乌拉山金矿田的形成与分布,乌拉山金矿田及其外围金矿床(点)基本分布在此断裂北侧的次级断裂中。

图5-28 乌拉特前旗-呼和浩特断裂影像图

例4:巴音乌拉山-狼山-色尔腾山南缘深断裂

该断裂自西向东大致沿巴音乌拉山、狼山、色尔腾山的南缘伸展,平面上呈现向北突出的弧形,总长度约500km。断裂两侧地貌特征极为醒目,北侧为高山峻岭,南侧为低洼的平原。矗立如屏的山脉与坦荡的平原之间,一落千丈,界线分明。重力场反映明显,自西向东呈现为与地貌特征相吻合的、向北突出的、连续性较好的高重力梯级带。断裂开始形成于燕山晚期,当时可能以断裂面南倾、高角度逆冲性质为主,与狼山北西侧的、断面倾向北西的逆断层呈对冲之势。在狼山南麓东升庙一带,造成了乌拉山岩群及渣尔泰山群向南东逆冲于白垩系之上。新生代时,北西-南东向挤压应力消失,代之以拉张为主的应力体制,断裂由逆冲转化为正断层性质,并对吉兰泰及河套断陷盆地的形成和发展起控制作用。据物探资料证实,断陷盆地在新生代下沉幅度可达6000km以上。另据国家地震局三河地震大队资料,在五加河北—乌布浪口一带发育一系列向南倾斜的阶梯状高角度正断层。山前有巨大的洪积扇,形成山前倾斜平原,迫使黄河逐次向南改道。至今黄河河道仍在向南迁移中。沿断裂带近期地震活动尤为频繁,形成狼山-五原弧形地震带,因此该断裂属活动性断裂。

例5:二连浩特-贺根山断裂带

二连浩特-贺根山断裂带是本区前人多数认同的一条板块缝合带,为分界断裂,北部为兴安地槽,南部为内蒙古中部地槽系。断裂带位于二连—贺根山一带。从西至东方向由近东西转北东东向,与测区地层走向较为一致,区内断裂带从蒙古国经二连、苏尼特左旗以北、贺根山、翁图一线,全长超过900km,为测区内规模最大的断裂带之一。该断裂带上本区的地貌及遥感影像图中具有显著的带状特征,整个断裂带表现为一个连续的大规模条带负地形(除苏左旗北-阿巴嘎旗段被更新世玄武岩覆盖),断裂带以北明显高于以南地区。二连—贺根山一带带状特征最为明显,表现为两条近似平行的大型压性断层,断层间距约15km。

断裂带南北影像差异较大,以北地区岩性出露条件总体好于南部,但分段情况有所不同,二连-贺根山段地层走向较为明晰,为近东西转北东东向(图5-29)。贺根山以东,地层层理不清,但大小环形构造影像特征较多,它们与中生代火山机构有密切关系;在植被与水系特征上,两者也有较明显差异,断裂带以北植被与水系较南部发育,水系多以北北西与北西向为主,多平行排列,与中-新生代区域构造方向一致。

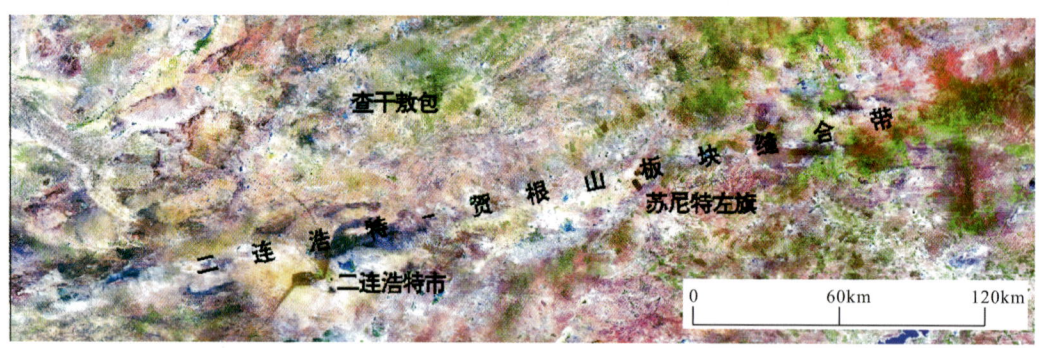

图5-29 二连浩特-贺根山板块缝合带影像图

结合前人地质资料分析,断裂时代为晚古生代早期,性质为压性,类型为超岩石圈断裂。沿断裂带出露有泥盆纪基性、超基性岩。超基性岩体基本位于这个平行带中,已发现的与基性、超基性岩有关的铬铁矿和与铁镁质侵入岩有关的金铜矿主要分布在该断裂带上。

例6:查干敖包-东乌珠穆沁旗-阿荣旗深断裂

该断裂位于二连浩特-贺根山断裂带北部,其西端自蒙古国延入本区,向北东经查干敖包、东乌珠穆沁旗至阿荣旗南,呈北东向延伸。东部被大兴安岭主脊-林西深断裂所截,西部止于德尔布干断裂,延伸长度近1000km。

影像西段清晰,表现为不同色带分界线,断裂两侧地貌特征差异明显,北侧为山区或丘陵山地,南侧以平坦草原为主。东段由于存在大量中生代地层,影像较为模糊,构造形迹隐约可辨。

据地质资料,断裂形成时代为早古生代早期,性质为压性,断裂类型为超岩石圈断裂,中生代活动仍较强烈,该断裂控制了燕山期中酸性侵入岩的分布,已发现的铜、银、铅锌多金属矿多分布在该断裂北侧。

例7:索伦山-西拉木伦河板块缝合带

索伦山-西拉木伦河板块缝合带是测区最为主要的构造界线,沿缝合带位置存在一个宽缓的负地形,缝合带以南地形多为1250～1500m,以北地区多介于1000～1250m,呈现了明显的带状分布;缝合带以南岩性出露条件明显好于北部,补力太以东广泛分布了一套紫红色(遥感影像TM742合成假彩色,图5-30)的中生代岩浆岩带,缝合带以北地区满都拉以东段受浑善达克沙地影响,地表覆盖情况较为严重,地层、岩体等信息均不易判读。

缝合带具体位置的构造形迹判读,各段有较大不同,区内大体可分为西段、中段及东段三段,分别为索伦山段、红旗牧场-补力太一线北段、桑根达来-西拉木伦河段。西段构造形迹清晰,在构造线附近前人已经验证的蛇绿岩套在影像上有明显的显示,呈现为土黄色夹淡青色条状或块状影像特征,出露的蛇绿岩套北界清晰,线性特征明显;南界存在一个较大的负地形,南北平行排列的河流均截止于此,河流末端连线具有显著的线性延展特征,从而揭示了一个较大规模隐伏断裂的存在,应该说由南北两界线性构造所夹的条带就应为该板块缝合带位置;中段朱日和镇-桑根达来段覆盖已较为严重,但仍可根据微地貌及纹理特征解译出一组近东西向隐伏断裂,它们在空间上表现出叠瓦状衔接分布,线性影纹细长弯曲,显示了强烈挤压的断层性质;在西拉木伦河段,构造形迹清晰,较中段有一定的抬升,从大范围的遥感影像判断,其一直可向东延伸至长春,与沂沭断裂带相交。它将大兴安岭主脊分成南北两段,从影像上看西拉木伦河以南地块有一定右移特征,这一方面表明了西拉木伦河的深大特性,另一方面也可推断

图 5-30　索伦山地区遥感影像特征及近东西弧向构造解译

中生代以来,西拉木伦河断裂仍有活动,具有左旋特性。它与左行的原华北陆台北缘断裂带、大兴安岭主脊断裂共同控制了区域多呈北北东—北东向长条状展布的岩浆岩侵位形态。

据地质资料,断裂形成于早古生代,性质为压性,类型为超岩石圈断裂。岩石普遍具揉皱片理化、碎裂岩化及糜棱岩化、摩擦镜面、擦痕及膝折构造,表现出韧性剪切带的特征。区内沿该断裂出露有二叠纪、石炭纪中酸性侵入岩。

2. 遥感在矿调工作中的作用

矿产资源潜力评价项目遥感专题取得的成果近年来广泛应用于战略性矿产远景调查及内蒙古地质勘查基金矿产远景调查项目中(表 5-5)。

五、重砂成果的应用

(一)内蒙古白云鄂博稀土矿预测区自然重砂异常的找矿意义

白云鄂博稀土矿是世界超大型稀土矿,所探明的稀土金属储量集中在白云鄂博矿区。矿石矿物组成十分复杂,已查明 71 种元素和 170 多种矿物,是世界上罕见的种类繁多的铌、稀土矿物的聚集地。它以轻稀土为主,其氧化物含量占到各类矿石稀土氧化物总量的 97.3%。白云鄂博稀土矿田共有 4 个主要矿床,共探明稀土氧化物储量 1×10^8 t。

这次潜力评价预测组把白云鄂博典型矿床作为稀土的预测工作区,自然重砂专题针对预测区范围做了该区的重砂异常图,圈出的异常与典型矿床响应较好,值得研究。

1. 白云鄂博稀土预测工作区地质背景及矿床特征

地理位置:E109°30′00″—110°40′00″,N41°32′00″—41°55′00″。

白云鄂博预测工作区所处大地构造位置为华北陆块区(Ⅱ)之狼山-阴山陆块(Ⅱ-4)之狼山-白云鄂博裂谷(Ⅱ-4-3)。

白云鄂博稀土矿成因争议较多,有碳酸岩浆成因、海底火山喷溢成因、与深源热卤水有关成因。这次潜力评价背景组通过资料分析研究认为白云鄂博稀土矿应为沉积型稀土矿。矿体严格受中元古界白云鄂博群控制,主要赋存于哈拉霍圪特组白云岩及顶底板岩石中,白云鄂博群自上而下分为 6 个岩组,现在就 4 个岩组进行简述。

(1)都拉哈拉组:岩性为暗灰色变质细粒岩、变质中粗粒石英砂岩、变质长石石英砂岩、绢云母板岩等。

(2)尖山组:岩性为暗灰色粉砂质绢云板岩、变质粉砂岩、灰色变质中粒石英砂岩、黑色含碳质板岩,

表 5-5 遥感成果在战略性矿产远景调查及内蒙古地质勘查基金矿产远景调查项目中的应用一览表

序号	项目名称	图幅名称	图幅编号	地理坐标（拐点坐标）	面积（km²）	所属行政区	起始时间（年/月）	结束时间（年/月）	承担单位	资金来源	遥感承担的工作
一、战略性矿产远景调查											
1	内蒙古自治区乌力吉瓦旗塔温敖宝地区矿产远景调查	小新力齐幅、三号店林场幅、小二沟前屯幅、大库如奇沟幅、塔温干博郭乌都幅	M51E018013、M51E018014、M51E018015、M51E018016、M51E018017	1230000,490000,1230000,491000,1241500,491000,1241500,490000,1230000,490000	1693	152123	2010	2012	吉林大学	中央	1:5万遥感异常提取和解译
2	内蒙古自治区乌拉特后旗马尼查干花地区矿产远景调查	准苏玄幅、哈拉图幅、包恩幅、乌尼乌苏幅		1070900,415000,1070900,420000,1072400,420000,1072400,415630,1073000,415630,1073000,414700,1071600,414700,1070900,415000	619	152826	2010	2012	内蒙古自治区地质矿产勘查开发局	中央	1:5万遥感异常提取和解译
3	内蒙古自治区查干图哈达庙—别鲁乌图地区矿产远景调查	锡林呼都格站幅、敖伦尚达幅、朱日和幅、胡尔嘎庙幅、蒙干德尔斯庙幅、北柳图庙幅	K49E009020、K49E009021、K49E010020、K49E010021、K49E011020、K49E011021	1124500,421000,1124500,424000,1131500,424000,1131500,421000,1124500,421000	2286	152521	2010	2012	内蒙古自治区地质调查院	中央	1:5万遥感异常提取和解译
4	内蒙古自治区科右中旗西南沟一带矿产远景调查	郭境特乌拉幅、索金坂幅、乌苏伊和牧场幅、特格乌拉幅	L51E012001、L51E013001、L51E013002、L51E013003	1200000,455000,1200000,461000,1201500,461000,1201500,460000,1204500,460000,1204500,455000,1200000,455000	1436	152222	2010	2012	内蒙古自治区有色地质局	中央	1:5万遥感异常提取和解译
5	内蒙古自治区四子王旗白乃庙矿产远景调查	白乃庙幅、蔡干德尔斯幅、哈布其东庙幅、满都拉土幅	K49E011019、K49E011020、K49E012019、K49E012020	1200000,420000,1200000,422000,1130000,422000,1130000,420000,1200000,420000	1530	152524	2010	2012	天津地质调查中心	中央	1:5万遥感异常提取和解译
6	内蒙古自治区乌力吉瓦旗库如奇地区矿产远景调查	二号店子幅、得力其尔幅、后奇幅、忠诚镇幅、东亚东镇幅	M51E019015、M51E019016、M51E020015、M51E020016、M51E021015、M51E021016	1233000,483000,1233000,490000,1240000,490000,1240000,483000,1233000,483000	2044	152123	2010	2012	沈阳地质调查中心	中央	1:5万遥感异常提取和解译

续表 5-5

序号	项目名称	图幅名称	图幅编号	地理坐标(拐点坐标)	面积(km²)	所属行政区	起始时间(年/月)	结束时间(年/月)	承担单位	资金来源	遥感承担的工作
7	内蒙古自治区东乌旗额仁高比地区矿产远景调查	额仁高比公社幅、洛格敖幅、努仁查干敖包幅、花哈勒金幅	L50E011018、L50E011019、L50E012018、L50E012019	1181500,460000,1181500,462000,1184500,462000,1184500,460000,1181500,460000		152525	2010	2012	内蒙古地质勘查局	中央	1:5万遥感异常提取的和解译
8	内蒙古自治区满洲里一扎赉诺尔地区矿产远景调查	满洲里幅、胪滨幅、头道井幅、扎赉诺尔幅	M50E015014、M50E015015、M50E016014、M50E016015	1171500,492000,1171500,494000,1174500,494000,1174500,492000,1171500,492000	1072	152102	2011	2013	内蒙古自治区地质调查院	中央	1:5万遥感异常提取的和解译
9	内蒙古自治区东乌珠穆沁旗阿拉坦合力地区矿产远景调查	杭嘎拉土乌拉幅、绥和查干边防站幅、阿拉坦合力公社大队幅、勒果多瓜勒呀幅	L50E015008、L50E016007、L50E016008、L50E017007、L50E017008	1153000,451000,1153000,453000,1154500,453000,1154500,454000,1160000,454000,1160000,451000,1153000,451000	1485	152525	2011	2013	内蒙古自治区地质调查院	中央	1:5万遥感异常提取的和解译
10	内蒙古自治区阿巴嘎旗乌和尔楚鲁图一带矿产远景调查	正在实施中(尚未提交报告)		1130000,433000,1130000,440500,1143500,440500,1143500,433000,1130000,433000		152523、152522	2011	2013	天津地质调查中心	中央	1:5万遥感异常提取的和解译
11	内蒙古自治区莫力达瓦旗巴彦街地区矿产远景调查	正在实施中(尚未提交报告)					2011	2013	沈阳地质调查中心	中央	1:5万遥感异常提取的和解译

二、矿产远景调查

序号	项目名称	图幅名称	图幅编号	地理坐标(拐点坐标)	面积(km²)	所属行政区	起始时间(年/月)	结束时间(年/月)	承担单位	资金来源	遥感承担的工作
1	内蒙古自治区额济纳旗1:5万饮水井地区12幅区域矿产地质调查	黑鹰山幅、饮水井幅、哈珠济山幅、哈珠南山幅、砾石东山幅、砾石滩幅、梧桐井幅、标山幅、石板井幅、骨头井幅、咸味井幅、化石山幅	K47E011010、K47E011011、K47E011012、K47E012010、K47E012011、K47E012012、K47E013010、K47E013011、K47E013012、K47E014010、K47E014011、K47E014012	0915000,422000,0990000,422000,0990000,414000,0981500,414000	4605	152923	2010/03			地方	1:5万遥感异常提取的和解译

续表 5-5

序号	项目名称	图幅名称	图幅编号	地理坐标(拐点坐标)	面积(km²)	所属行政区	起始时间(年/月)结束时间(年/月)	承担单位	资金来源	遥感承担的工作
2	内蒙古自治区额济纳旗蓬勃山地区 9 幅 1:5 万区域矿产地质调查	红旗山幅、蓬勃山幅、千条沟幅、风雪山幅、额默勒乌拉幅、盐碱洼幅、锥西口幅、旱山幅、望京山幅	K47E012013、K47E012014、K47E012015、K47E013013、K47E013014、K47E013015、K47E014013、K48E015013、K48E016013	0990000,421000,0994500,421000,0994500,415000,0991500,415000,0991500,412000,0990000,412000	3454	152923	2010/03		地方	1:5 万遥感的异常提取和解译
3	内蒙古自治区额济纳旗珠斯楞地区 6 幅 1:5 万区域矿产地质调查	辉森乌拉幅、黑石山幅、辉森塔格幅、珠斯楞幅、库仁昌吉幅、乌兰苏海幅	K48E014002、K48E014003、K48E015002、K48E015003、K48E015004、K48E016004	1021500,415000,1024500,415000,1024500,414000,1030000,414000,1030000,412000,1024500,412000,1024500,413000,1021500,413000	2319	152923、152922	2010/03		地方	1:5 万遥感的异常提取和解译
4	内蒙古自治区阿拉善右旗额日格日苏木地区 17 幅 1:5 万区域矿产地质调查	查干·楚鲁特幅、霍沙勒·沃博勒幅、芒沙克幅、查日图幅、芒珠东幅、千塔布格幅、杭嘎勒幅、包尔乌拉幅、浩勒呼都幅、乌珠申吉幅、乌兰吉幅、查干陶勒盖幅、哈尔查干幅、哈尔乌干沙尔幅、恩格尔都幅、苏哈幅、准干罕尔杭幅	K48E021002、K48E021003、K48E021004、K48E022002、K48E022003、K48E020004、K48E019004、K48E020005、K48E021005、K48E018005、K48E018006、K48E019005、K48E018007、K48E019006、K48E018008、K48E019007、K48E019008	1021500,404000,1024500,404000,1024500,410000,1030000,410000,1030000,411000,1040000,411000,1040000,405000,1031500,405000,0910315,403000,1010245,403000,1110245,402000,1210215,402000	6639	152922	2010/03		地方	1:5 万遥感的异常提取和解译
5	内蒙古自治区阿拉善额济纳旗喝别特拉等 2 幅 1:5 万区域矿产地质调查	喝别特拉格幅、查干乌拉幅	K47E009019、K47E009020	1003000,424000,1010000,424000,1010000,423000,1003000,423000	760	152923	2010/03		地方	1:5 万遥感的异常提取和解译
6	内蒙古自治区阿拉善右旗大山口等 6 幅 1:5 万区域矿产地质调查	大山口幅、腰泉幅、金洞子山幅、必鲁图幅、沙枣泉幅、泉东幅	K47E024016、K47E024017、K47E024018、J47E001016、K47E001017、K47E001018	0994500,401000,1003000,401000,1003000,395000,0994500,395000	2370	152922、152923	2010/03		地方	1:5 万遥感的异常提取和解译

续表 5-5

序号	项目名称	图幅名称	图幅编号	地理坐标（拐点坐标）	面积（km²）	所属行政区	起始时间（年/月）	结束时间（年/月）	承担单位	资金来源	遥感承担的工作
7	内蒙古自治区乌兰察布市三道沟等5幅1:5万区域矿产地质调查	铁沙盖幅、宿黑嘴幅、乌兰哈达幅、三道沟幅、宏盘营幅	K49E015019，K49E015020，K49E015021，K49E016019，K49E016020	1123000，414000，1131500，414000，1131500，413000，1130000，413000，1130000，412000，1123000，412000	1931	152631，152632	2010/12	2013/12	中国冶金地质总局地球物理勘查院	地方	1:5万遥感的异常提取和解译
8	内蒙古自治区阿拉善左旗苏海图等6幅1:5万区域矿产地质调查	合屯盐池幅、苏海图幅、图格力图幅、乌尔图幅、吉兰泰盐池幅、哈腾乌苏幅	J48E004013，J48E003014，J48E003013，J48E002015，J48E002014，J48E001015	1050000，392000，1050000，394000，1051500，394000，1051500，395000，1053000，395000，1053000，400000，1054500，400000，1054500，394000，1053000，394000，1053000，393000，1051500，393000，1051500，392000	2382	152921	2010/12	2013/12	石家庄经济学院	地方	1:5万遥感的异常提取和解译
9	内蒙古自治区莫力达瓦达斡尔族自治旗瓦拉抛等8幅1:5万区域矿产地质调查	四平山青年垦植场幅、烟囱石幅、七十四公里幅、拉地幅、满都胡浅幅、哈力图幅、宜和德幅、嫩江县幅	M51E014020，M51E015020，M51E015021，M51E016020，M51E016021，M51E017020，M51E017021	1244500，495000，1244500，491000，1251500，491000，1251500，495000	2480	152123，152127	2010/12	2013/12	中国地质大学（武汉）	地方	1:5万遥感的异常提取和解译
10	内蒙古自治区乌兰察布市苏吉营盘等4幅1:5万区域矿产地质调查	苏吉营盘幅、三元井幅、土城子幅、黄羊城幅	K49E014017，K49E015017，K49E016017，K49E016018	1120000，415000，1123000，412000，1123000，413000，1121500，413000，1121500，415000	1545	152634，152631	2010/12	2013/12	中国煤炭地质总局地球物理勘探研究院	地方	1:5万遥感的异常提取和解译
11	内蒙古自治区兴安盟呼列勒乌拉等7幅1:5万区域矿产地质调查	呼列勒乌拉幅、索金达板幅、乌苏伊和牧场幅、特格乌拉幅、苑家街幅、翁拉拉幅、郜境特幅	L51E011001，L51E013001，L51E013002，L51E013003，L51E013004，L51E011004	1200000，462000，1201500，462000，1210000，460000，455000，1200000，455000，1204500，462000，1210000，462000，1210000，461000，1204500，461000	2508	152202，152224	2011/08	2013/12	吉林省区域地质矿产调查所	地方	1:5万遥感的异常提取和解译

续表 5-5

序号	项目名称	图幅名称	图幅编号	地理坐标（拐点坐标）	面积（km²）	所属行政区	起始时间（年/月）	结束时间（年/月）	承担单位	资金来源	遥感承担的工作
12	内蒙古自治区兴安盟科尔沁右翼前旗1:5万区域矿产地质调查	前公主岭幅、科尔沁右翼前旗幅、斯力很公社等6幅、镇西幅、靶道旁幅、永长屯幅	L51E011009、L51E012009、L51E013009、L51E013010、L51E013011、L51E013007	1220000，462000，1221500，460000，462000，1221500，460000，1224500，1224500，460000，1224500，455000，455000，1220000，455000，1213000，460000，1214500，455000，460000，1214500，455000，1213000，455000	1730	152221、152202	2011/08	2013/12		地方	1:5万遥感的异常提取和解译
13	内蒙古自治区兴安盟前十家子等5幅1:5万区域矿产地质调查	万宝镇幅、前十家子幅、陈家屯幅、前哈格屯幅、马吉拉呼屯幅	L51E014008、L51E015008、L51E016008、L51E016009、L51E017008	1214500，455000，1220000，455000，1220000，453000，1221500，453000，1221500，452000，1220000，452000，1220000，451000，1214500，451000	1630	152224、152202	2011/08	2013/12	河南省地质矿产第二地质矿产勘查开发院		1:5万遥感的异常提取和解译
14	内蒙古自治区兴安盟乌兰吐等4幅1:5万区域矿产地质调查	乌兰吐幅、东图门扎拉格幅、四方山幅、呼和马场幅	L51E012011、L51E011010、L51E011011、L51E012010	1221500，462000，1224500，462000，1224500，460000，1221500，460000	1430	152202、152224	2011/08	2013/12	河南省地质矿产局第二地质矿产勘查开发院		1:5万遥感的异常提取和解译
15	内蒙古自治区兴安盟马家窑等7幅1:5万区域矿产地质调查	孟恩套力盖幅、马家窑幅、哈日道布幅、科尔沁右翼中旗幅、敖兰敖日格幅、西白彦花幅、前进公社亥吐幅	L51E017006、L51E017007、L51E018006、L51E018007、L51E018005、L51E019006、L51E019005	1210000，495000，1210000，451000，1211500，452000，1214500，452000，1214500，450000，1213000，450000，1213000，495000	2170	152222、152224	2012/01	2013/12		地方	1:5万遥感的异常提取和解译

顶部为灰色粉晶灰岩,角砾状粉晶灰岩。

(3)哈拉霍圪特组:岩性为浅灰色含砾钙质中粗粒砂岩、钙质中粗粒石英砂岩、灰色含粉砂粉晶灰岩夹钙质石英砂岩、灰色粉砂质泥质灰岩、灰色藻礁灰岩等。

(4)比鲁特组:岩性为深灰色绢云母板岩、含粉砂绢云母板岩、变质粉细砂岩等。

白云鄂博矿区特征:稀土矿主要产于中元古界白云鄂博群哈拉霍圪特组白云岩及其顶底板岩、砂岩之中,白云鄂博群浅变质岩构成紧密背斜褶皱,矿化白云岩顶底板含矿岩石分布与区域构造线方向一致,呈东西展布。白云鄂博矿田有4个主要矿床,自东向西是都拉哈拉、东矿、主矿、西矿,另有一个小矿即东介勒格勒矿床,东矿和主矿是规模最大的矿床。矿石类型可分为铁矿石型稀土矿和白云鄂博型稀土矿两大类。矿体中稀土矿物主要有氟碳铈和独居石,其次有氟碳钙铈矿、黄河石、镧石、硅钛铈矿、磁奎宁钙铈矿、褐帘石、烧绿石等。白云鄂博稀土矿矿化蚀变种类多样,主要有钠辉石化、钠闪石化、钠长石化、萤石化、金云母化、黑云母化。上述蚀变均与矿化关系密切。

2. 白云鄂博预测区自然重砂稀土矿及其组合异常特征分布

预测工作区共圈出5个稀土自然重砂异常,1个Ⅰ级异常、1个Ⅱ级异常、3个Ⅲ级异常。下面分述各异常特征分布。

(1)1号赛音呼都格南西异常,为Ⅲ级异常,位于赛音呼都格南西一带,椭圆形,北西向展布,面积约16.75km²。重砂矿物主要为独居石,最高含量11 442粒。异常范围有多处小型铁矿,铁矿石中含稀土矿。

(2)2号阿西格图异常,为Ⅱ级异常,位于阿西格图一带,北东向延伸,卵形,面积98km²。重砂矿物主要为独居石,其次有铁、褐带石和萤石等。独居石中最高含量37 742粒。

(3)3号巴荣套海异常,为Ⅲ级异常,分布在巴荣套海一带,异常形态为三角形,面积99km²。重砂矿物由独居石、褐钴铌矿组成,组合样最高含量8505粒。

(4)4号白云鄂博矿区异常,为Ⅰ级异常,分布在白云鄂博矿区,近东西向展布,不规则楔形,面积139km²。重砂矿物主要为独居石,其次为铁、褐帘石和萤石等。独居石最高含量48 976粒,异常区内有大型铁矿1处、特大型稀土矿1处。

(5)5号达茂旗异常,为Ⅲ级异常,分布于达茂旗一带,北西向展布,不规则楔形,面积50km²。重砂矿物为独石、褐帘石等。最高含量4096粒。

3. 白云鄂博预测工作区稀土自然重砂异常解释

白云鄂博稀土预测工作区内所圈定的5个异常都分布于矿区或矿区周边,根据自然重砂的矿物组合,说明异常主要来源于白云鄂博稀土矿。自然重砂中的稀土矿主要为独居石(鄂博矿),其次组合矿物有褐钴铌矿、铁矿、褐帘石、萤石等。预测工作区异常大都位于白云鄂博群各岩组中,哈拉霍圪特组矿化碳酸盐岩是引起异常的矿源层。这也可能是白云鄂博稀土自然重砂的一种找矿模型,在内蒙古地区进一步扩大找矿范围。

(二)内蒙古额济纳旗小狐狸山钼矿预测区自然重砂异常的找矿意义

内蒙古额济纳旗小狐狸山钼矿是内蒙古自治区地质矿产勘查院2003年发现并立项,经过几年的地质、勘探工作,确定以钼矿为主的铅锌钼大型矿床。这次潜力评价自然重砂专题以小狐狸山钼矿为典型矿床划定了自然重砂钼矿预测工作区。通过编制小狐狸山钼矿预测工作区的重砂钼矿分级图、异常图,发现在典型矿床附近重砂效果一般,由于第四系覆盖厚,只圈出一个Ⅲ级异常,但在小狐狸山铅锌钼典型矿床西部40km外却圈出3个钼异常,其中有2个Ⅱ级、1个Ⅲ级。阿拉善地区多为沙漠丘陵地带,水系极不发育,对自然重砂富集非常不利,但就这一环境中能圈出重砂钼矿含量正高、面积较大的异常,值得重视和研究。

1. 小狐狸山钼矿预测工作区地质背景及矿床特征

地理位置：E 97°30′00″—100°30′00″，N 42°10′00″—北部国界。

预测区所处的大地构造位置为天山-兴蒙造山系（Ⅰ）之额吉纳旗北山弧盆系（Ⅰ-9）之圆包山岩浆弧（Ⅰ-9-1）。区内构造特征主要表现为以北东向、北西向构造带为主，主构造线交于黑鹰山-雅干断裂和赫尔包-苏吉诺尔大断裂，区内北东向、北西向断裂是主要控矿构造。区内断裂褶皱发育，古生代火山活动和岩浆活动强烈，侵入岩出露较为普遍，特别是二叠纪侵入岩为铅、锌、钼等金属提供了有利条件。

预测区内出露地层主要有中二叠统金塔组，岩性为斜长流纹岩-流纹安山角砾熔结灰岩。中二叠统双堡塘组，岩性为粉砂岩、泥岩、杂砂岩。上石炭统—下石炭统白条山组，岩性为安山岩、英安岩、英安质凝灰岩，还有粉砂岩、长石石英砂岩、泥岩。上奥陶统白云山组，岩性为粉砂岩、长石杂砂岩，中奥陶统咸水湖组安山岩、安山质凝灰岩、流纹质凝灰岩。下奥陶统罗雅楚山组长石石英砂岩、粉砂岩、泥岩。区内岩浆活动频繁，从中酸性到基性及超基性均有出露，主要有二叠纪中粗粒、中细粒花岗岩。晚石炭世中粗粒似斑状二长花岗岩、中粗粒似斑状黑云母二长花岗岩、中粒似斑状花岗闪长岩、中粗粒闪长岩、闪长玢岩、中粗粒辉长岩、辉石角闪辉长岩。二叠纪中细、中粗粒似斑状花岗岩是小狐狸山铅锌钼矿的成矿母岩，为斑岩型钼矿。

小狐狸山钼矿赋矿岩体为二叠纪（Pγ）酸性—超酸性铝过饱和花岗岩，岩体与周围古生代地层接触产状较陡，倾角变化 40°～70° 之间，矿床总体为弯月形展布，宽度变化在 70～580m 之间，矿体多呈透镜状、脉状产出，矿石矿物主要为辉钼矿、钼铅矿、方铅矿、闪锌矿、黄铁矿。钼矿呈浸染状、星点状、细脉状、团块状。

2. 小狐狸山预测区自然重砂钼矿及其组合异常特征分布

预测区内共圈出 4 个钼铅矿自然重砂异常，其中有 2 个Ⅱ级异常、2 个Ⅲ级异常，1～3 号异常分布在测区西部的红石山—黑鹰山一带，4 号异常位于小狐狸山钼矿的东北角 4km 处。

异常特征如下。

(1) 1 号白梁子Ⅱ级异常，形态为北西-南东向黄瓜状，面积 170km²。重砂矿物主要为钼铅矿，其次为褐铁矿、磁铁矿、黄铁矿、钨矿、萤石等。蚀变带发育，有矽卡岩化、硅化。重砂钼铅矿最高含量 100 粒。

(2) 2 号黑鹰山Ⅱ级异常，形态为北西-南东长条状，面积 153.5km²。主要重砂有用矿物为钼铅矿，伴生矿物有铅、锌、铜等。异常处于黑鹰山多金属区带内，附近有 1 处磁铁矿点，中型钼矿 1 处。重砂钼铅矿最高含量 55 粒。

(3) 3 号黄碴子Ⅲ级异常，分布于 1 号和 2 号异常附近，形态为三角形，面积 96.75km²。重砂矿物有钼铅矿、磁铁矿、赤铁矿、萤石等。重砂钼铅矿最高含量 5 粒。

(4) 4 号呼拉那西北Ⅲ级异常，分布在小狐狸山钼矿北东 4km 处，形态为不规则状，面积 14.48km²，重砂钼铅矿最高含量 5 粒。

3. 小狐狸山预测工作区钼矿自然重砂异常解释

小狐狸山预测工作区地处黑鹰山-雅干断裂和赫尔包-苏吉诺尔大断裂带，受构造控矿，形成了红石山—黑鹰山一带多金属成矿带，小狐狸山铅锌钼矿就是一例。小狐狸山钼矿主要产于岩体之中，由于该区断裂发育，二叠纪侵入岩较多，但规模较小，多呈岩株状产出，钼矿的成矿母岩为二叠纪的灰白色、淡红色似斑状花岗岩。通过已知求未知，笔者曾在小狐狸山钼矿西部大狐狸山工作时，内蒙古自治区测绘院在大狐狸山西侧发现过小型钼矿，在黑鹰山一带也分布有中型钼矿。由此推测，在红石山-黑鹰山多金属成矿（区）带中，根据这一区域所圈定的重砂异常面积较大、含量高的特点，可以推断钼异常也来源于二叠纪岩体之中。利用自然重砂异常信息，较深入工作寻找更有价值的钼矿。

六、数据信息的应用

1. 应用于潜力评价各个专业

内蒙古自治区基础地质数据库维护完成之后,潜力评价成矿地质背景、矿产预测、成矿规律、重力、航磁、地球化学、遥感、自然重砂等各个专业均不同程度地使用了基础地质数据库,综合信息集成课题组根据不同专业、不同预测工作区、不同矿种的要求,对自治区基础地质数据库进行检索、查询、投影、整理等工作后提供于各专业课题组使用,为自治区矿产资源潜力评价作为基础数据资料。如综合信息集成课题组为成矿地质背景组提供了不同比例尺的基础地质数据库,为物探组提供了不同比例尺的重力数据库、磁测数据库,为化探组提供了不同比例尺的地球化学数据库,为遥感组提供了遥感数据库,为矿产预测组提供了不同矿种的矿产地数据库,为各专业课题组均提供了地质工作程度数据库等。

2. 应用于其他地质项目

其他地质项目应用基础地质数据库资料也较多,如矿产项目一般要收集相应工作区的地质图数据库、地质工作程度数据库、矿产地数据库等,物探项目要收集相应的地质工作程度数据库、区域地质数据库、矿产数据库、磁测数据库、重力数据库等。

3. 应用规划部署工作

地质工作程度数据库专业图层数据转入内蒙古自治区国土资源"一张图",充实了国土资源"一张图"数据内容,实现了专业技术成果向服务于政府管理应用的成果转化,辅助政府主管部门决策,为内蒙古自治区国土资源的综合管理提供重要的参考依据,为国土资源"一张图"和政务地理空间信息资源共享服务平台提供了大量基础和专题图层,使各级政务机关单位都可根据工作需要从中获取相应地质信息资源,推动了地质信息资源的共享,为内蒙古自治区国土资源管理、城市安全运行、防灾减灾、环境保护,发挥了积极作用。

"内蒙古自治区地质工作程度数据库"查询功能的利用完成了全区各类矿种勘查项目快速浏览与统计。截至2009年底,内蒙古自治区已完成金属和非金属矿产勘查项目2484个,其中,铁矿769个,铬铁矿86个,锰矿16个,镍矿12个,钛矿2个,铜矿411个,金矿250个,钼矿9个,铅矿165个,锌矿12个,银矿57个,钨矿31个,锡矿14个,砂金矿43个,铂矿6个,铝土矿3个,铌矿17个,铀矿13个,锗矿4个,锶矿2个,铈矿4个,铍矿9个,硫铁矿13个,非金属矿536个。

第二节 矿产勘查工作部署应用情况

矿产资源潜力评价成果在矿产勘查工作部署中的应用主要体现在各专题成果的应用及技术方法的应用两方面。

一、在国家、省级矿产资源勘查规划部署中的应用

（一）内蒙古自治区东乌旗地区铅锌矿整装勘查

1. 整装勘查区设置情况

内蒙古自治区东乌旗地区铅锌矿整装勘查是国家矿产资源勘查规划部署的项目,工作区范围位于

内蒙古自治区东北部—大兴安岭中南段西坡,中蒙边境附近。行政区划隶属锡林郭勒盟东乌珠穆沁旗(以下简称东乌旗)。勘查区面积约14 070km²。勘查区地处内蒙古高原中部、大兴安岭山脉西麓。该地区地质工作程度低。

工作周期:2011年3月—2015年12月。

目标任务:依据工作区的实际情况,利用地质和物探、化探及探矿工程等勘查技术手段,以铜、铅锌、钼、银矿产为主攻矿种,兼顾一般矿产,以发现和寻找大型、超大型的铜、铅锌、银多金属矿床为目标,开展矿产勘查。在总结分析区域成矿规律和工作区成矿地质条件的基础上,在整装勘查区内优选成矿条件较好的额仁高比地区(乌兰陶勒盖东、满都胡宝力格扎格乃努尔、海勒斯台陶勒盖、特尔乌拉陶勒盖、花哈勒、舒迪哈、图来呼舒)、阿尔哈达外围(安格尔基乌拉)、狼麦温都尔地区(狼麦温都尔)和1017高地(1017高地、乌兰、阿吉勒格特敖包、霍博林敖包)4个地区13个重点勘查区开展整装勘查工作。

预计主要实物工作量和预计经费:预计主要实物工作量槽探100 000m³,钻探45 000m;预计经费3.5亿元。

预期成果:预期新发现大中型矿产地9~10处,依据矿产资源潜力评价项目成果预获资源量:铅锌金属量350×10⁴t,铜金属量15×10⁴t,银金属量1000t。

2. 潜力评价成果在该整装勘查选区中的应用

内蒙古自治区矿产资源潜力评价项目的各课题成果在整装勘查区的设置过程中得到了充分的应用。

1)地质背景成果应用

利用1:25万建造构造图及1:10万朝不楞铁矿预测工作区建造构造图编制了整装勘查区建造构造图(图5-31),总结成矿地质背景。

整装勘查区位于大兴安岭成矿带之二连-东乌旗-梨子山-鄂伦春成矿带钨铁锌铅成矿带之朝不楞-查干敖包铁锌铅成矿远景区,中生代构造-岩浆活动强烈,具有良好的成矿地质条件。经过数十年来地质矿产勘查工作,带内已找到数个大中型多金属矿产地。工作区内已知矿床有:朝不楞矽卡岩型铜铁多金属矿床(大中型)、奥由特火山热液型铜锡矿床(小型)、吉林宝力格热液型银矿床(小型)、阿尔哈达热液型铅锌矿床(中型)、查干敖包矽卡岩型铁锌矿床(大型)、沙麦高温热液型钨矿床(中型)、汉乌拉巴嘎热液型铜铅锌矿床(小型)等(表5-6)。近年来新发现的具代表性的有色金属矿产地包括乌兰陶勒盖东银多金属矿点(目前已发现多条银铅锌多金属工业矿体)、舒迪哈铜多金属矿点(近期已发现多条银铅锌多金属矿体)、巴润必鲁特铅锌银多金属矿点、白音敖老铅银多金属矿点等。成矿与中生代构造-岩浆活动有关,矿床类型主要有矽卡岩型铁多金属矿床(如朝不楞查干敖包铁多金属矿床)、脉状热液型银铅锌铜多金属矿床(如阿尔哈达、乌兰陶勒盖东、舒迪哈铅锌多金属矿床)、云英岩型钨矿床(沙麦钨矿床)。

2)成矿规律成果应用

在矿产资源潜力评价项目实施过程中,收集了大量的矿产地资料,整装勘查区内的矿产地见表5-6。在成矿规律研究的基础上,总结整装勘查区的成矿规律。

工作区及外围涉及的矿种有铁铜多金属矿(朝不楞)、铁锌多金属矿(查干敖包)、银(金)矿(吉林宝力格)、钨矿(沙麦)、铜、铅、锌多金属矿(海拉斯、狼麦温都尔)和铜矿(奥尤特)。

区内矿床成因类型均属热液矿床,且主要为与燕山期岩浆或岩浆期后热液有关的接触交代(矽卡岩)型矿床,或者热液充填或充填交代型矿床。

区内金属矿床的成矿元素包括Ag、Pb、Zn、Fe、W、Cu和Bi等,多数矿床成矿元素组合较复杂(尤其东部),以多金属矿化居主导地位,或以伴生元素较丰富为特征,如W、Bi、Sb、Sn、Ag等元素,在区内多数矿床中伴生,甚至作为主要成矿元素存在。

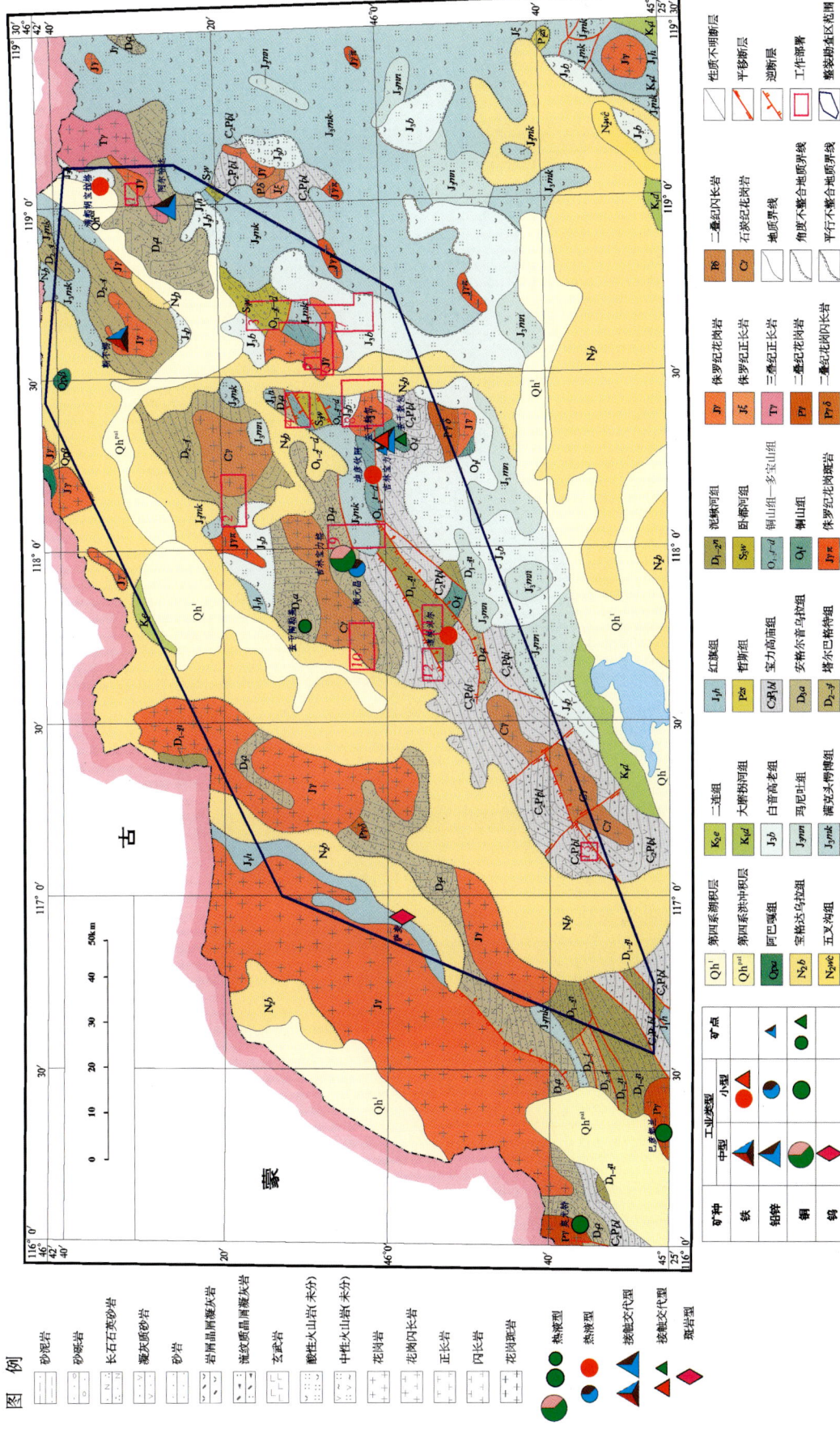

图 5-31 内蒙古自治区东乌旗地区铅锌矿整装勘查区建造构造图

表 5-6　东乌旗整装勘查区矿产资源一览表

序号	矿产地名	成因类型	矿种	矿床规模	探明储量	成矿时代
1	朝不楞	矽卡岩型	铜铁多金属矿床	大中型	铁矿石 2073.6×10⁴t，中型；锌 47.08×10⁴t，大型；伴生硫 88.8×10⁴t，中型；铜矿小型；铋 4.35×10⁴t；钼 0.40×10⁴t；锡中型；金 1910t；银小型；镓 417t；铟 309t；镉 594t；砷 6.08×10⁴t	燕山晚期
2	奥由特	陆相火山岩-次火山岩热液型	铜锡矿床	小型	铜金属 20 000t	燕山晚期
3	阿尔哈达	热液裂	铅锌矿	中型	铅 11.70×10⁴t，锌 18.00×10⁴t	燕山早中期
4	查干敖包	矽卡岩型	铁锌矿床	大型	锌 84.056×10⁴t，铁矿石 1273×10⁴t，银 200.1t，铟 189.37t	燕山早期
5	沙麦	高温气成热液裂隙充填交代石英脉型	钨矿床	中型	钨 26 236t	燕山晚期
6	吉林宝力格	热液型	银矿	小型	银 97t	侏罗纪
7	汉乌拉巴嘎	热液型	铜铅锌矿	小型	铜 0.0781×10⁴t，铅 0.0266×10⁴t，锌 4.3495×10⁴t	中侏罗世—白垩纪
8	姆哈戈旗陶勒盖	热液型	铁矿	小型	矿石量 118.0×10⁴t	晚侏罗世

赋矿地层有下奥陶统铜山组（查干敖包）、下中泥盆统泥鳅河组（乌兰陶勒盖）、中上泥盆统塔尔巴格特组（朝不楞）、上泥盆统安格尔音乌拉组（吉林宝力格、海拉斯、奥尤特）、上石炭统—下二叠统宝力高庙组（海拉斯、乌兰陶勒盖、狼麦温都尔）等。赋矿地层以古生代地层为主。从表面来看，似乎成矿对地层无选择性，但所有赋矿地层有其共同特征：以海相或海陆交互相碎屑岩-火山碎屑沉积岩夹灰岩岩石建造，是目前已知最主要的容矿建造；其次为陆相火山岩-火山碎屑岩-火山碎屑沉积岩夹碎屑岩建造。即成矿对地层的选择性主要表现在对岩石建造的选择上。

与成矿有关的岩体，主要为燕山期黑云母花岗岩（朝不楞、查干敖包、沙麦钨矿、奥由特、吉林宝力格），以及闪长玢岩（狼麦温都尔）、花岗斑岩脉或石英斑岩脉。

控矿构造及蚀变特征：①燕山期黑云母花岗岩体与 O、D、C—P 地层的接触带构造；②北东、北西向和近东西向断裂构造，尤其北东向断裂，与区域构造线一致，为最主要的控矿断裂，往往控制大的成矿带或矿带，同时也是重要的容矿断裂；北西向和近东西向断裂多为次一级断裂构造，为主要容矿断裂，往往控制矿体的产出。

找矿标志：地表最显著的找矿标志为褐铁矿化、硅化、孔雀石化。

3）化探课题成果应用

在单元素异常图的基础上，编制了综合异常剖析图（图 5-32）和地球化学组合异常图（图 5-33）。各元素异常套合好，与已知矿产吻合程度高，清晰地显示了地球化学异常与地质矿产之间的联系，为整装勘查部署及矿业权区块划分提供了有力的地球化学支撑。

利用单元素地球化学图及单元素异常图，结合地质、物探、遥感推断结果，项目组在整装勘查区内进一步圈定了铅锌、铁、铜、钨最小预测区，如图 5-34 所示，为在整装勘查区内空白区新设探矿权提供有利依据。

4）物探专题成果应用

根据矿产资源潜力评价项目重力应用专题、磁法应用专题编制了整装勘查区航磁化极等值线平面图、布格重力异常图、航磁矿致异常分布图（图 5-35），为整装勘查区的设置提供了区域重力、磁法基础

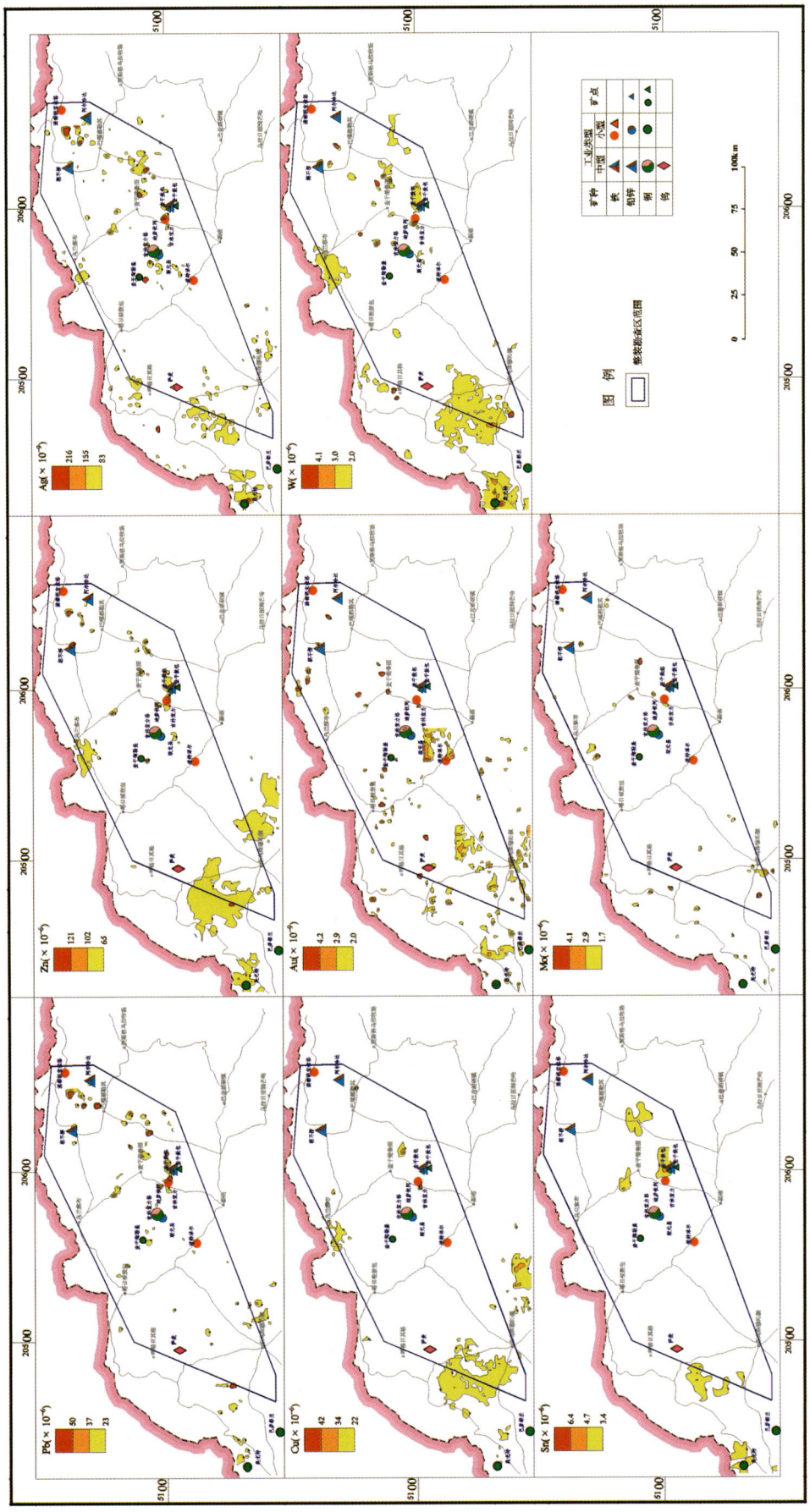

图 5-32 内蒙古自治区东乌旗地区铅锌矿整装勘查区地球化学综合异常剖析图

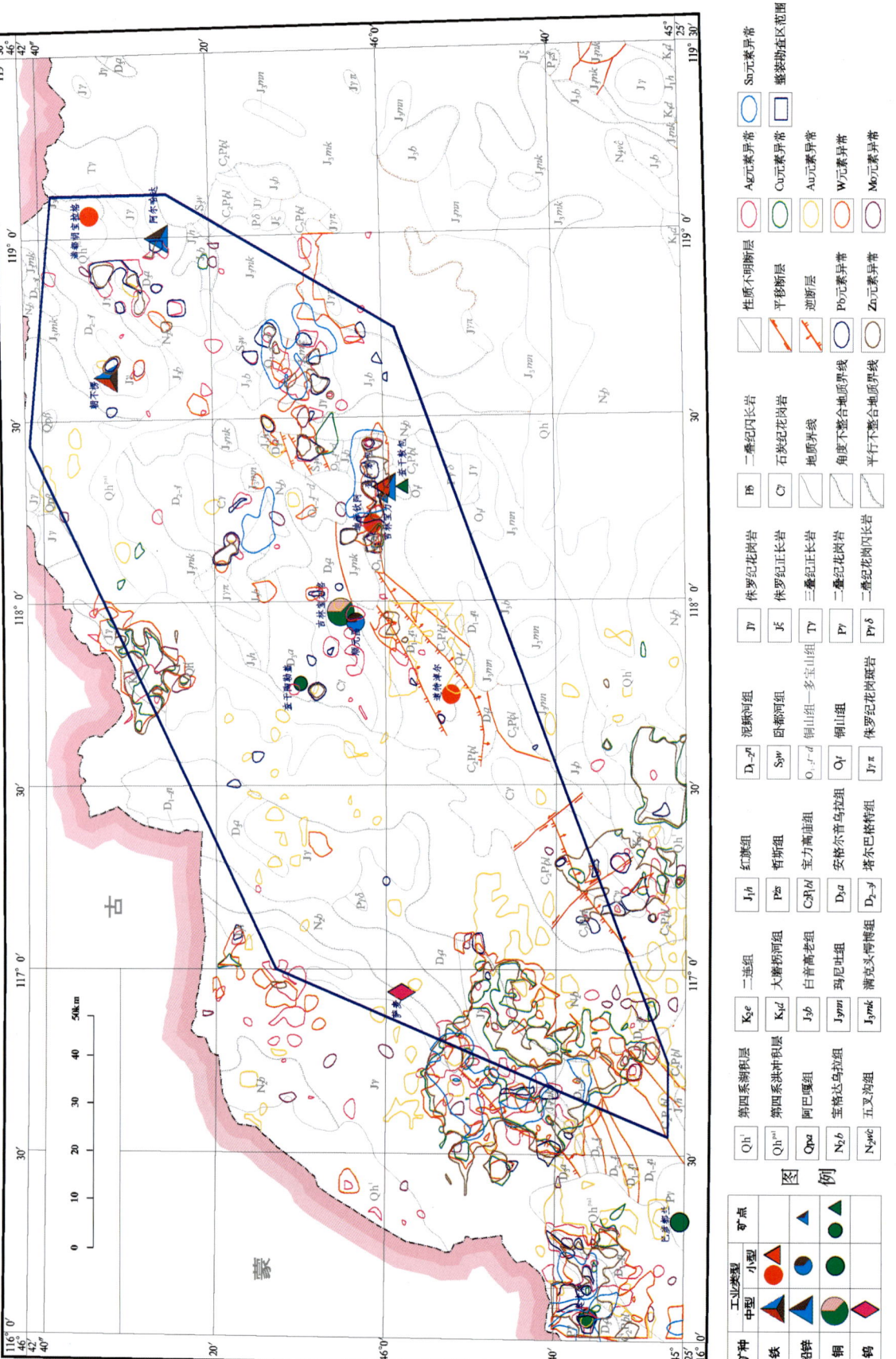

图 5-33 内蒙古自治区东乌旗地区铅锌矿"整装勘查区"地球化学组合异常图

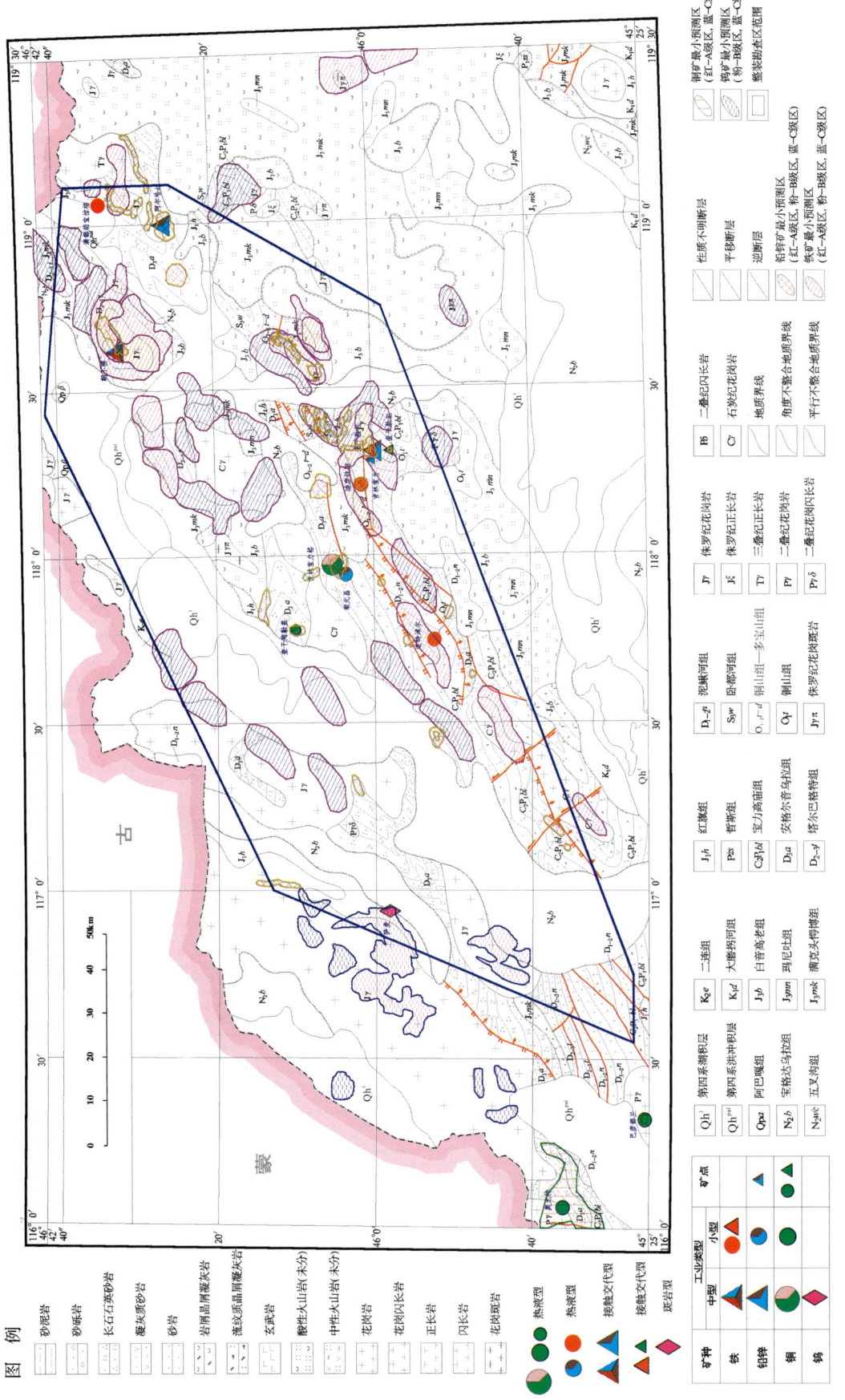

图 5-34 内蒙古自治区东乌旗地区铅锌矿整装勘查区地球化学方法最小预测区分布图

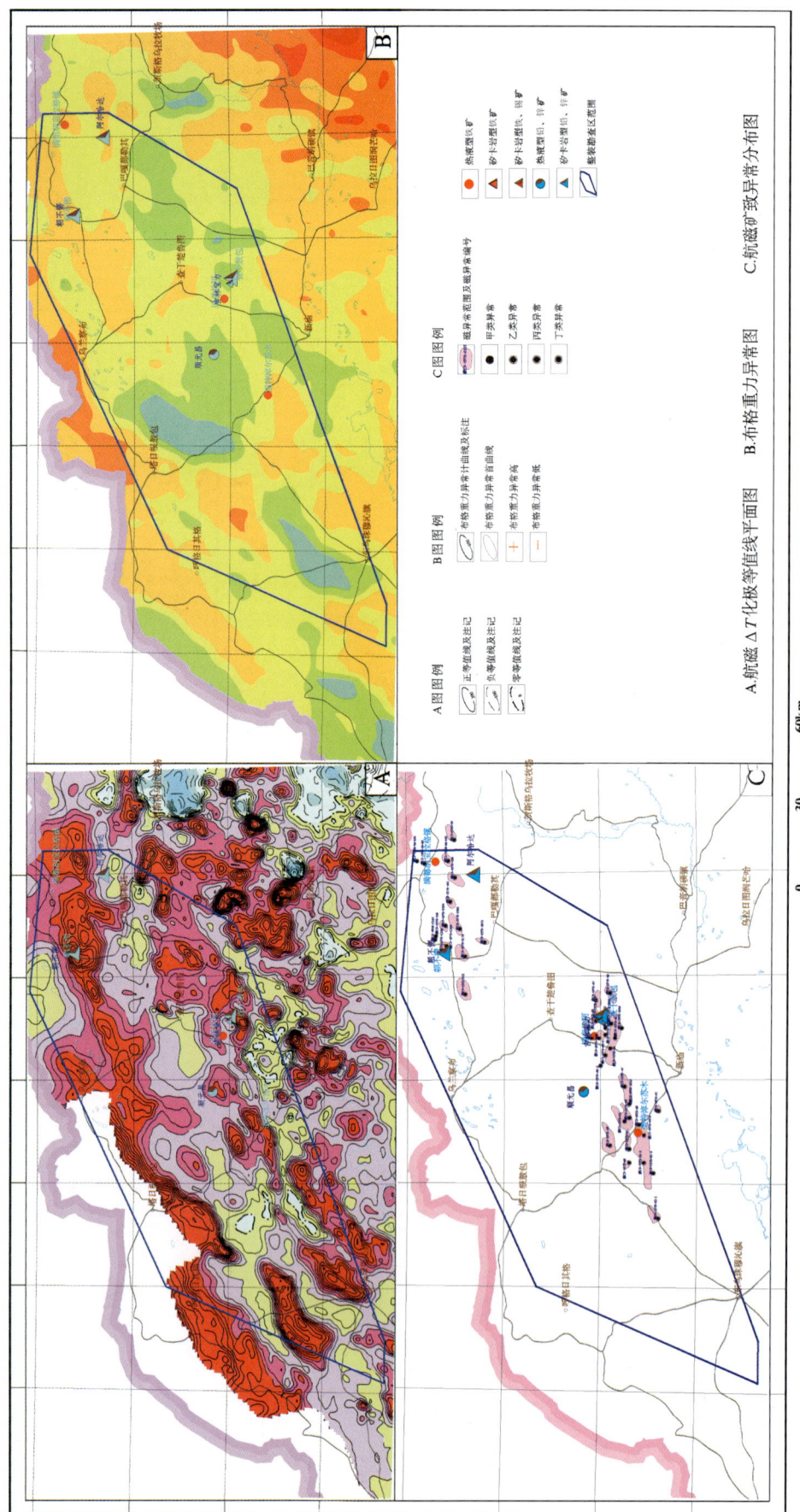

图 5-35 内蒙古自治区东乌旗地区铅锌矿整装勘查区域航磁化极等值线及重力剖析图

资料。

5）遥感及综合信息集成成果应用

利用遥感ETM影像及综合信息工作程度数据库编制以遥感影像为底图的整装勘查区工作程度图（图5-36）。

6）矿产预测成果应用

区内铁矿已探明资源量为334.2×10^4t，铅锌矿已探明资源量为118×10^4t，铜矿已探明资源量为42188t。

根据矿产资源潜力评价成果，预测整装勘查区内最小预测区分布及预测资源量（表5-7，图5-37、图5-38），并提出下一步工作建议：在本勘查区西部有部分的钨、铜矿床（点），建议安排针对铅、锌的勘查工作同时注意对铜、钨矿床找矿线索的研究。

表5-7 内蒙古自治区东乌旗地区铅锌矿整装勘查区预测资源量一览表

矿种	最小预测区面积(km^2)	按级别($\times10^4$t)			按深度($\times10^4$t)			按精度($\times10^4$t)		
		A级	B级	C级	500m以浅	1000m以浅	2000m以浅	334-1	334-2	334-3
铅锌矿	295	89.19	69.16	34.66	184.68	193.01	193.01	77.11	35.16	80.75
铁矿	2555	97402	8272	290	39602	73497	105964	48038	49364	8562

7）勘查工作部署的应用

根据铅锌单矿种资源潜力评价成果，该整装勘查区内设置了8个部署区，其中勘探区3个，详查区3个，普查区2个（表5-8，图5-39）。

表5-8 内蒙古自治区东乌旗地区铅锌矿整装勘查区未来勘查工作部署区一览表

部署建议区编号	部署区名称	预测矿种	部署区等级	预期成果($\times10^4$t)
150009	阿日尔哈达浑地	铅锌矿	普查	铅资源量：29593　锌资源量：123186
150010	阿日尔哈达浑地		勘探	铅资源量：210261　锌资源量：621285
150011	海拉斯台牧		勘探	铅资源量：0　锌资源量：575059
150012	巴彦布日都嘎查		详查	铅资源量：22991
150013	阿尔哈达		勘探	铅资源量：98251　锌资源量：147376
150014	夏日沟图		普查	铅资源量：5737　锌资源量：173383
150022	乌布林苏木		详查	铅资源量：2681.27　锌资源量：4092.47
150023	配种站		详查	铅资源量：7929　锌资源量：7094

（二）内蒙古包头市哈达门沟地区金矿整装勘查

1. 整装勘查区设置情况

内蒙古包头市哈达门沟地区金矿整装勘查是国家矿产资源勘查规划部署的项目，工作区范围位于包头市和巴彦淖尔市乌拉特前旗境内，其范围西起乌拉特前旗大桦背岩体，东至包头市昆都仑河，东西长约30km，南北宽约20km，实际工作区面积约291km^2。

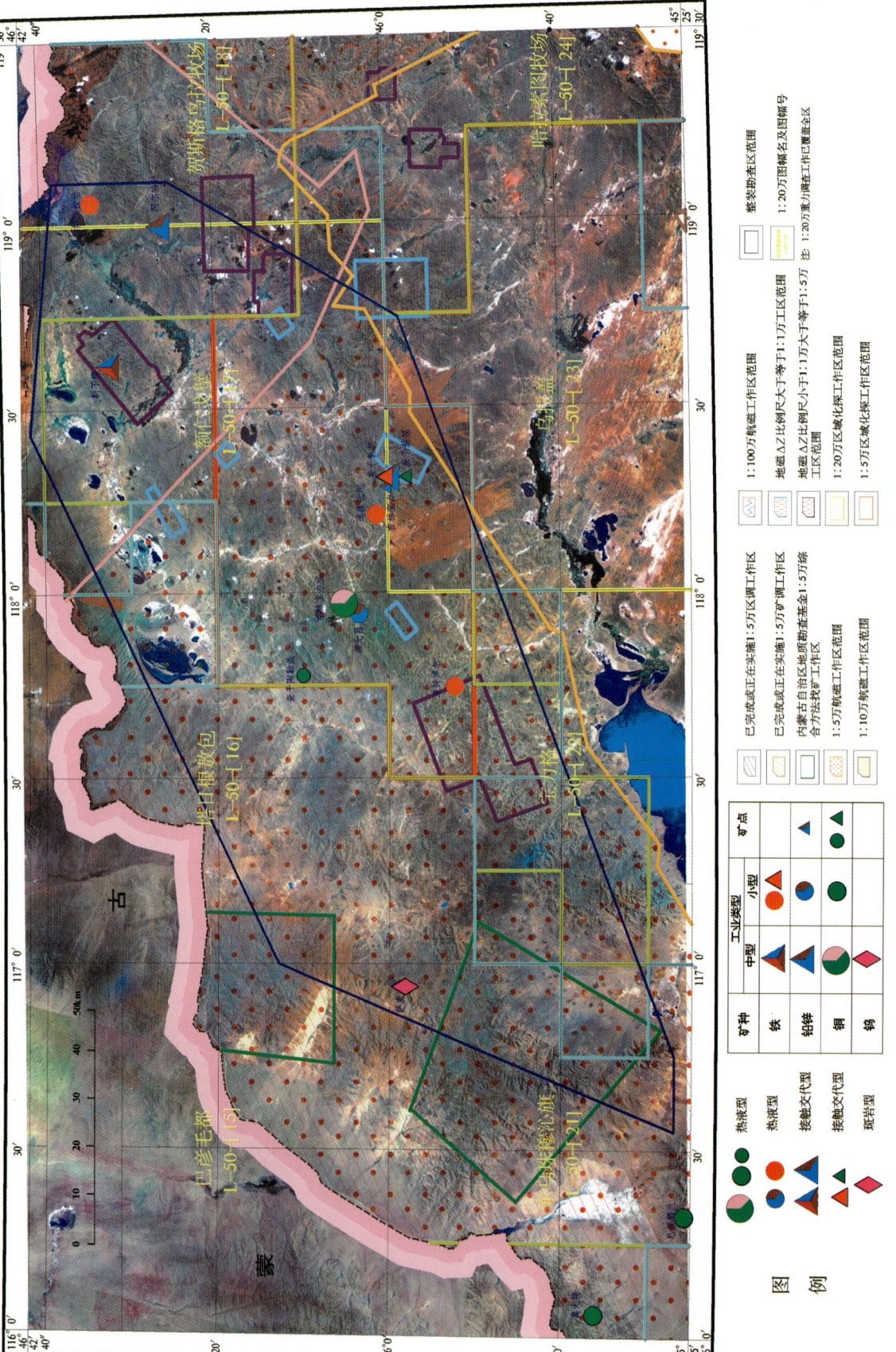

图 5-36 内蒙古自治区东乌旗地区铅锌矿整装勘查区工作程度图

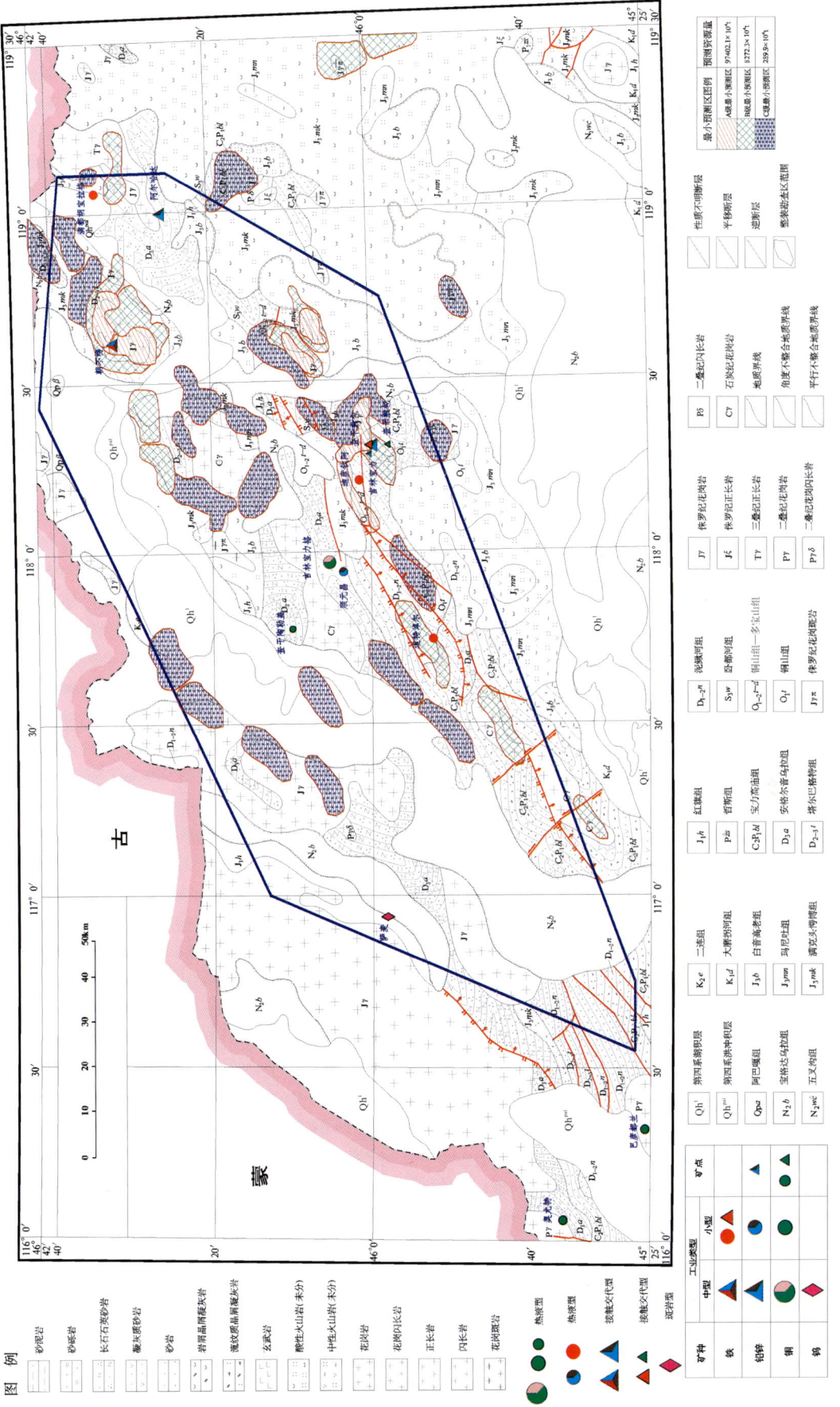

图 5-37 内蒙古自治区东乌旗地区铅锌矿"整装勘查区铁矿"最小预测区分布图

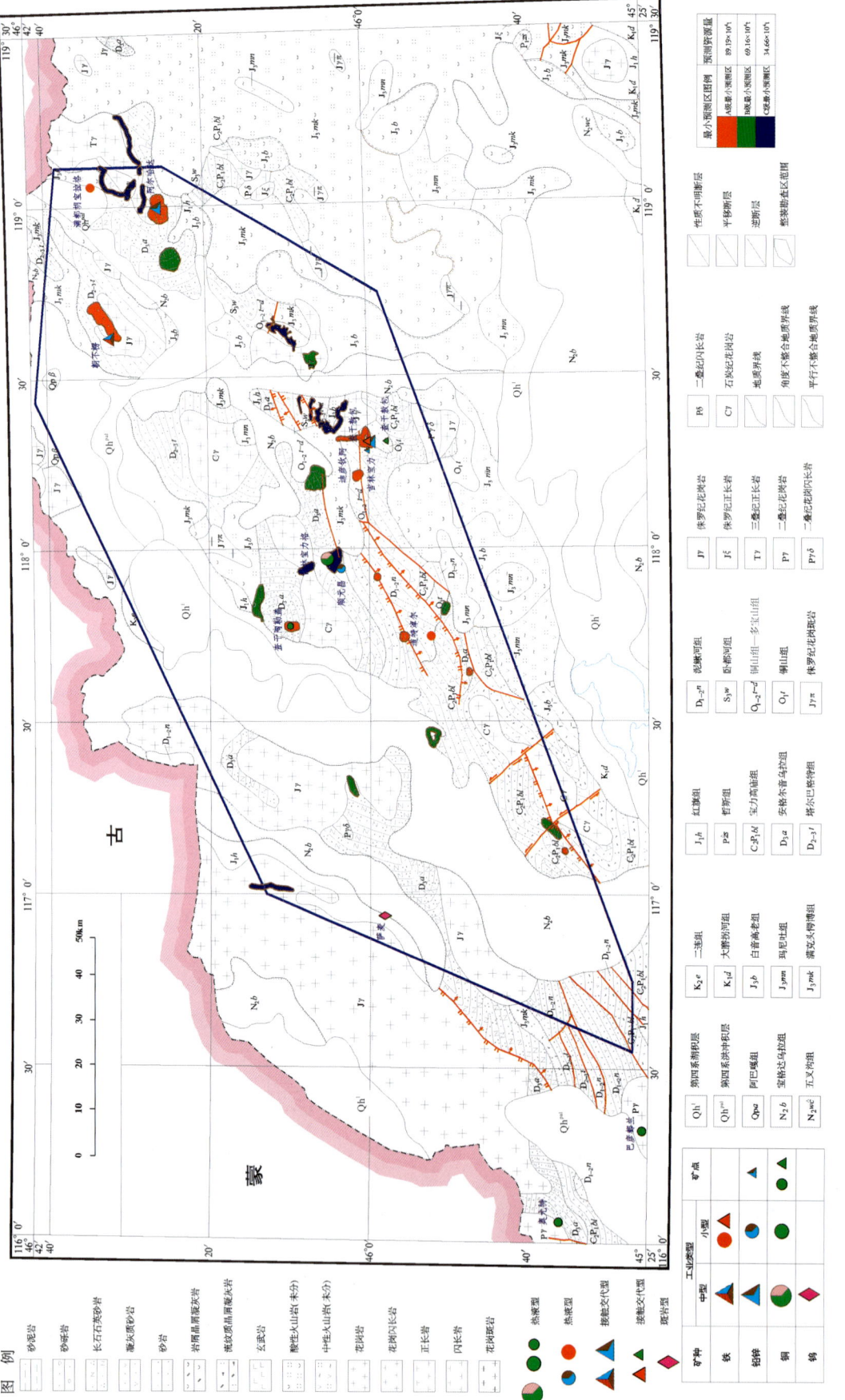

图 5-38 内蒙古自治区东乌旗地区铅锌矿整装勘查区铅锌矿最小预测区分布图

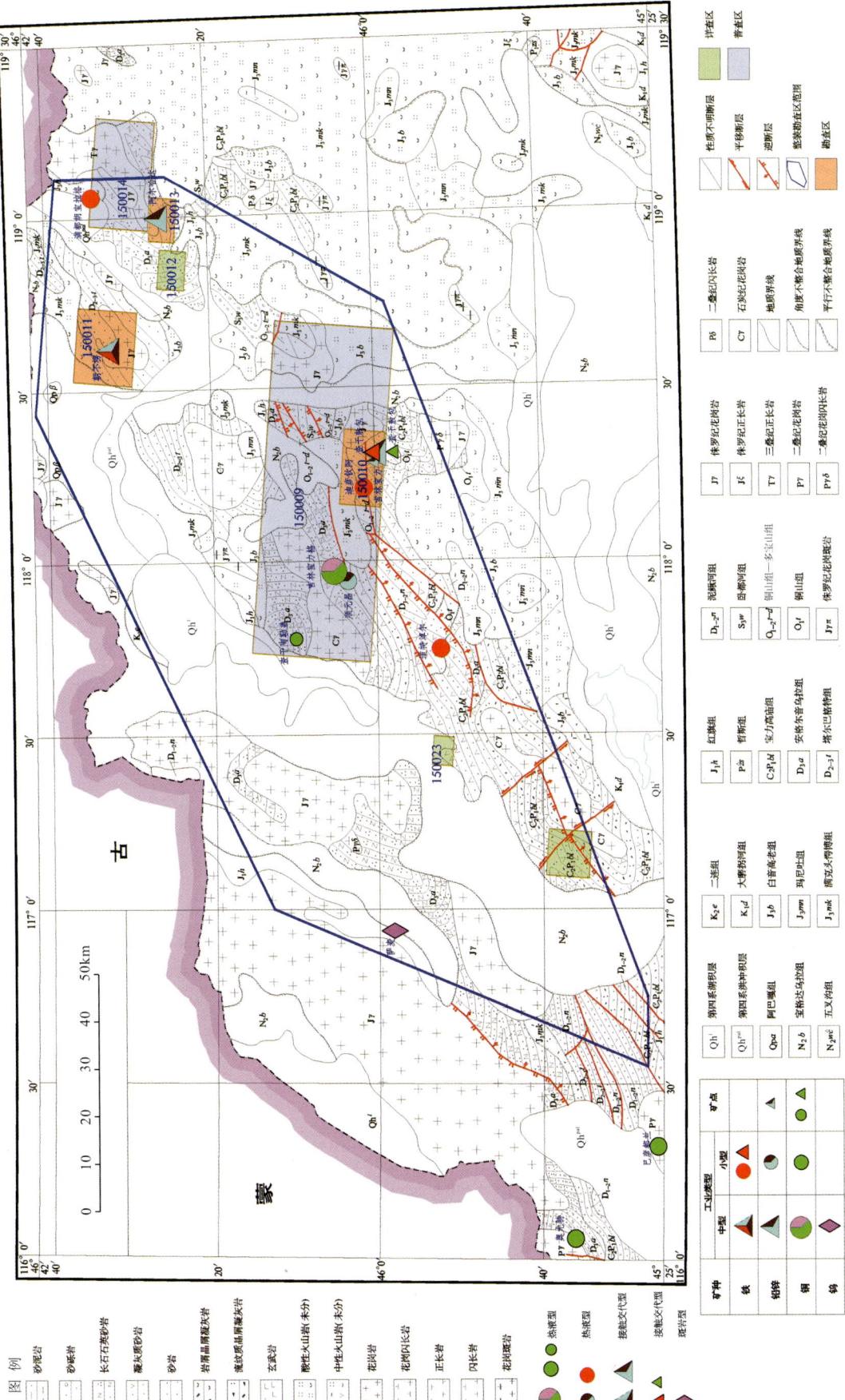

图 5-39 内蒙古自治区东乌旗地区铅锌矿整装勘查区未来勘查工作部署区分布图

工作目标:对该地区的金、铁矿等矿产资源进行整装勘查,对矿产资源的前景作出评价,为该区下一步矿产资源的勘查与开发利用提供依据。通过全区开展金、铁、钼矿调查评价工作,确定可供普查的新靶区。

预计投入主要实物工作量和经费:槽探7000m³,浅井100m,坑探500m,钻探63 000m,预计经费1亿元。

预期成果:提供大中型金矿1~2处,依据矿产资源潜力评价项目成果预获新增资源量金金属量50t。

工作时间:2011—2015年。

2. 潜力评价成果在整装勘查选区中的应用

1)成矿地质背景成果应用

利用1:25万建造构造图及1:10万乌拉山金矿预测工作区建造构造图编制了整装勘查区建造构造图(图5-40),总结成矿地质背景。

哈达门沟金矿大地构造位置位于华北陆块区之狼山-阴山陆块(大陆边缘岩浆弧)之固阳-兴和陆核,南北两侧由乌拉山-大青山山前呼(市)-包(头)大断裂和临(河)-集(宁)山后深大断裂呈近北东东向控制着哈达门沟金矿区,矿床产于其次级构造内,矿体呈近东西向展布。

区域内出露的地层主要为中太古界乌拉山岩群($Ar_2Wl.$),褶皱、断裂构造较为发育。区内褶皱构造以隐伏复背斜为主,轴部隐伏在大余太-茅家疙瘩新生代的断陷盆地中,背斜轴部走向东部近东西,西部为北西西,南翼由乌拉山次一级背向斜构造组成,北翼由色尔腾背向斜构造组成;断裂构造以东西向的乌拉山山前大断裂和临(河)-集(宁)大断裂为主,其次有北东向断裂和北西向断裂。

区域内岩浆岩发育,各期构造运动中均有岩浆侵入。新太古代的侵入岩多呈东西向带状分布,主要分布在工作区北部。工作区西部的大桦背岩体是与成矿关系密切的岩体,岩性为中粗粒似斑状黑云母花岗岩,该岩体分异作用差,其结构分为两分相带,由浅肉红色中细粒似斑状黑云母花岗岩,过渡到中心为中粗粒黑云母花岗岩。钾-氩法测得绝对年龄值为217Ma,故定为印支期,岩体边部岩脉发育,见有伟晶岩、褐帘石伟晶岩、花岗斑岩及石英脉,石英脉局部有金矿化、铜矿化和萤石矿化,岩体金的丰度值为1.33×10^{-9}。

2)成矿规律研究成果的应用

根据成矿规律课题乌拉山金矿典型矿床研究、乌拉山金矿预测工作区研究、金单矿种成矿规律研究成果,总结该整装勘查区成矿规律。

整装勘查区地处华北板块-阴山隆起,属乌拉山-大青山太古宙、燕山期金、银、铁、铜、铅、锌、石墨、白云母成矿带。出露的地层主要为中太古界乌拉山岩群($Ar_2Wl.$),而乌拉山岩群片麻岩是该区金矿体的主要赋存层位,成近东西向展布的乌拉山-大青山山前大断裂为区内的主干断裂,是本区的主要控矿构造。近东西走向的韧性剪切带与金矿成矿关系密切。区内存在数十米至数百米宽的钾长石化构造蚀变岩带,走向65°,倾向北西,长达十余千米,与之派生的一组近东西向张性断裂带十分发育,该组断裂严格控制着乌拉山金矿的矿体形态。

金矿床类型为石英-钾长石脉型、钾硅化蚀变岩型,含金地质体主要是含金钾硅化蚀变岩,少量的含金石英-钾长石脉和含金石英脉,其中以含金石英脉品位最高,矿体全部赋存于中太古界乌拉山岩群变质岩中,严格受构造控制,成带状分布。

金矿床主要有哈达门沟金矿床、柳坝沟金矿床、乌兰不浪沟金矿床、甲浪沟金矿床、白彦花金矿床、烂沼沟金矿点、老虎疙旦金矿点、前杨海沟金矿点等。

整装勘查区内有2种矿产查明储量列入《内蒙古自治区矿产资源储量表》(截至2010年底)。全部为金属矿,分别是金矿和铁矿,矿产地(矿区)9处,其中大型1处、小型矿区8处;从勘查程度上看,哈达门沟金矿和阿力奔铁矿、穷贵沟铁矿为普查矿区,其余都为采矿区。

主要矿产保有资源储量:金金属量24.149t,铁矿石量502.666×10^4t。

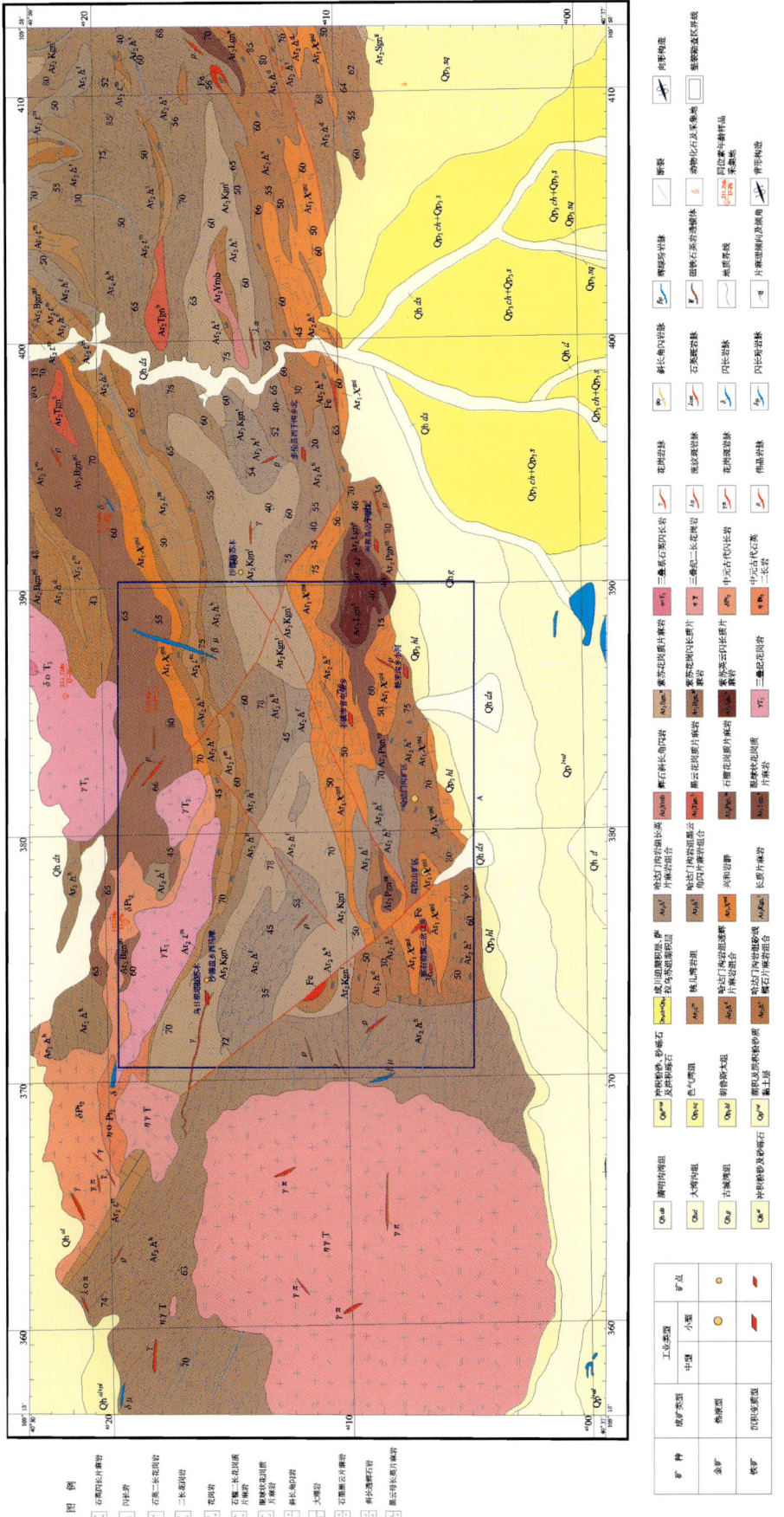

图 5-40 内蒙古自治区哈达门沟地区金矿整装勘查区建造构造图

3. 化探课题成果应用

从前期编制的综合异常剖析图(图5-41)上可见,Au、Hg、Cu、Ag、Zn等元素在勘查区内均有明显的浓集中心和浓度分带,异常面积大、强度高,局部地区存在明显的W、Pb异常。潜力评价项目组以地球化学异常为依据,结合地质、物探、遥感等资料,在勘查区内圈定了5处金矿最小预测区,为本区矿业权设置工作提供了有力依据。

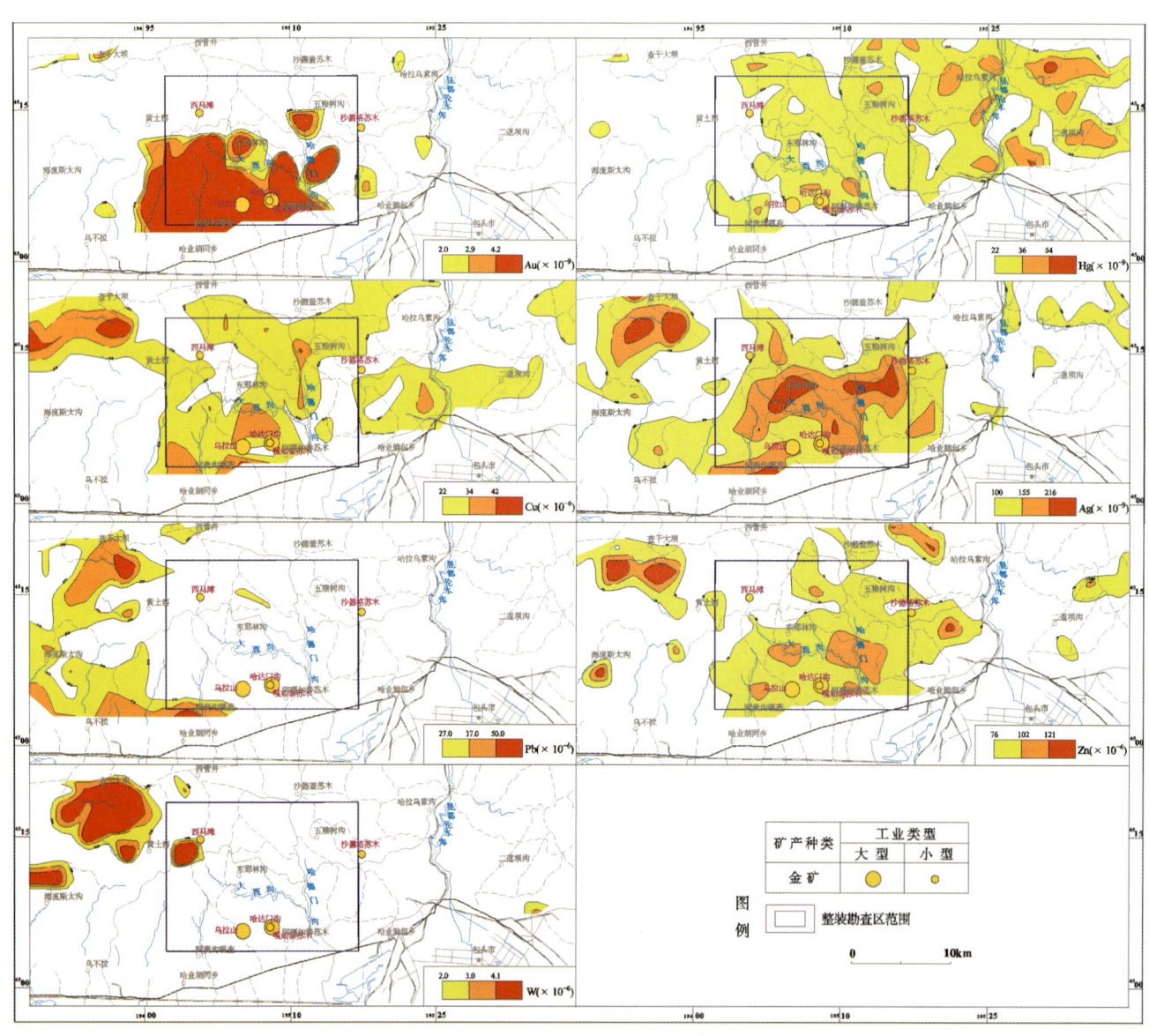

图5-41 内蒙古自治区哈达门沟金矿整装勘查区综合异常剖析图

4. 地球物理资料应用

利用重力、磁法课题的研究成果,项目组编制了整装勘查区布格重力异常等值线图(图5-42)及航磁化极等值线图(图5-43)。

5. 矿产预测成果应用

整装勘查区内查明金矿上表储量为30.473t(截至2008年底),根据本次矿产资源潜力评价项目收

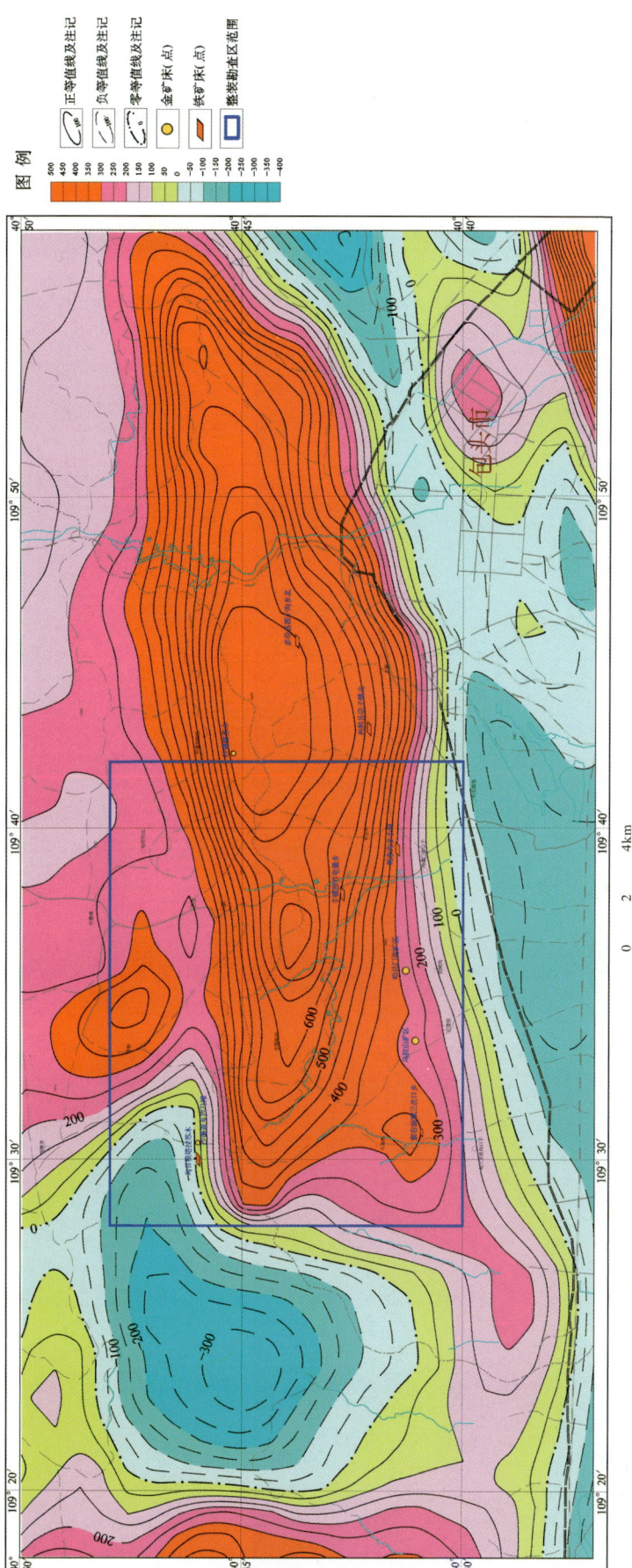

图 5-42 内蒙古自治区哈达门沟金矿整装勘查区区域航磁化极等值线图

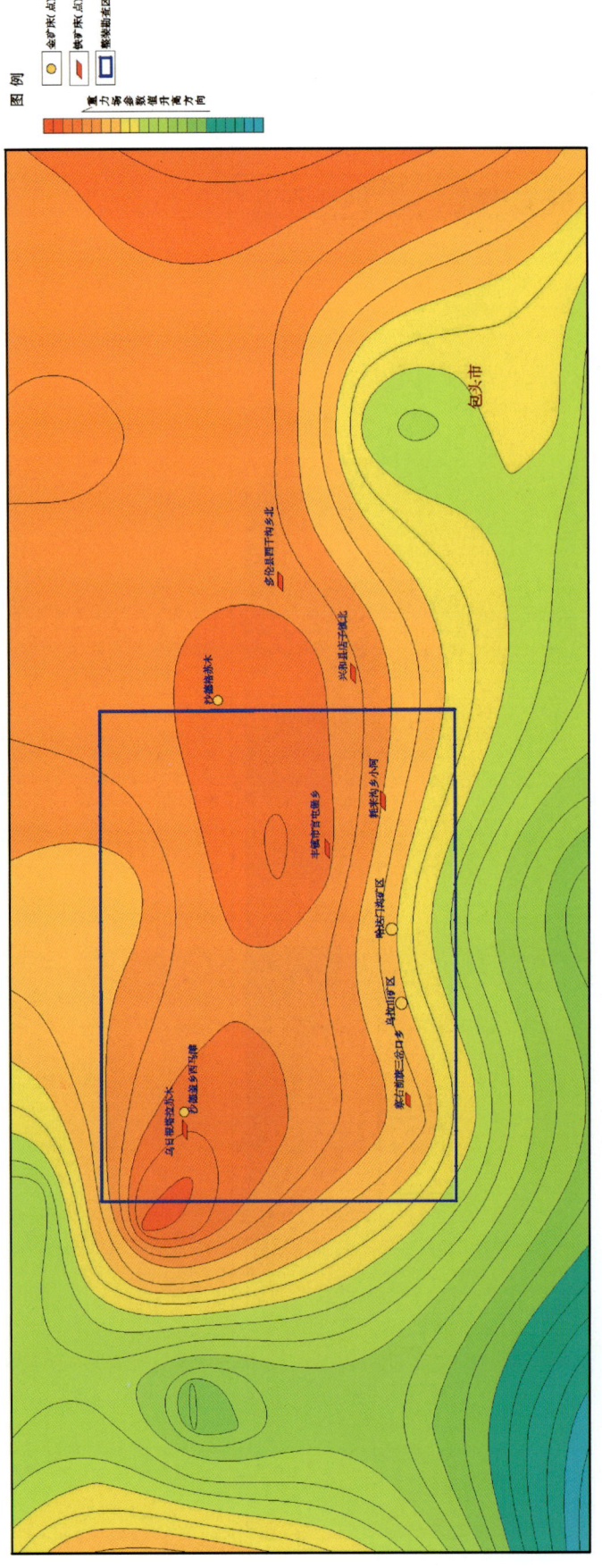

图 5－43 内蒙古自治区哈达门沟金矿整装勘查区区域布格重力异常平面等值线图

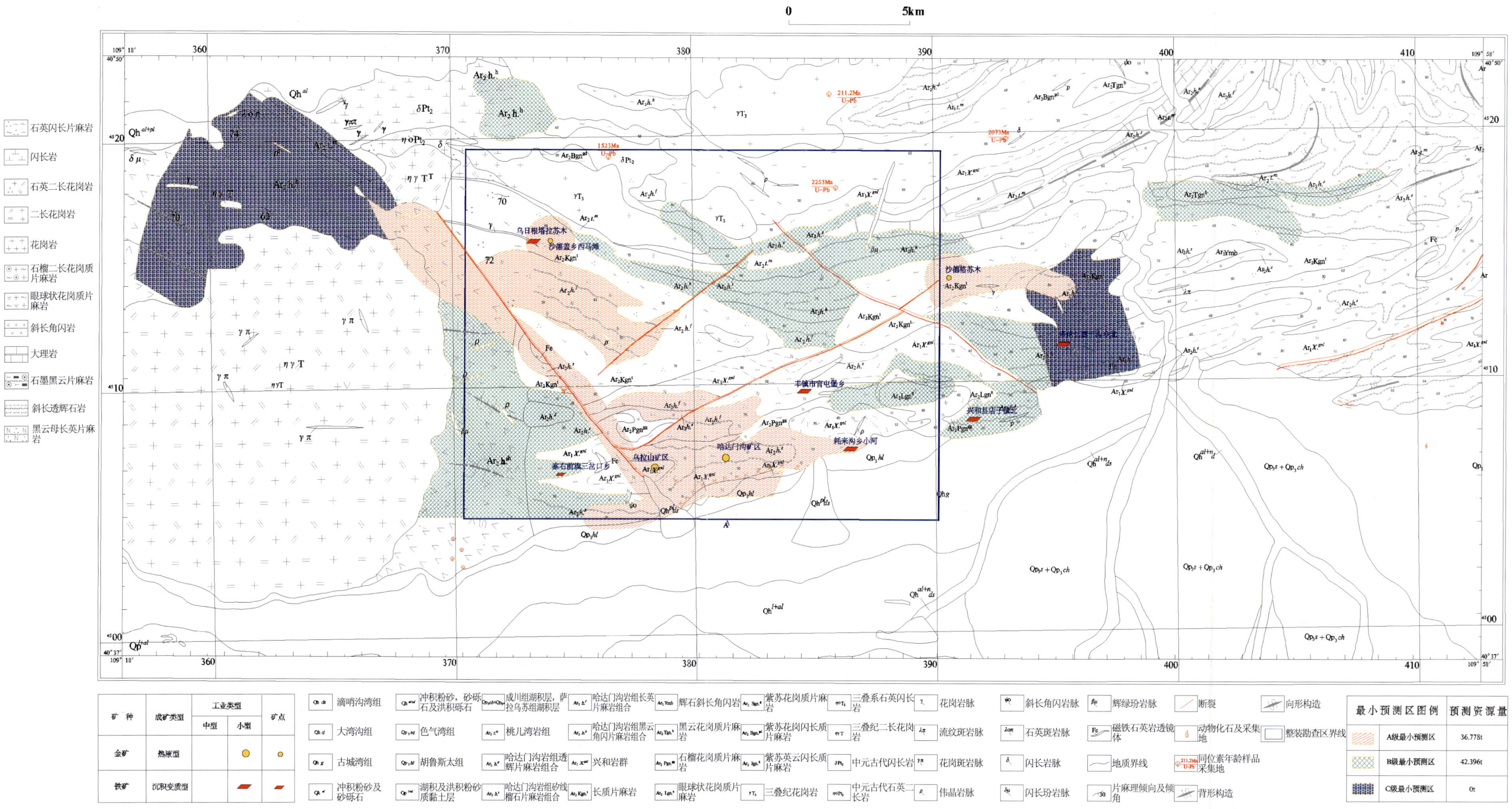

图 5-44 内蒙古自治区哈达门沟地区金矿整装勘查区金矿最小预测区分布图

集的矿区资料,已探明金资源储量为近100t,预测区查明铁资源量为9488.9×10⁴t。

根据矿产资源潜力评价成果,预测整装勘查区内最小预测区分布及预测资源量(图5-44),并提出下一步工作建议:在本勘查区西部有部分的钨、铜矿床(点),建议安排针对铅、锌的勘查工作同时注意对铜、钨矿床找矿线索的研究。

(三) 内蒙古自治区浩尧尔忽洞-赛乌素地区金、铁、石墨矿整装勘查区

内蒙古自治区浩尧尔忽洞-赛乌素地区金、铁、石墨矿整装勘查区是内蒙古自治区矿产勘查项目,工作区范围位于巴彦淖尔市乌拉特中旗境内。实际工作区面积约1020km²。

工作目标:以蚀变岩型金矿为主攻矿床类型,对该地区的金矿进行整装勘查,对矿产资源的前景作出评价,为该区下一步矿产资源的勘查与开发利用提供依据。通过全区开展金矿调查评价工作,确定可供普查的新靶区。

预计投入主要实物工作量和经费:槽探8000m³,钻探10 000m,预计经费1亿元。

预期成果:提供大中型金矿1~2处,新增资源量金金属量50t。

地质背景、成矿规律、矿产预测、重力、磁法、地球化学等各专题研究成果为该整装勘查区的选区研究提供了可靠的依据。

1. 勘查区特征

该区位于华北陆块北缘白云鄂博-宝昌成矿带西段,区内矿产主要有金、铁等。其中,金矿床主要有浩尧尔忽洞金矿、高勒图金矿、浩牙日胡都格砂金矿、小乌淀砂金矿、哈泥河砂金矿等;铁矿主要有白云鄂博铁矿。

通过多年的勘查,浩尧尔忽洞金矿区取得了良好的找矿效果,累计提交资源储量金金属量70.44t,显示出该区有良好的成矿地质条件。

新忽热地区(包括浩尧尔忽洞金矿区)、布龙土及其南部地区、比鲁特及其北部地区的黑色岩系分布区是该类矿床重要找矿靶区等。

2. 金矿找矿前景分析

本区金矿类型主要为赋存于中元古界白云鄂博群浅变质的黑色板岩、碎屑岩地层,为受岩性和层位控制的沉积-改造复合型金矿(黑色页岩型金矿)。其中典型矿床代表为浩尧尔忽洞金矿床。本区的赛乌素金矿、比鲁特金矿、北山金矿属于此类型。区域上朱拉扎嘎金矿也属于此类,此类型金矿与同属于古亚洲洋成矿域世界上最大的金矿穆龙套金矿具有非常相似的地质特征,即均受控于碳质含量高的浅变质碎屑岩地层,为呈层状、顺层产出的沉积-改造型金矿,但二者从品位和规模上都有天壤之别。特别是西伯利亚南麓中新元古代增生带碳质岩系中金矿,与该区具有非常相似的成矿地质背景,如成矿前裂谷环境、富碳质浅变质岩系,表明在中元古代古亚洲分别向北、向南消减以前,沉积了一套面积庞大富金的沉积地层(白云鄂博群、里菲系地层),完成了Au元素的预富集过程。随着洋壳俯冲消减,后来分别位于西伯利亚陆块和华北陆块。黑色岩系和有利的构造位置是寻找浩尧尔忽洞式金矿的有利地段。

通过对有利含矿地层、构造、航磁异常、重力异常、金单元素地球化学异常、Hg-Sb-As等多元素地球化学异常、遥感异常等多学科成矿信息综合分析,讨论了黑色岩系金矿床在该区的找矿潜力(张桐,2012)。在该区共圈定各级异常区28个(图5-45),整装勘查区内有16个预测区(表5-9)。已探明的同类型的矿床均分布在A级预测区内,预测区优选分级原则较为合理;最小预测区圈定结果表明,预测区内总体上区域成矿地质背景、围岩蚀变、已探明的矿床(点)与高化探异常、剩余重力异常梯级带吻合程度较好(图5-46)。

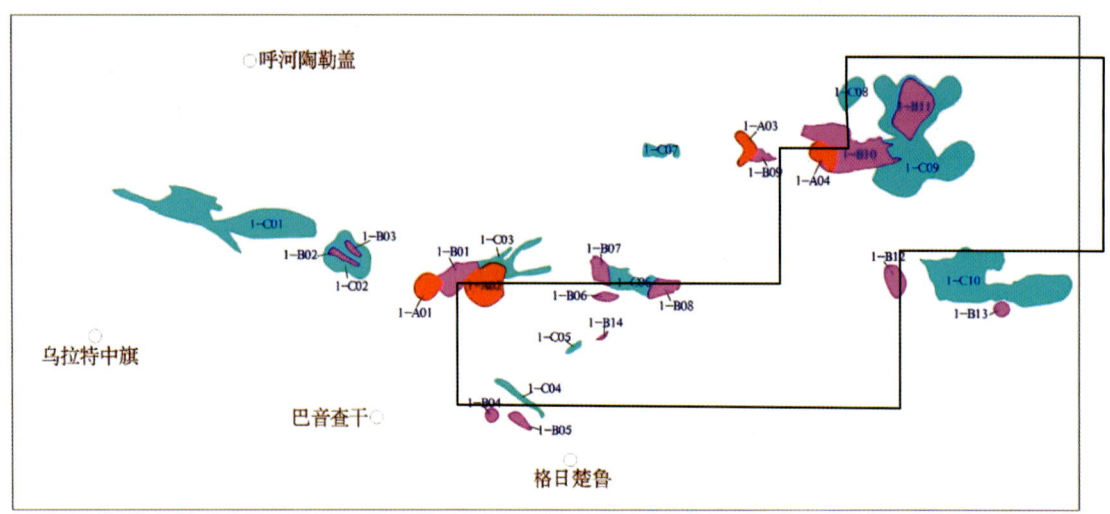

图 5-45　内蒙古自治区浩尧尔忽洞—赛乌素地区整装勘查区金矿预测区

表 5-9　整装勘查区金矿预测区及评述一览表

最小预测区编号	最小预测区名称	面积（km²）	最小预测区评述
1-A01	新忽热苏木西北	13.34	出露的地质体为Jxh、Jxb,地质实测断层、重力、磁法、遥感推断断裂纵横交错,Au元素化探异常浓集中心明显,峰值达1270×10⁻⁶,围岩蚀变、遥感羟基异常与模型区位于同一化探甲类综合异常,位于重力梯级带上。与典型矿床地区的相似程度高,具有很大的找矿前景
1-A02	浩尧尔忽洞（模型区）	31.52	典型矿床位于该区域内,出露的地质体为Jxh,地质实测断层、重力、磁法、遥感推断断裂交会部位密集,Au化探异常在该区内出现峰值,有硅化等围岩蚀变、化探甲类综合异常、位于重力梯级带上,典型矿床的深部及外围是找矿的有利地段
1-A03	新宝力格北	10.01	出露的地质体为Jxh、Jxb,有一部分覆盖经揭盖及重力推断为含地质体,地质实测断层、重力、磁法、遥感推断断裂较为密集,有Au元素化探异常浓集中心,化探综合异常为乙类异常,有遥感铁染异常,与典型矿床有很大的相似性,具有比较大的找矿前景
1-A04	赛乌素	12.19	已探明的赛乌素金矿位于该区域内,赋矿地质体为Jxh、Jxb,有一部分为地质体揭盖及重力推断地质体,有两条地质实测断层及遥感推断断裂,Au元素化探异常最高值为4.2×10⁻⁶,化探综合异常为乙类异常,有遥感羟基、铁染异常,与模型区具有一定的相似性,有较大的找矿前景
A级区面积合计		67.07	
1-B01	浩尧尔忽洞西	19.05	出露的地质体为Jxh,地质实测断层、重力、磁法、遥感推断断裂集中分布,区内有Au化探异常、化探综合异常分布,有硅化围岩蚀变、遥感羟基异常分布,位于重力梯级带上,与模型区有一定相似性,找矿前景较好
1-B06	新忽热苏木东北1	3.93	出露的地质体为Jxh,乌花朝鲁金矿位于该区内,区内存在遥感推断断裂、化探综合异常、遥感铁染异常。该区与模型区相似性一般,找矿前景较好
1-B07	新忽热苏木东北2	9.03	出露的地质体为Jxh,区内地质实测断层、重力、磁法、遥感推断断裂纵横交错,存在Au化探异常、遥感铁染异常,位于一甲级化探综合异常之中,围岩蚀变为硅化。该区与模型区相似性较好,找矿前景较好
1-B08	新宝力格苏木南	9.99	出露的地质体为Jxh,区内有地质体揭盖,重力推断地质体,存在一实测断层,围岩蚀变为硅化,存在化探综合异常、遥感羟基异常、遥感铁染异常。该区找矿前景一般

续表 5-9

最小预测区编号	最小预测区名称	面积（km²）	最小预测区评述
1-B09	新宝力格苏木东北	4.18	出露的地质体为Jxh，区内有地质体揭盖，重力推断地质体，有1条重力、遥感推断断裂，区内有Au化探异常、遥感铁染异常存在，位于一乙级化探综合异常内。该区有一定的找矿前景
1-B10	白云鄂博	56.15	白云鄂博北矿金矿位于该区，出露地质体为Jxh、Jxb，区内有地质体揭盖，地质实测断层在这区较为集中，重力、磁法、遥感推断断裂缓冲区对该区均有影响，Au化探异常最高值为3.69×10^{-6}，化探综合异常为乙级，区内存在遥感羟基、铁染异常，围岩蚀变为硅化。该区与模型区有正高相似性，找矿前景较好
1-B11	白云鄂博东北	37.20	区内实测断层、重力、磁法推断断裂纵横交错，Au化探异常峰值为24.26×10^{-6}，区内有遥感羟基异常、铁染异常存在。该区与模型区有一定相似性，有一定的找矿前景
1-B14	新忽热苏木东	0.93	出露地质体为Jxh，围岩蚀变为硅化，处于一甲级化探综合异常中。该区与模型区有相似性一般，找矿前景一般
B级区面积合计		140.46	
1-C03	浩尧尔忽洞北	14.59	出露地质体为Jxh，区内有一条实测断层、一条重力推断断裂、一条磁法推断断裂、一条遥感推断断裂存在，Au化探异常明显，与模型区位于同一化探甲类综合异常，遥感铁染在该区出现，围岩蚀变为硅化。该区与模型区有较好的相似性，找矿前景较好
1-C05	巴嘎乌德东南	1.72	出露地质体为Jxh，围岩蚀变为硅化，有一条遥感推断断裂，处于重力梯级带之上。该区与模型区相似性一般，找矿前景一般
1-C06	新宝力格苏木西南	16.42	出露地质体为Jxh，有两条地质实测断层，围岩蚀变为硅化，化探综合异常为乙级，区内存在遥感羟基、铁染异常。该区与模型区有一定相似性，找矿前景一般
1-C07	新宝力格苏木西北	8.04	出露地质体为Jxh、Jxb，有2条地质实测断层，3条遥感推断断裂出现，位于一乙级化探综合异常上，区内有遥感铁染异常分布。该区与模型区相似性一般，找矿前景一般
1-C08	白云鄂博北	12.15	地质实测断层、重力、磁法、遥感推断断裂在此区分布较为密集，Au化探异常在此区出现峰值，峰值为5.50×10^{-6}，化探综合异常为乙级，区内出现遥感羟基、铁染异常。该区与模型区相似性一般，找矿前景一般
1-C09	白云鄂博东	128.70	出露地质体为Jxh、Jxb，实测断层、重力、磁法、遥感推断断裂纵横交错，Au化探异常明显，峰值为24.26×10^{-6}，化探综合异常为乙级，遥感羟基、铁染异常在该区大量出现。该区与模型区有一定相似性，找矿前景一般
C级区面积合计		181.62	

3. 铁矿找矿前景分析

本区主要最具经济价值的铁矿类型为白云鄂博群中沉积变质型层状铁矿床（白云鄂博式铁矿）。该类型铁矿在该区具有良好的找矿前景。

内蒙古自治区矿产资源潜力评价项目对重要的成矿要素（地层组合、岩石类型、成矿时代、地质背景、构造环境、矿物组合、矿化蚀变等）进行综合分析，围绕白云鄂博式铁矿成矿作用，开展该类型铁矿潜力评价工作。经过大量数据综合研究分析，最后在该区共圈定各级铁成矿异常区21个，铁矿石预测资源量可信性估计概率大于0.75的有4.4×10^{8}t，大于0.5的有2.2×10^{8}t，小于0.5的有1.6×10^{8}t。除了4个C级预测区之外，其他17个异常区均包含在整装勘查区范围内（图5-47）。潜力评价工作表明，本区铁矿资源找矿潜力巨大。

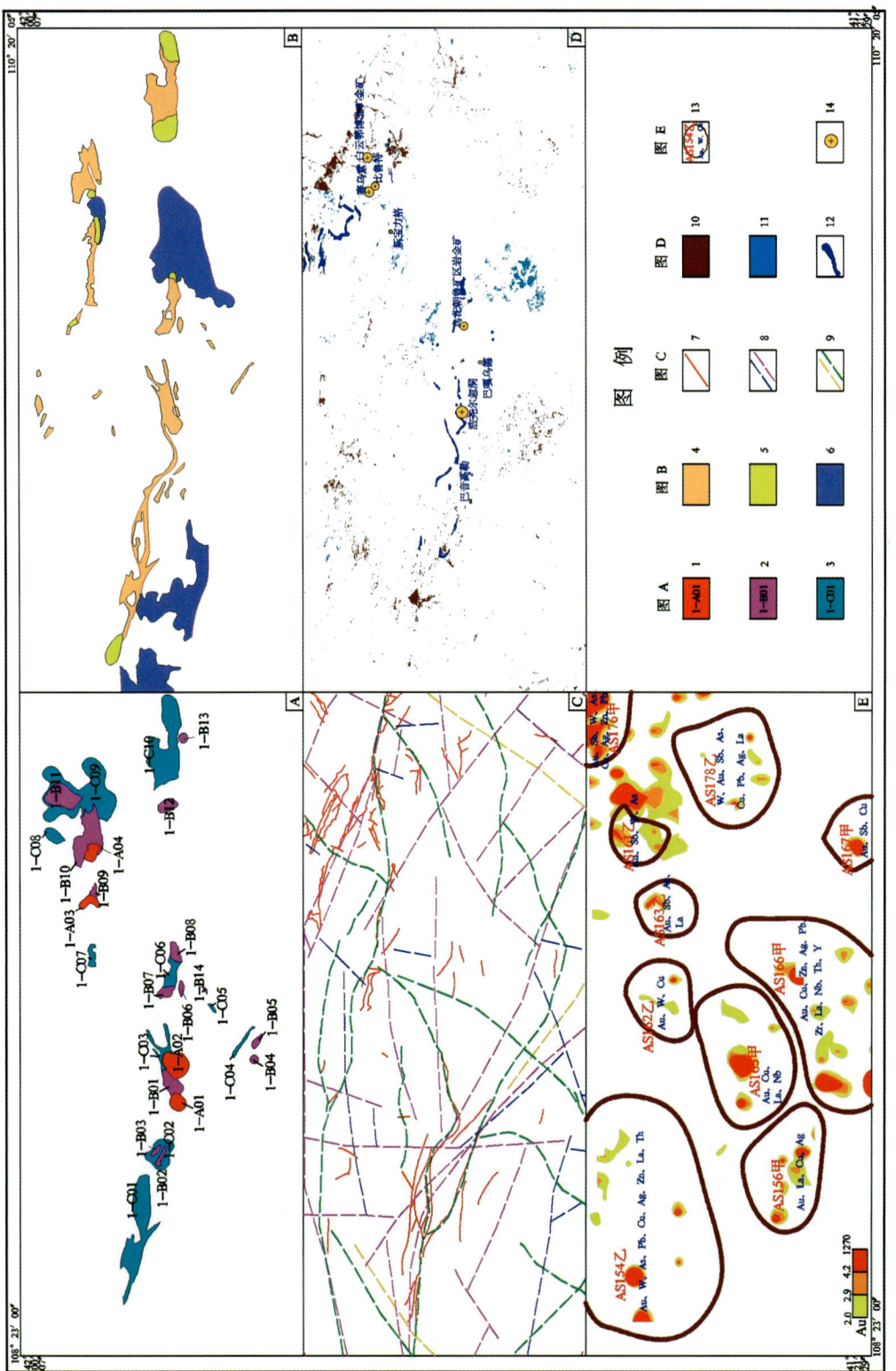

图 5-46 整装勘查区金矿预测区综合地质信息剖析图

A. 最小预测区分布图；B. 预测工作区赋矿地质体、揭盖及重力推测地质体、实测断裂分布图；C. 实测断裂、重力、磁法、化探、遥感推测断裂图；D. 蚀变带及遥感推测断裂图；E. 金元素异常、金化探组合异常分布图；1. A级最小预测区；2. B级最小预测区；3. C级最小预测区；4. 赋矿地质体（比鲁特组、哈拉霍疙特组）；5. 赋矿地质体揭盖区；6. 重力推断地质体；7. 实测断层；8. 重力/磁法推断断裂；9. 化探/遥感推断断裂；10. 轻基断断裂；11. 铁染异常区；12. 围岩蚀变带；13. 化探综合异常号及其编号；14. 金矿床（点）位置

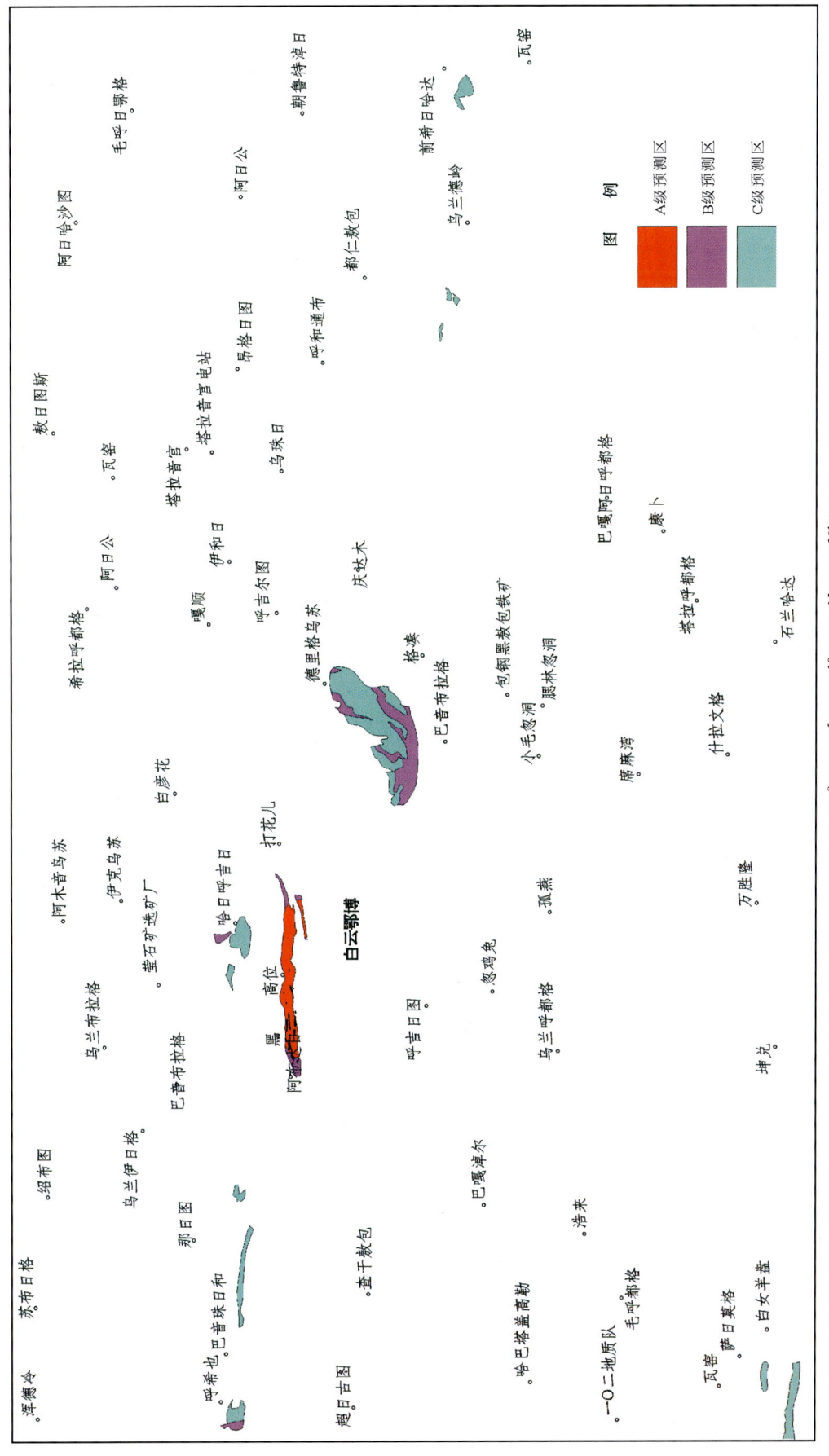

图 5-47 整装勘查铁矿最小预测区分布

(四)内蒙古自治区乌拉特后旗霍各乞地区铜多金属矿整装勘查

内蒙古自治区乌拉特后旗霍各乞地区铜多金属矿整装勘查是内蒙古自治区矿产勘查项目,工作位置:行政区划属内蒙古自治区巴彦淖尔市乌拉特后旗管辖。工作区面积为1240km^2。

目标任务:在霍各乞一号、三号矿床深部及外围进行矿产勘查,扩大矿床资源储量。在阿拉其图敖包、褐布敖包、莫若古、哈拉根等地区开展铜多金属矿勘查,探求新增资源储量。

预计投入工作量及经费:钻探40 000m,槽探20 000m^3,预计经费1.5亿元。

预期成果:预计提交资源储量铜金属量150×10^{4}t,铅锌金属量300×10^{4}t。

地质背景、成矿规律、矿产预测、重力、磁法、地球化学等各专题研究成果为该整装勘查区的选区研究提供了可靠的依据。

1. 勘查区特征

该区位于华北陆块北缘朱拉扎嘎-渣尔泰山成矿带狼山铜多金属成矿远景区北东部。区内已发现赋存于渣尔泰山群的霍各乞大型铜多金属矿床及众多铜、铅锌矿(化)点。该区是寻找喷流沉积型铜多金属矿床的有利地区。

目前,霍各乞大型铜多金属矿床累计查明资源储量:铜金属量92.71×10^{4}t,锌金属量129×10^{4}t,铅金属量129×10^{4}t。

该区近几年实施了"内蒙古乌拉特后旗阿拉其图敖包铜矿普查""内蒙古乌拉特后旗褐布敖包铜多金属矿普查""内蒙古乌拉特后旗莫若古铜矿普查""乌拉特后旗哈拉根地区铜矿普查""乌拉特后旗霍各乞一号矿床外围铜矿勘探""乌拉特后旗霍各乞三号矿床外围铜矿勘探"等勘查项目,已发现了多处矿产地,其中一个矿区初步控制资源量(332+333)铜金属量近30×10^{4}t,另一个矿区初步控制资源量(332+333)铜金属量近20×10^{4}t。其他勘查区也取得了新的进展。由此可见,该区域铜、铅锌具有良好的找矿潜力。

2. 地球化学特征

根据勘查区内矿产分布特征,选取霍各乞铜多金属矿为典型矿床,建立了沉积型铜矿地球化学找矿模型,指出中-新元古界渣尔泰山群阿古鲁沟组为区内主要赋矿地层,该地层中的碳质板岩、碳质千枚岩、碳质条带状石英岩、含碳石英岩、黑色石英岩及透闪石岩、透辉石岩及其相互过渡岩类(原岩为泥灰岩),是铜、铅、锌矿床的赋存层位;岩浆活动以加里东期和海西期最为强烈;断裂和裂隙构造十分发育,成矿期断裂-深断裂是控矿构造;反映典型矿床矿化信息的元素组合(Cu、Pb、Zn、Ag、Mo、Sn)是圈定区内铜多金属预测靶区的良好指示剂。

潜力评价项目完成全区铜定量预测之后,课题组对资源量估算方法进行总结,以典型矿床找矿模型为基础,在成矿有利部位圈定铜预测靶区11个,铅锌预测靶区15个(图5-48),预测铜资源量258.702×10^{4}t,铅资源量497.565×10^{4}t,锌资源量269.567×10^{4}t,为勘查区内铜、铅锌矿产资源潜力评价提供了有力依据。

3. 预测资源量

(1)霍各乞矿田深部及外围找矿潜力。

在霍各乞大型铜多金属矿田,2004—2007年进行深部勘查,探求新增资源储量铜金属量52×10^{4}t(1400m标高以上10×10^{4}t,1400m标高以下42×10^{4}t),平均品位Cu 0.95%;新增铅+锌金属量102×10^{4}t,平均品位Pb 1.04%,Zn 1.32%。截至2011年底,累计查明资源储量铜金属量124.59×10^{4}t,锌+铅金属量291×10^{4}t,铁矿石资源量4517×10^{4}t。

霍各乞大型铜多金属矿田各剖面深部矿体仍未尖灭,且厚度较大,深部(1000m标高以下)仍有找矿潜力,如霍各乞一号矿床13勘探线剖面图(图5-49)所示。如CuⅠ矿体,矿体厚度为19.83m,平均

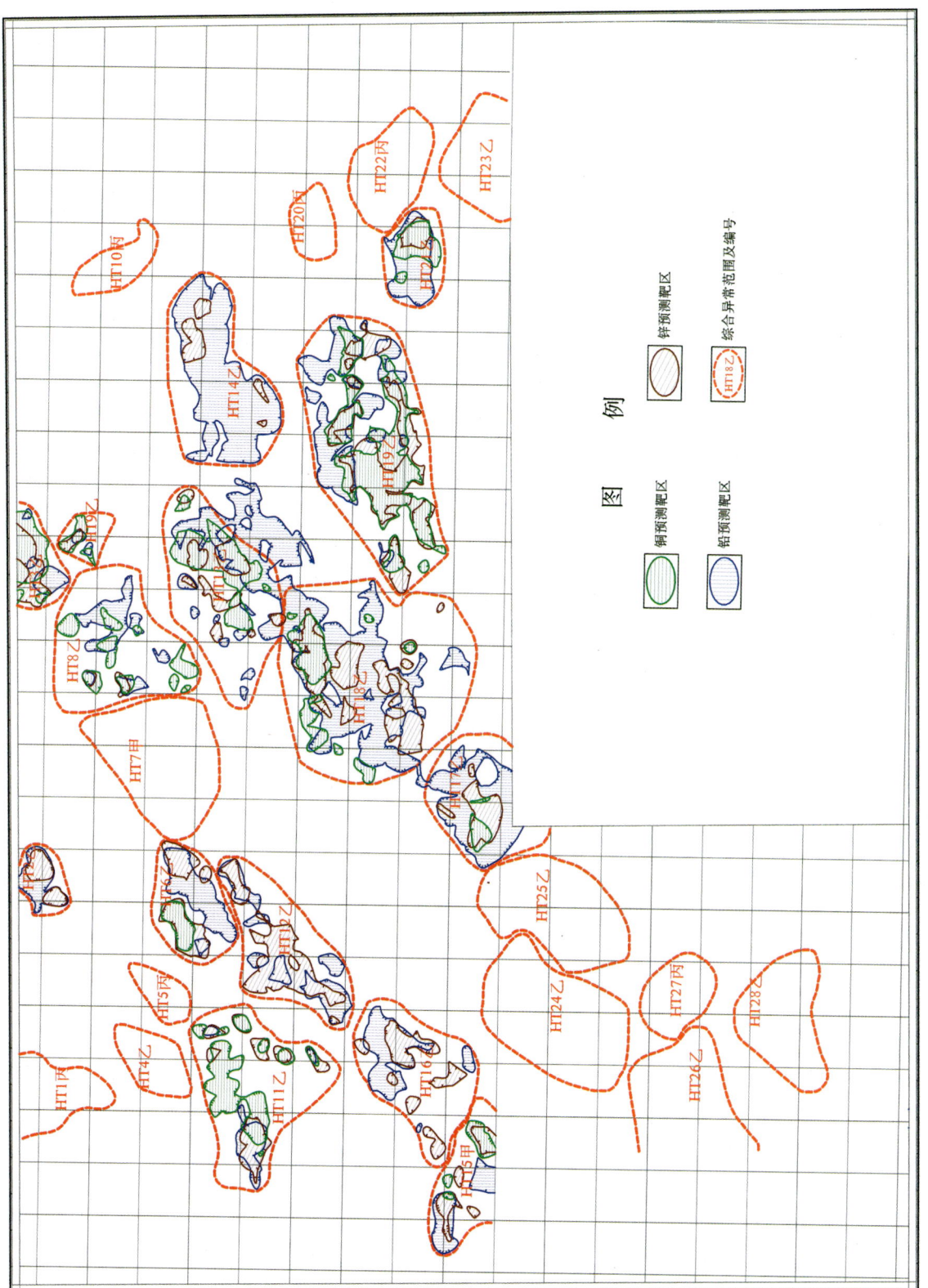

图 5-48 霍各乞铜多金属矿整装勘查区铜铅锌预测靶区分布示意图

品位 Cu 2.45%，深部矿体仍未尖灭。根据典型矿床研究成果，其深部及外围铜矿预测资源量为 148.89×10^{4}t(表 5-10)。

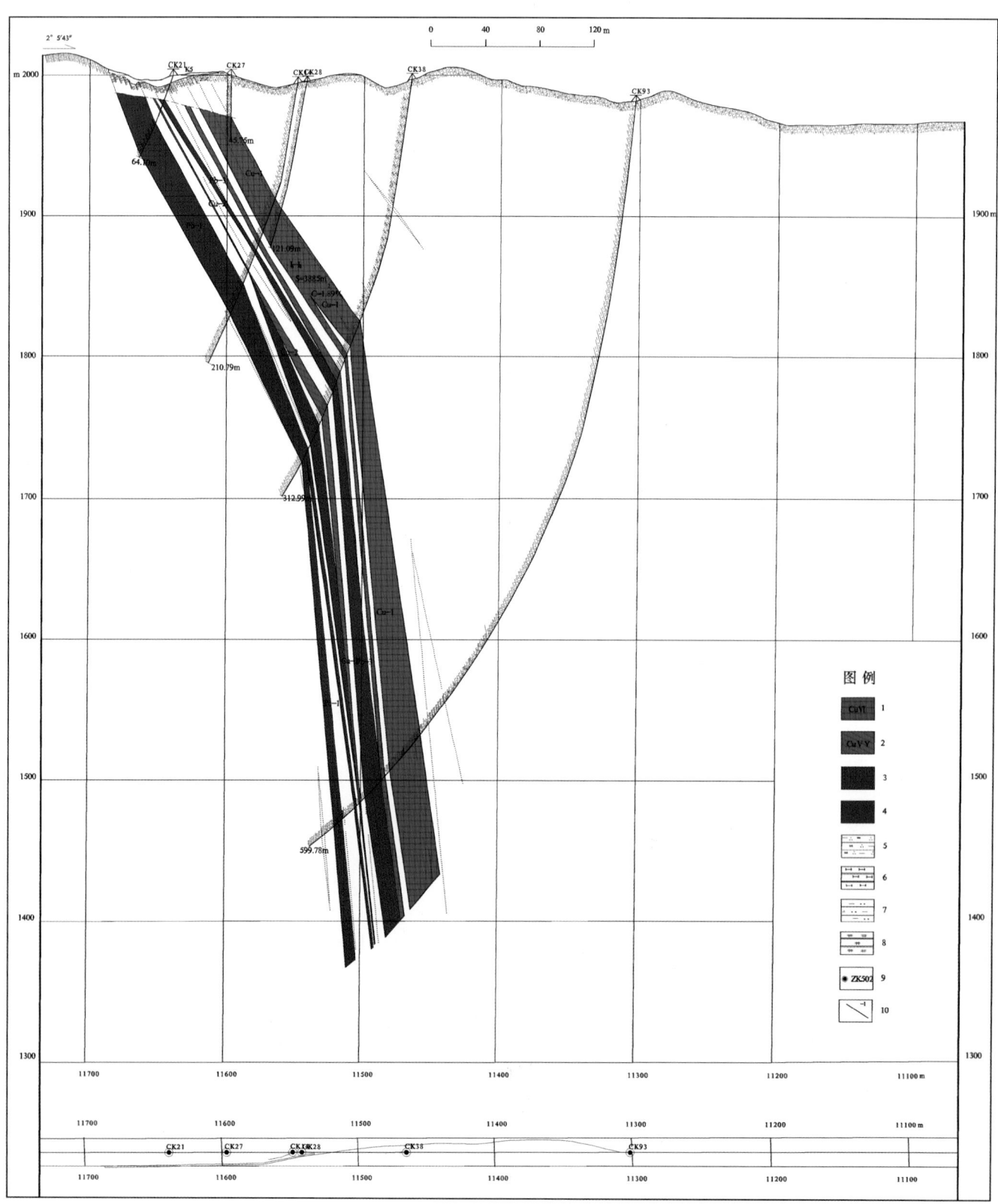

图 5-49 霍各乞铜多金属矿区一号矿床 5 号勘探线综合剖面图

表 5-10　乌拉特中旗预测工作区霍各乞沉积型铜矿深部和外围预测资源量表

编号	名称	经度	纬度	面积(m^2)	延深(m)	体积含矿率	预测资源量($×10^4$t)
1504101001	深部	E106°41′00″	N41°17′00″	1 137 197	590	0.001	107.351 397
	外围			210 233	1235	0.001	41.542 041

(2)根据内蒙古自治区矿产资源潜力评价结果,整装勘查区内铜矿最小预测区为6个,其中A级2个,B级1个,C级3个(表5-11)。

表 5-11　霍各乞整装勘查区铜矿预测资源量表

序号	最小预测区编号	最小预测区名称	资源量($×10^4$t)
1	A1504101001	霍各乞	50.1788
2	A1504101002	乌布其力	66.447 36
3	B1504101001	嘎顺	55.673 73
4	C1504101001	宗恩哈尔陶勒盖东	39.024 72
5	C1504101002	乌苏台南	1.533 168
6	C1504101003	哈善牙台音高勒	7.234 164
	合计		220.091 942

(3)铅锌矿最小预测区为2个,其中A级1个,B级1个(表5-12)。

表 5-12　霍各乞整装勘查区铅锌矿预测资源量表

序号	最小预测区编号	最小预测区名称	资源量($×10^4$t)		
			Pb	Zn	Pb+Zn
1	A1506101002	乌尔图	70.6118	72.4157	143.0275
2	B1506101004	乌布其力	4.4160	25.8509	30.2669
	合计		75.0278	98.2666	173.2944

(4)铁矿最小预测区为19个,其中A级2个,B级4个,C级13个(表5-13)。

从勘查区资源潜力评价结果分析,其中铜潜在资源量可达$220×10^4$t以上,铅锌可达$170×10^4$t以上(预测范围较小),铁可达$3×10^8$t以上,找矿潜力巨大。

(五)在内蒙古自治区地质资料信息服务集群化产业化工作中的应用

2011年《国土资源部关于支持内蒙古经济社会发展有关措施的通知》(国土资发〔2011〕169号)中,明确提出"在技术资金等方面支持内蒙古实施地质资料信息服务集群化产业化项目和实施地质资料库项目建设""将内蒙古地质勘查工作纳入找矿突破战略行动,支持内蒙古重要矿产资源勘查开发"等重要措施。

表 5-13 霍各乞整装勘查区铁矿预测资源量表

序号	预测区编号	预测区名称	预测区资源量($\times 10^4$ t)
1	A1501102001	2051高程点的北	6154
2	A1501102002	西补隆嘎查西	16 679
3	B1501102001	2031高程点的北	3670
4	B1501102002	欧布乞南	2903
5	B1501102009	2162高程点北	368
6	B1501102011	1141高程点西南	817
7	C1501102001	阿尔珠斯朗东西部	78
8	C1501102002	欧布乞东北部	248
9	C1501102003	欧布乞西南	13
10	C1501102004	布拉格西南	16
11	C1501102005	布拉格西南	74
12	C1501102008	阿尔珠斯朗东东部	9
13	C1501102010	欧布乞东北部	25
14	C1501102011	布拉格北	116
15	C1501102012	2287高程点的西	188
16	C1501102013	1141高程点西南	30
17	C1501102014	1141高程点南	867
18	C1501102015	1141高程点西南	18
19	C1501102019	1141高程点西南	70
		合计	32 343

总体工作思路以本区整装勘查区的信息集群化为内容，利用现代信息技术平台为手段，充分挖掘地质、物探、化探、遥感、矿产、钻孔等地质成果信息，整合共享服务内容，研制起点高、功能强、切实可行的数据集群化、产业化平台。实现历史数据、当前数据和未来数据一体化动态海量数据管理，完整覆盖低质介质、实物地质资料和电子介质数据，构造多级、分布式信息服务集群化框架，提高地质资料共享服务程度，发挥好地质资料的社会与经济效益，为全区找矿突破战略行动和经济社会发展提供地质信息支撑。

该项目主要应用了内蒙古自治区矿产资源潜力评价白云鄂博地区、东乌旗整装勘查区、哈达门沟整装勘查区涉及的矿区资料、区域基础地质、矿产、地球物理化学、遥感、潜力评价预测成果等相关数据资料。

二、在找矿突破战略行动中的应用

(一)单矿种资源潜力评价成果在找矿突破战略行动中的应用

1. 铁矿

1)内蒙古航磁异常查证选区资源潜力评价资料应用情况

在内蒙古航磁异常查证项目中地质背景、重力、航磁、成矿规律、矿产预测等资料应用于成矿地质背景、成矿规律研究等各方面,为项目的选区、立项、实施提供了基础资料及选区依据。

内蒙古自治区库伦旗C-73-646航磁异常查证、内蒙古自治区奈曼旗C-2010-272、73-604航磁异常查证两个项目已列为内蒙古自治区地质勘查基金中心2014年项目,项目经费237.03万元。

(1)内蒙古自治区库伦旗C-73-646航磁异常查证。

该异常位于库伦旗水泉乡乔家梁,面积73.1km²。

拐点坐标:E121.2000°,N42.3612°;E121.2000°,N42.4000°;E121.2736°,N42.4000°;E121.2736°,N42.3612°。

异常中西段出露侏罗系义县组玄武岩、安山岩、角砾岩夹凝灰页岩。东段沿下石炭统(C_1)砂岩、砾岩与北侧志留系西别河组大理岩、板岩、变质砂岩接触界线展布。异常中心发现铁矿点(图5-50)。

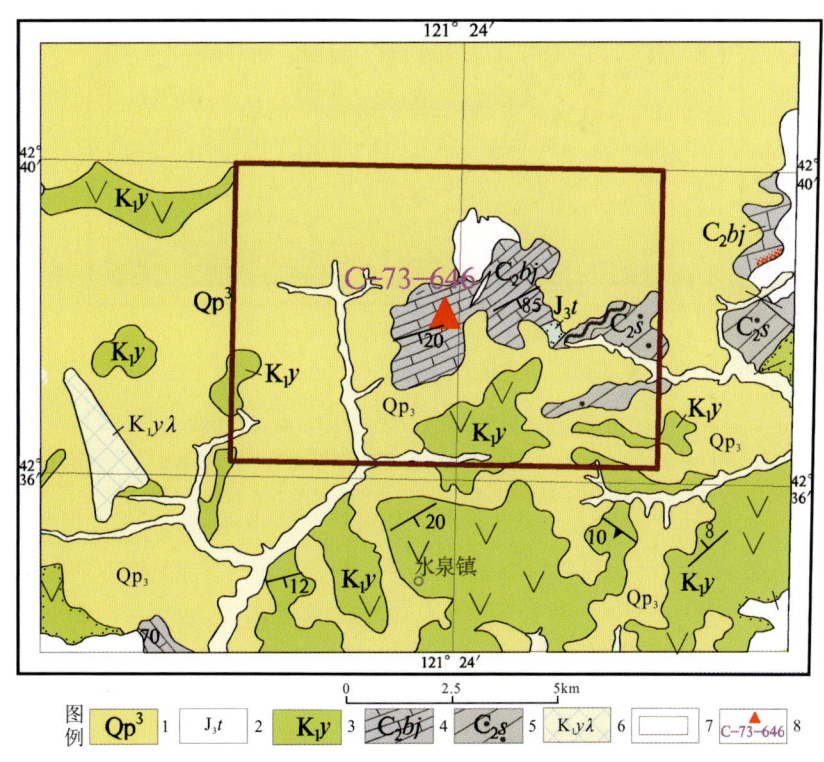

图5-50 航磁C-73-646号异常地质图

1.灰黄色砂砾、细砂及含砂黏土;2.下白垩统义县组;3.吐呼噜组;4.上石炭统白家店组;5.上石炭统石咀子组;6.下白垩统义县组流纹岩;7.航磁工作区范围;8.航磁异常编号

航磁异常反映宽峰状强磁异常,形态不甚规则,走向近东西向,长5km,宽2.2km,强度为510~950nT。

推断该异常为磁铁矿引起,建议开展地质工作。

预期成果:提交可供进一步勘查的铁多金属矿产地1处。

(2)内蒙古自治区奈曼旗C-73-611航磁异常查证。

该异常位于奈曼旗青龙山镇古庙子北,面积12.5km²。

拐点坐标:E120.5732°,N42.2530°;E120.5732°,N42.2330°;E121.0000°,N42.2330°;E121.0000°,N42.2530°。

异常大部分被第四系覆盖,出露侏罗系义县组玄武岩、安山岩、角砾岩夹凝灰页岩、安山集块岩等。东段东西向断裂带中有铜矿化点。北侧有铁矿点(图5-51)。

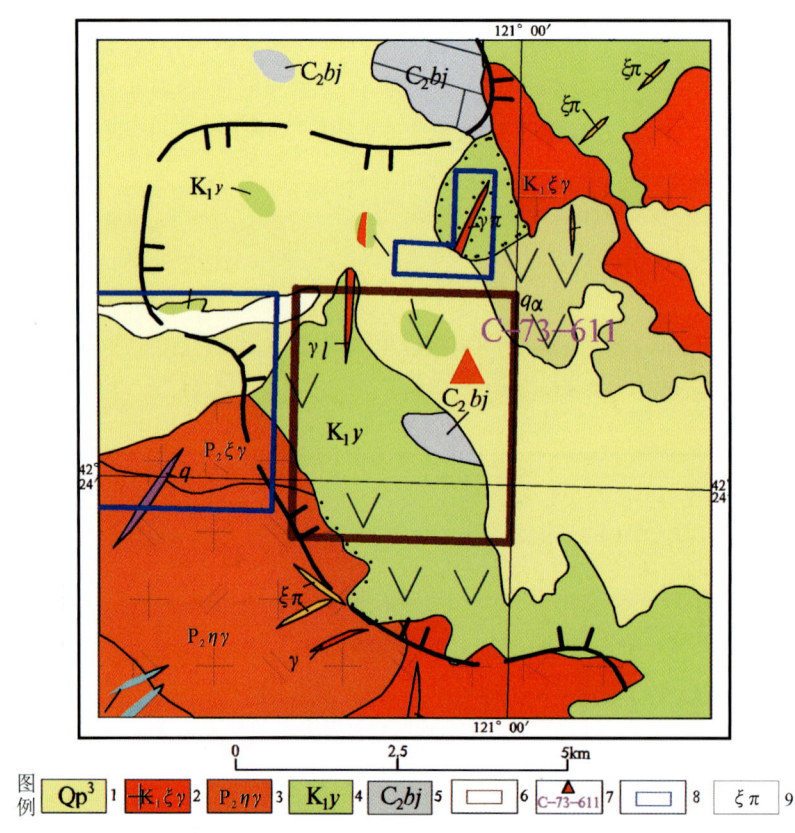

图5-51 航磁C-73-611号异常地质图

1.灰黄色砂砾、细砂含砂黏土;2.早白垩世正长花岗岩;3.中二叠世二长花岗岩;4.下白垩统义县组;
5.上石炭统百家店组;6.航磁工作区范围;7.航磁异常编号;8.已有探矿权;9.岩脉

航磁异常反映负磁场中升高的尖峰状强磁异常带,北侧伴有负异常,走向南东东向,长5.6km,宽1.0~1.5km,强度一般480~1060nT,最高1320nT,北侧负值强度-700~-270nT。

推断该异常为磁铁矿物相对富集引起,建议开展地质工作。

预期成果:提交可供进一步勘查的铁多金属矿产地1处。

(3)内蒙古自治区库伦旗C-2010-261航磁异常查证。

该异常位于库伦旗格尔林南东1km,面积82.25km²。

拐点坐标:E121.1916°,N42.2444°;E121.1916°,N42.2820°;E121.2100°,N42.2820°;E121.2100°,N42.2939°;E121.2930°,N42.2939°;E121.2930°,N42.2810°;E121.2018°,N42.2444°。

异常大部分位于海西晚期花岗岩(γ_4^{3-2})中,北部被第四系覆盖,南侧出露太古宇大营子组片麻岩夹片岩、大理岩、磁铁石英岩(图5-52)。

航磁异常反映南边部正负磁场交界处北侧正磁场中升高的低缓异常区,顶部叠加小峰,走向近东西向,范围为4.6km×1.6km,强度150~250nT。

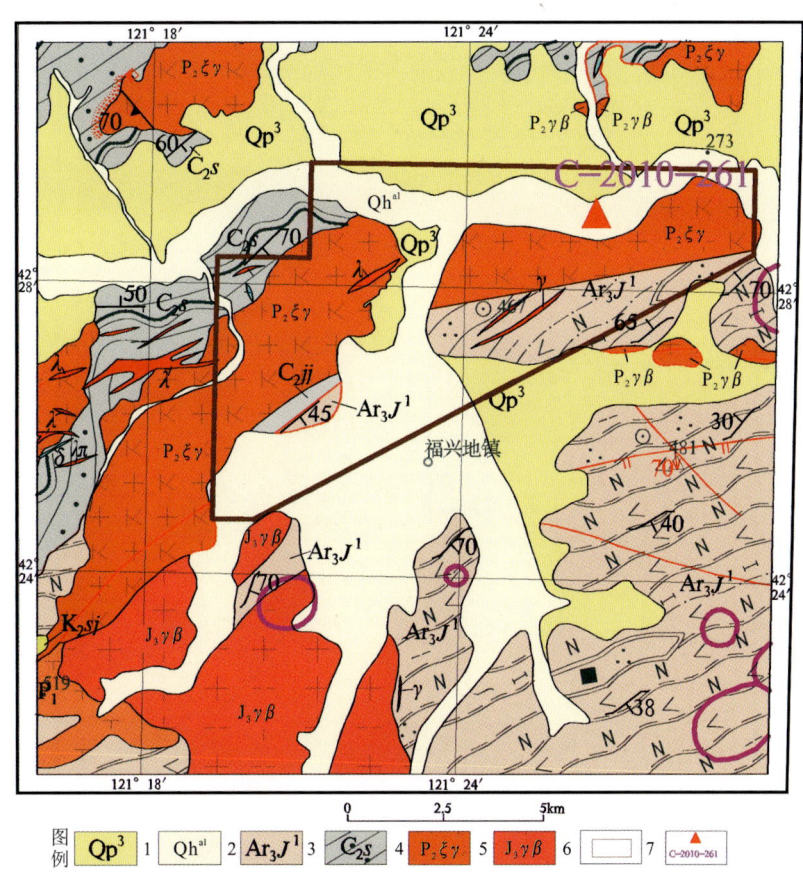

图 5-52 航磁 C-2010-261 号异常地质图

1.灰黄色砂砾、细砂及含砂黏土;2.灰黄色冲积砂砾;3.新太古界集宁岩群;4.上石炭统石咀子组;5.中二叠世正长花岗岩;6.晚侏罗世黑云母花岗岩;7.航磁工作区范围;8.航磁异常编号

推断为蚀变带中磁铁矿化富集引起,建议开展地质工作。

预期成果:提交可供进一步勘查的铁多金属矿产地 1 处。

(4)内蒙古自治区奈曼旗 C-2010-272、73-604 航磁异常查证。

Ⅰ区位于奈曼旗土城子乡平顶山北 1.5km,异常编号 C-73-604,面积 6.2km²。

拐点坐标:E120.5016°,N42.1857°;E120.5016°,N42.1947°;E120.5312°,N42.1946°;E120.5311°,N42.1856°。

异常位于海西晚期斜长、二长花岗岩体(γ_4^{3b})中,中心出露闪长岩(δ_4^{3a})小岩体。负磁场中升高的尖峰状异常,走向南东东向,长 3.6km,宽 0.6~0.8km,中心强度 820nT,西段北侧伴有负异常,强度 -200nT,推断为闪长岩引起,建议地检。

Ⅱ区位于奈曼旗吉台营子南 1.6km,异常编号 C-2010-272,面积 3.6km²。

拐点坐标:E120.5340°,N42.1645°;E120.5340°,N42.1756°;E120.5453°,N42.1756°;E120.5453°,N42.1645°。

异常区大部分被第四系覆盖,零星出露太古宇下岩段混合岩化片麻岩夹角闪岩、磁铁石英岩(Ara^1),西侧出露侏罗系九佛堂组砾岩、砂岩、页岩夹油页岩(J_3jf),二者为断裂接触。前人做过 1:1 万面积性地磁测量,ΔZ 异常较平缓,强度 1000nT 左右,见黑云母角闪片麻岩、黑云母斜长片麻岩等(图5-53)。

航磁异常反映负磁场中升高的低缓异常,局部叠加小峰,走向北北东向,长 3km,宽 1.4km,中心强度 400nT,西侧负值强度 -250nT,东侧负值强度 -190~-80nT。

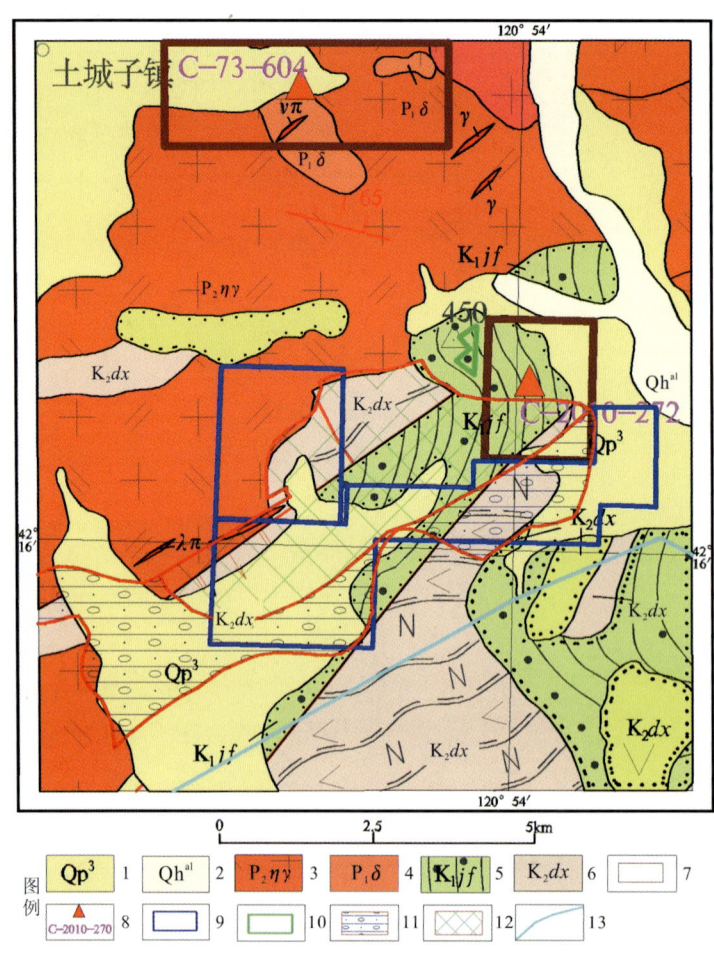

图 5-53 航磁 C-2010-272、73-604 异常地质图

1.灰黄色砂砾、细砂及含砂黏土；2.灰黄色冲积砂砾；3.中二叠世二长花岗岩；4.早二叠世闪长岩；5.下白垩统九佛堂组；6.上白垩统大磨拐河组；7.航磁工作区范围；8.航磁异常编号；9.已有探矿权；10.已有采矿权；11.铁矿 C 类最小预测区；12.铁矿 B 类最小预测区；13.铁矿预测工作区边界

推断为磁铁石英岩引起，建议进一步工作。

矿产资源潜力评价成果：包含铁矿 B 类最小预测区 1 个，预测资源量 $288.858\times10^4 t$；C 类最小预测区 1 个，预测资源量 $25.120\times10^4 t$。

预期成果：提交可供进一步勘查的铁多金属矿产地 1～2 处。

(5)内蒙古自治区奈曼旗 C-2010-276 航磁异常查证。

该异常位于奈曼旗鸡冠山，面积 $23.2 km^2$。

拐点坐标：E120.5900°，N42.1725°；E120.5900°，N42.2000°；E121.0232°，N42.2000°；E121.0232°，N42.1725°。

异常北西段沿海西晚期花岗岩（γ_4^{3-2}）与北侧燕山早期闪长玢岩及辉石闪长岩（δ_5^{2-1}）的接触带展布；南东段沿花岗岩与北东侧的石炭系后房身沟组（C_1h）砾岩、变质砂岩、生物碎屑岩的接触带展布，地层中有北西向断裂通过。异常中心处在 3 种岩石交会处（图 5-54）。

航磁异常反映平缓正磁高背景（100nT）场东缘升高的低缓异常，局部叠加小峰，走向南东向，长 2km，宽 1km，中心强度 410nT。

推断为接触带磁铁矿富集引起，建议进一步工作。

矿产资源潜力评价成果：包含铁矿 B 类最小预测区 1 个，预测资源量 $95.356\times10^4 t$。

预期成果：提交可供进一步勘查的铁多金属矿产地 1 处。

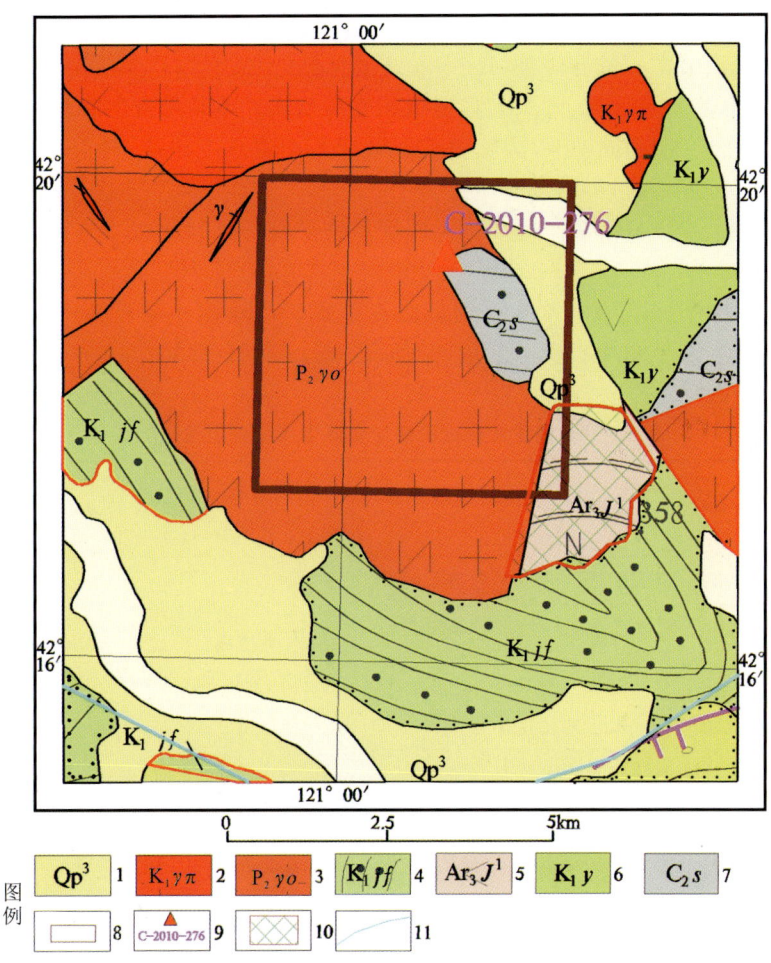

图 5-54 航磁 C-2010-276 号异常地质图

1.灰黄色砂砾、细砂及含砂黏土;2.早白垩世花岗斑岩;3.二叠纪斜长花岗岩;4.下白垩统九佛堂组;5.新太古界集宁岩群;6.下白垩统义县组;7.上石炭统石咀子组;8.航磁工作区范围;9.航磁异常编号;10.铁矿B类最小预测区;11.铁矿预测工作区边界

2)内蒙古自治区整装勘查选区资源潜力评价资料应用情况

在内蒙古矿产资源潜力评价铁矿成果基础上,开展了内蒙古自治区整装勘查选区工作,利用成矿地质背景、典型矿床、预测工作区、全区成矿规律研究成果选择主要铁矿成矿带,利用磁性体积法、矿床模型地质体积法预测成果确定新增预测资源量,进而确定了找矿方向。以区内矿床规模大、有找矿潜力的沉积变质型、喷流-沉积型铁矿为主攻矿床类型,兼顾火山沉积变质型、火山热液型和矽卡岩型矿床类型,以华北地台北缘成矿带(Ⅱ级)中段,大兴安岭成矿带(Ⅱ级)铁矿找矿远景区为主攻区段,在加大航磁异常查证力度的基础上,加强隐伏矿和深部矿勘查,开展铁矿预查、普查工作。同时围绕北山地区黑鹰山-碧玉山火山热液型铁矿找矿远景区、锡林郭勒盟地区白云敖包-温都尔庙找矿远景和卡巴-红格尔庙铁矿找矿远景区等,开展富铁矿和新区找矿,形成新的铁矿资源基地。

(1)整装勘查。

选择乌拉山-大青山成矿带(Ⅲ级)色尔腾山找矿远景区为自治区申报铁矿整装勘查选区,进行整装勘查,以实现铁矿找矿新突破,预期新增铁矿石资源储量$(2\sim3)\times10^8$t。

在内蒙古白云鄂博铁-铌-稀土矿整装勘查区,选择白云鄂博铁铌稀土矿区及外围作为重点勘查区,在铌、稀土勘查过程中,以太古宙沉积变质型铁矿和元古宙喷流-沉积型铁矿为主攻矿床类型,对铁矿进行综合勘查,探求铁矿资源储量,预期新增铁矿石资源储量$(1.5\sim2)\times10^8$t。

在内蒙古阿拉善右旗扎木敖包-特拜锌-铁-石墨-金多金属整装勘查区,对铁矿进行综合勘查,探求铁矿资源储量,预期新增铁矿石资源储量$(1.5\sim2)\times10^8$t。

选择色尔腾山地区为重点区域,开展太古宙沉积变质型铁矿整装勘查。在整装勘查区内,确定书记沟-西斗铺、东五分子-公义明和固阳-下湿壕找矿远景区3个重点工作区,开展航磁异常查证及铁矿勘查工作,根据工作进展情况适时评估,及时调整。

预期成果:新发现大中型以上矿产地5~8处,新增铁矿石资源储量$(2.8\sim3.8)\times10^8$t。

(2)重点勘查。

2011—2015年,对近期新发现重要矿产地或已有重要矿产地的外围开展铁矿普查,预期新发现中型以上矿产地8~10处,新增铁矿石资源储量$(3\sim5)\times10^8$t(表5-14)。

表5-14 内蒙古自治区铁矿资源重点勘查项目一览表

序号	项目编号	项目名称	所属Ⅲ级成矿带	主攻矿床类型	面积(km^2)	预期成果($\times10^4$t)
1	B001	鄂温克族自治旗大牛圈地区铁矿普查	二连-东乌旗-梨子山-鄂伦春成矿带	矽卡岩型铁矿	69.8	1500
2	B002	鄂温克族自治旗1650高地地区铁矿普查			56.25	800
3	B003	阿尔山市苏呼和地区铁矿普查				
4	B004	东乌珠穆沁旗查干敖包地区铁矿普查			364.5	53 800
5	B019	鄂温克族自治旗塔尔其地区铁矿普查			236	1200
6	B027	扎赉特旗神山地区铁矿普查	突泉-林西成矿带	矽卡岩型、热液型铁矿	90.9	600
7	B028	科尔沁右翼前旗马鞍山地区铁矿普查			75.4	500
8	B005	苏尼特左旗莎如拉塔拉地区铁矿普查	乌力吉-锡林浩特成矿带	海相火山岩型铁矿	247.5	2058
9	B006	苏尼特左旗白音敖包—包日罕地区铁矿普查			625.5	9000
10	B007	苏尼特左旗奔克呼都格地区铁矿普查			139.5	1600
11	B008	苏尼特右旗哈尔哈达地区铁矿普查			110	13 000
12	B009	达茂旗必流图地区铁矿普查	白云鄂博-宝昌成矿带	白云鄂博式	18	5800
13	B010	达茂旗种羊场地区铁矿普查		沉积变质型	58	3800
14	B011	达茂旗高腰海地区铁矿普查			17	500
15	B018	达茂旗百灵庙地区铁矿普查		风化淋滤型	58.5	800
16	B023	喀喇沁旗大营子地区铁矿普查		沉积变质型、矽卡岩型	69.8	6200
17	B024	喀喇沁旗老府镇地区铁矿普查			36	1600
18	B025	宁城县曲家梁地区铁矿普查			83	3500
19	B013	乌拉特中旗—固阳县书记沟地区铁矿普查	朱拉扎嘎-渣尔泰山成矿带	沉积变质型	139.5	5000
20	B017	阿拉善左旗沙拉西别地区铁矿普查			463.5	7600
21	B012	武川县下岗岗地区铁矿普查	乌拉山-大青山成矿带	沉积变质型	13.5	1200
22	B014	包头市王成沟地区铁矿普查			29.2	600
23	B015	武川县—土默特左旗大南洼地区铁矿普查			186.8	815
24	B016	乌拉特前旗额尔登布拉格—包头地区铁矿普查			463.5	10 000
25	B026	包头市石拐区叶贝沟地区铁矿普查			108	2400

(3)重点找矿远景区勘查。

2011—2015年,在划定的找矿远景区内,对全国矿产资源潜力评价优选区和圈定的重点航磁异常,开展航磁异常查证、找矿靶区铁矿预查及铁矿普查,预期新发现中型以上矿产地5～8处,新增铁矿石资源储量$(2～3)×10^8$t(表5-15)。

表5-15 内蒙古自治区铁矿重要找矿远景区一览表

序号	重要找矿远景区名称	主攻矿床类型	所属Ⅲ级成矿带	预期成果	
				矿产地(处)	铁矿石资源储量($×10^4$t)
1	巴彦乌拉山-叠布斯格找矿远景区	太古宙沉积变质型	朱拉扎嘎-渣尔泰山成矿带	大中型1～2	5000
2	三合明铁矿找矿远景区		白云鄂博-宝昌成矿带	大中型2～3	8000～10 000
3	乌拉山西段铁矿找矿远景区		乌拉山-大青山成矿带	2～3	5000～8000
4	乌拉山中段铁矿找矿远景区			2～3	5000～8000
5	黑鹰山-碧玉山找矿远景区	晚古生代(层控)海相火山热液型	额济纳旗-雅干成矿带	1～2	5000
6	查干敖包-朝不楞铁矿找矿远景区	矽卡岩型	二连-东乌旗-梨子山-鄂伦春成矿带	1～2	5000
7	罕达盖-梨子山铁矿找矿远景区			1～2	5000～8000
8	神山-马鞍山找矿远景区		突泉-林西成矿带	2～3	5000
9	黄岗及外围找矿远景区			1～2	5000
10	乌兰赤老-马脑沟找矿远景区	太古宙沉积变质型	白云鄂博-宝昌成矿带	1～2	2000～3000
11	乌拉山东段铁矿找矿远景区		乌拉山-大青山成矿带	1～2	5000～8000
12	白云敖包-温都尔庙找矿远景区	中新元古代海相火山沉积变质型	乌力吉-锡林浩特成矿带	1～2	5000
13	卡巴-红格尔庙铁矿找矿远景区			1～2	5000

2016—2020年,根据"十二五"期间铁矿勘查取得的成果,内蒙古自治区铁矿找矿的主要工作内容是,在继续进行航磁异常查证、铁矿预查的基础上,加大铁矿普查评价力度,为商业性矿产勘查提供一批勘查基地,预期提交新发现大中型铁矿产地8～10处,提交新增铁矿资源储量$(6～8)×10^8$t,能够为2020—2030年期间国家和内蒙古自治区钢铁、冶金工业发展提供铁矿资源保障。

2. 铜矿

以斑岩型铜矿为主攻类型,兼顾喷流沉积型、热液脉型、矽卡岩型、火山岩-次火山岩型和海相火山岩型矿床类型,在大兴安岭成矿带(Ⅱ级)、天山-北山成矿带(Ⅱ级)东段和华北地台北缘成矿带(Ⅱ级)中段,在加大异常查证力度的基础上,加强大中型矿山深部矿和外围勘查,加大隐伏矿勘查,尽快实现找矿突破,形成新的资源基地。

1)整装勘查

选择突泉-林西成矿带(Ⅲ级)罕山林场、华北陆块北缘朱拉扎嘎-渣尔泰山成矿带(Ⅲ级)霍格气矿集区、乌力吉-锡林浩特成矿带(Ⅲ级)白乃庙矿集区、克克齐-查干哈达庙矿集区和二连-东乌旗-梨子山-鄂伦春成矿带(Ⅲ级)、巴日图-罕达盖矿集区及额济纳旗-雅干成矿带(Ⅲ级)、高石山-小狐狸山矿集区作为内蒙古自治区申报铜多金属矿整装勘查选区,开展铜多金属矿整装勘查,以实现铜矿找矿新突破。预期提交新增铜资源储量$(300\sim500)\times10^4$t。

(1)内蒙古自治区扎鲁特旗罕山林场铜多金属矿整装勘查区。

工作位置:行政区划属内蒙古自治区扎鲁特旗管辖,位于扎鲁特旗(鲁北镇)北西140km,工作区面积为1800km^2。

工作依据:该区位于突泉-林西成矿带(Ⅲ级)东段。内蒙古自治区有色地质勘查局在该区开展的扎鲁特旗罕山林场铜矿普查项目取得了重大突破。

2008—2009年内蒙古自治区有色地质勘查局七队开展了1:1万地质、化探和激电扫面工作,圈定出3处规模较大的综合异常。2010年仅对C异常进行异常查证,经过地表槽探揭露圈出Ⅰ、Ⅱ两个矿带,矿带长1000~1300m,宽500~700m。通过进一步钻探深部控制,共圈出铜、锡、银工业矿体26条。矿体长200~1100m,宽2.0~17.0m,目前控制最大斜深500m。平均品位Cu 0.75%~2.98%(最高10.72%);Sn 0.71%~2.84%(最高8.30%);Ag $125.0\times10^{-6}\sim435.52\times10^{-6}$(最高$3091.0\times10^{-6}$),还伴生Pb、Zn、Au等有益元素。矿体主要呈北西向分布,赋存于上侏罗统满克头鄂博组中酸性火山碎屑岩中。初步认为是与火山热液有关的火山-次火山热液型矿床。

初步估算铜金属资源量50×10^4t,锡金属资源量达8×10^4t,银金属资源量1200t,铜、锡、银为共生矿体,而且品位较富,铜、锡、银金属量均达到大型规模。预测铜金属量将达到100×10^4t。

目前,A、B异常还没有进行查证。A异常分布中部,长大于3000m,宽800~1000m;B异常分布在西南端,长大于1500m,宽1000~3000m。上述两个异常地表植被发育,覆盖较厚,依据已知见矿的C异常推测,A、B两个均应为矿致异常,异常均由矿体引起。

由此可以推断,该区找矿潜力巨大,有可能成为一个特大型铜多金属区。

目标任务:在罕山林场进行矿产勘查,施工钻探工程,对矿体沿走向及倾向进行控制,扩大矿床规模,探求资源储量;在A、B异常进行异常查证及钻探工程验证和控制,发现矿产地,探求资源储量。

预计投入工作量及经费:钻探40 000m,槽探20 000m^3,预计经费1.5亿元。

预期成果:预计提交资源储量铜金属量150×10^4t,银金属量2000t,锡金属量达20×10^4t。

(2)内蒙古自治区四子王旗白乃庙地区金铜多金属矿整装勘查。

工作位置:行政区划属内蒙古自治区乌兰察布市四子王旗白音朝克图镇管辖。工作区面积为1780km^2。

工作依据:该区位于乌力吉-锡林浩特成矿带(Ⅲ级)东段。区内已发现白乃庙大型铜金矿床和别鲁乌图中型铜矿床2处、白乃庙小型金矿床1处。白乃庙铜矿断续分布在东西长10km,南北宽1.5km的狭长地带内,按矿床的产出部位与地层特征的不同,分南、北2个矿带12个矿段。南矿带产于白乃庙组第五岩段绿片岩中,由Ⅱ、Ⅲ、Ⅳ、Ⅴ、Ⅵ、Ⅶ、Ⅹ、Ⅺ共8个矿段组成,矿体呈似层状、透镜状等。北矿带产于第三岩段,包括Ⅷ、Ⅸ、Ⅻ、ⅩⅢ共4个矿段,围岩主要为变质花岗闪长斑岩,矿体形态特征与南矿带类似。该区有7个区域金异常,属于一个地球化学省。区域异常有围绕白乃庙小型金矿床及白乃庙铜矿伴生大型金矿床分布的趋势。部分区域金异常与白乃庙铜矿伴生大型金矿床的金异常特征相同,具有异常面积较大、逐步浓集趋势明显的特点,具有较大的找矿潜力。

2008年,内蒙古自治区政府投资开展"内蒙古自治区四子王旗白乃庙铜矿及外围铜金多金属矿普查",对白乃庙铜矿南矿带Ⅱ、Ⅲ、Ⅴ、Ⅵ矿段进行了深部钻探工程施工。初步估算新增推断的内蕴经济资源量(333)铜矿石量2077.64×10^4t,金属量94 557.62t,钼金属量2695.81t。经项目实施可以看出,矿体向深部延伸较大,见矿情况较好,因此在Ⅱ、Ⅲ、Ⅴ、Ⅵ矿段深部铜金矿仍有较大的找矿潜力。

区内黑拉胡少金矿普查是内蒙古自治区2004年首批地质矿产勘查项目之一,通过地表槽探工程揭露,在黑拉胡少发现一个长1600m,宽50~100m的金矿化带,带内见4个金矿体。由于投入的工作量少,本项目只做了地表工作,对矿体的延深没有控制,建议投入钻探工作对矿体的延深进行了解。

目标任务:在白乃庙铜金矿南矿带Ⅱ、Ⅲ、Ⅴ、Ⅵ矿段进行深部矿产勘查,施工深孔,控制矿体的深部延伸,扩大矿床资源储量。在矿产远景调查的基础上,白乃庙矿区外围开展铜金矿调查评价。在黑拉胡少地区开展金矿勘查工作;在别鲁乌图矿区深部及外围开展铜多金属矿勘查工作。

预计投入工作量及经费：钻探 40 000m，槽探 50 000m³，预计经费 1.5 亿元。

预期成果：预计提交资源储量铜金属量 50×10^4 t、金金属量 20t。

(3) 内蒙古自治区新巴尔虎左旗罕达盖—塔尔其地区铁铜钼多金属矿整装勘查区。

工作位置：行政区划隶属内蒙古自治区呼伦贝尔市新巴尔虎左旗及兴安盟阿尔山市管辖。地理坐标为：E119°07′47″—121°20′19″，N47°15′51″—48°14′14″。实际工作面积约 1800km²。

立项依据：该区属于西伯利亚板块南东部活动陆缘古生代岛弧火山活动带二连-东乌旗-梨子山-鄂伦春铁、锌、铅、铜成矿带，该区工作程度较低。近年来，在巴日图至罕达盖地区的找矿工作有所突破，自治区政府出资勘查项目中有新发现，商业性探矿权项目多有新进展。

罕达盖铁铜矿区主要在 C1、C2 高磁异常区做了详查。探获铁矿石资源量（332+333）为 205×10^4 t，铜金属量为 8200t。工作区内还有 13 个 1∶1 万磁异常未进行验证，尤其是与 C1、C2 高磁异常处于同一北东向磁异常带的 C3、C4、C10 异常。

陶来托银铅锌钼多金属矿区：目前发现了隐伏斑岩型钼矿，钼矿体累计厚度 100 余米，单层最大厚度 48.6m，平均品位 0.179%，初步预测钼资源量近 10×10^4 t，有望成为大型斑岩型钼矿。同时其外围仍有 50 多条银铅锌矿化蚀变带和十几处铜铅锌综合异常（部分异常经钻探验证见铅锌矿体）有待验证。

巴日图铜多金属矿区：已发现多处铜多金属矿（床）点，并有 1∶20 万化探异常存在，有待进一步工作。

二道河铅锌铜矿区：是近年来发现的具有较大资源潜力的矿区，2010 年对物化探异常进行地表槽探工程查证，发现铅锌银铜矿体 21 条，其中铅矿体 7 条，锌矿体 1 条，银矿体 3 条，铅锌银铜矿体 5 条，铅锌银矿体 3 条，铅铜矿体 2 条。赋矿地层主要为上侏罗统满克头鄂博组火山碎屑岩，岩性为流纹质凝灰岩、流纹岩、凝灰质砂岩等。其次含矿地层为中上奥陶统裸河组灰岩、变质砂岩和大理岩呈不等厚互层。矿体总体走向为北东向，倾向北西，局部为南东向，倾角 60°～75°。矿体水平厚度 5.30～138.50m。Pb 品位一般 1.3%～2.46%，最高 13.49%；Zn 品位 0.82%～5.09%，最高 21.56%；Ag 品位一般 59×10^{-6}～143.75×10^{-6}，最高 2083.82×10^{-6}；Cu 品位 0.22%～0.30%，最高 9.37%。虽然深部尚未进行工程控制，但从地表控制的矿体规模分析，矿床规模可达大型。

整装勘查区位于大兴安岭成矿带中段，已被划定为阿尔山-博克图重点工作区，地质背景复杂，成矿条件有利；基础地质工作基本完成，勘查地质工作程度较低。中央和自治区地勘资金逐年投入，社会资金关注度较高，适宜开展整装勘查工作。

目标任务：以矽卡岩型、斑岩型铁、铜、钼、铅锌矿为主攻矿床类型，在罕达盖铁铜矿区、巴日图铜多金属矿区及外围开展铜多金属矿勘查；在陶来托矿区及外围开展银铅锌、钼多金属矿勘查；在二道河矿区开展铅锌铜银矿勘查。

预计投入工作量及经费：钻探 80 000m，槽探 50 000m³，预计经费 3.5 亿元。

预期成果：提供中型铁铜矿产地 1 处，提供大型铜铅锌钼矿产地 2～3 处。预计提交资源量（333+334）铁矿石 2000×10^4 t，铜金属量 50×10^4 t，铅锌金属量 100×10^4 t，钼金属量 20×10^4 t。

(4) 内蒙古自治区达茂旗克克齐—查干哈达庙地区铜多金属矿整装勘查区。

工作位置：行政区划属内蒙古自治区包头市达茂旗管辖，工作区面积为 1980km²。

工作依据：该区位于乌力吉-锡林浩特成矿带（Ⅲ级）中段。出露地层主要为古生界石炭系、二叠系，中生界侏罗系、白垩系。其中石炭系为一套浅变质基性—酸性海相火山碎屑沉积岩建造，其丰度值一般为 Cu 37×10^{-6}～48×10^{-6}，Pb 10×10^{-6}～22×10^{-6}，Zn 70×10^{-6}，含量正高，是初始矿源层。

该区已发现克克齐铜矿、忽舍铁锰矿、哈尔陶勒盖铜矿、哈那铜矿、东道乌素铜矿、白音塔拉铜矿及查干哈达庙铜矿，形成一个长 100km、宽 20km 的成矿区带，规模巨大，矿化普遍，已探明有工业矿体存在。

查干哈达庙铜矿床：通过近年来的综合研究，确认查干哈达庙铜矿床属块状硫化物型（VMS 型）铜矿床。硫化物矿体产于石炭系本巴图组流纹质凝灰岩、凝灰质板岩岩层中。含矿岩系中有热液沉积岩-硅质岩、含铁硅质岩、碧玉岩、萤石-重晶石矿层。矿床含矿岩系具有"火山碎屑岩、硫化物矿体、含铁硅质岩"的"三位一体"特征。平面与剖面均显示,矿体呈层状、似层状、大透镜状,产状与岩层产状一致。矿石具有特征的条带状、层纹状构造及层状构造;矿石中主成矿元素为 Cu,伴生有益元素为 Au、S、Pb、Zn,且矿石 Cu 品位正高,属富铜矿石。查干哈达庙块状硫化物型(VMS 型)铜矿床的首次确认,为该区寻找古生代 VMS 型富铜矿床提供了例证。

克克齐铜矿区:已知矿体出露于矿区西部,铜矿化产于上石炭统本巴图组二岩段玄武岩中及与凝灰质板岩围岩接触带附近。矿体产状与地层产状一致,主体产状走向近东西向,倾向南,倾角 30°左右。目前控制隐伏铜矿体长 320m,矿体厚 1.5～5m,最厚 7m,控制延深 250m。矿石中 Cu 品位一般 5%～6%,最高 8.55%,最低 0.5%。硫化物含量普遍正高,硫平均品位 24.81%,最高 46.10%,最低 10.4%。与成矿有关的围岩蚀变主要为高岭土化、硅化、绿泥石化、碳酸盐化等。矿床具有块状硫化物型(VMS 型)铜矿床的特征。

综上所述,区内晚古生代海相火山岩地层中,块状硫化物型铜多金属矿具多期、多层位叠加成矿特点,找矿空间广阔,矿化信息丰富。该区地质工作程度低,是寻找大型隐伏铜多金属矿的有利地区。

目标任务:开展整装勘查区铜金矿调查评价。在查干哈达庙、克克齐等矿区进行深部和外围勘查,扩大矿床规模,探求新增资源储量。

预计投入工作量及经费:钻探 30 000m,槽探 30 000m³,预计经费 1 亿元。

预期成果:预计提交资源储量铜金属量 50×10^4 t,金金属量 20t。

(5)内蒙古自治区额济纳旗高石山-小狐狸山铜、金矿整装勘查区。

工作位置:工作区行政区划属内蒙古自治区额济纳旗赛汉桃来苏木管辖。地理坐标为:E99°55′28″—100°15′00″,N42°17′11″—42°30′05″。工作区面积为 478km²。

工作依据:工作区位于天山-北山成矿带(Ⅱ级)东段之额济纳旗-雅干成矿带(Ⅲ级)甜水井-乌珠尔嘎顺金、铜、钼成矿远景区东部。通过近年来艰苦工作,在北山成矿带东段取得了较好的找矿成果,尤其是国家紧缺矿种铜矿找矿,取得了突破性进展。

大调查工作在该区新发现了高石山铜金矿。2007—2009 年,内蒙古自治区地质调查院对高石山一带开展铜金矿普查,在安山质火山岩中发现长 1200m 的铜金矿带(即南矿带)。钻探验证在深部可圈定多层厚度大、品位高的铜金矿体,经钻探验证,在深部有 4 层铜金矿层,累计厚 18.7m,单层厚 5.4m,Cu 平均品位 2.76%,Au 平均品位 2.54×10^{-6},为斑岩铜金矿。目前仅在南矿带南部开展了少量钻探验证,矿体延长、延深尚未控制,ZK4-2 钻孔资料显示,深部金、铜品位变富。通过进一步工作,可望找到中—大型铜金矿床。

在矿区中部石英闪长岩体分布区,圈定磁异常多处。对其中的 C1-1、C1-2、C3 进行钻探验证,发现多层隐伏的铜矿体,黄铜矿呈浸染状分布,在石英闪长岩体内有隐伏铜钴矿体存在。磁异常 C4-1、C4-2、C5、C6、C7-1、C7-2 未进行钻探验证,在石英闪长岩中有望找到大型斑岩型铜矿床。

小狐狸山地区为一中型斑岩型铜(钼)矿床。外围地区化探异常有进一步工作价值。

目标任务:以斑岩型铜、金、钼矿为主攻矿床类型,以高石山铜金矿集区为重点,进行矿体深部追索和控制;在矿集区外围选择综合化探异常区作为重点异常查证区,开展勘查工作;在小狐狸山矿区及外围开展铜、钼矿勘查。

预计投入工作量及经费:钻探 20 000m,槽探 40 000m³,预计经费 1 亿元。

预期成果:预计提交资源量铜金属量 30×10^4 t,金金属量 10t。

(6)内蒙古自治区额济纳旗珠斯楞海尔罕-呼伦西白铜、金矿整装勘查区。

工作位置:行政区划属内蒙古自治区额济纳旗苏泊淖尔苏木管辖。地理坐标为:东经 102°18′50″—102°52′20″,北纬 41°30′20″—41°50′30″。工作区面积约 1650km²。

工作依据:工作区位于天山-北山成矿带(Ⅱ级)东段之额济纳旗-雅干成矿带(Ⅲ级)雅干-珠斯楞铜、铅、锌、银、金成矿远景区东部,已发现了珠斯楞海尔罕铜金矿床和呼伦西白金矿床。

珠斯楞海尔罕铜金矿区是 2001 年内蒙古自治区地质勘查开发局进行异常查证时发现。矿区内已发现铜金矿体 19 个,规模较大的有 I、II 号矿体。矿体呈脉状、透镜状产出,走向北西、倾向北东,倾角 60°～70°,长 150～640m,Cu 品位一般 0.34%～0.69%,最高 1.45%;Au 品位一般 0.1×10^{-6}～0.84×10^{-6},最高 8.52×10^{-6};Ag 品位一般 1.45×10^{-6}～4.48×10^{-6},最高 10×10^{-6}。矿体赋存于蚀变闪长玢岩、花岗斑岩中,铜矿化品位低,但分布范围广,成矿元素具有上金下铜的分布特点,其矿床地质特征、矿化特征、物化探特征等与新疆土屋斑岩型铜矿相类似。通过近年的矿产勘查工作,初步证实规模可达中型以上,其外围和深部具有进一步工作价值。

呼伦西白金矿区:是内蒙古自治区地质勘查开发局根据区域化探单点样分析结果,沿 I 级水系高值点追索发现的。金矿化产在呼伦西白花岗岩体的内外接触带,受构造破碎带控制,金矿体由蚀变浸染型矿体和穿插其间的含金石英脉组成,局部含铜矿化。经近年钻探证实,矿体延深较大,品位和厚度在深部分别有变富和增厚的趋势,初步估算金远景资源量(333+334)近 10t,远景规模可达大型。

目标任务:以斑岩型铜、金矿为主攻矿床类型,以珠斯楞海尔罕铜金矿为重点,进行矿体深部、外围的追索与控制;在呼伦西白矿区及外围开展金、铜矿勘查。在整装勘查区内选综合化探异常区作为重点异常查证区,开展勘查工作。

预计投入工作量及经费:钻探 20 000m,槽探 40 000m³,预计经费 1 亿元。

预期成果:预计提交资源量铜金属量 30×10^4t,金金属量 20t。

2)重点勘查

2011—2015 年,对近期新发现重要矿产地或已有重要矿产地的外围,开展铜矿普查,预期新发现中型以上矿产地 5～8 处,新增铜金属资源储量 $(50\sim100)\times10^4$t(表 5-16)。

表 5-16 内蒙古自治区铜矿重点勘查项目一览表

序号	项目编号	项目名称	所属Ⅲ级成矿带	主攻矿种	面积(km²)	主要实物工作量	预期成果(333+334)
1	CuⅡ-1	内蒙古自治区牙克石市免渡河地区铜金矿普查	二连-东乌旗-梨子山-鄂伦春成矿带	铜金	2040	槽探 35 000m³,钻探 65 000m	铜 50×10^4t,金 10t
2	CuⅡ-2	内蒙古自治区阿巴嘎旗呼勒图一带铜多金属矿普查		铜多金属	29	槽探 5000m³,钻探 5000m	铜 20×10^4t
3	CuⅡ-3	内蒙古自治区阿巴嘎旗萨拉布拉格一带铜、金多金属矿普查		铜金多金属	565	钻探 6500m	铜 20×10^4t,金 10t
4	CuⅡ-4	内蒙古自治区扎鲁特旗双金郭勒多金属矿普查	突泉-林西成矿带	铜铅锌银	41	槽探 5000m³,钻探 9000m	铜 20×10^4t,铅+锌 20×10^4t
5	CuⅡ-5	大兴安岭成矿带西乌珠穆沁旗巴布盖诺尔西铜多金属矿普查		铜铅锌银	22	槽探 3000m³,钻探 6000m	铜 20×10^4t,铅+锌 20×10^4t
6	CuⅡ-6	内蒙古自治区克什克腾旗柯单山一带铜多金属矿普查		铜铅锌	81	槽探 5000m³,钻探 5960m	铜 20×10^4t,铅+锌 10×10^4t
7	CuⅡ-7	内蒙古自治区科尔沁右翼前旗平安屯地区铜钼多金属矿普查		铜钼	110	槽探 5000m³,钻探 15 000m	铜 20×10^4t
8	CuⅡ-8	内蒙古自治区察右中旗头道背铜矿普查	乌拉山-大青山成矿带	铜	12	槽探 3000m³,钻探 4000m	铜 20×10^4t
9	CuⅡ-9	北山成矿带哈珠地区铜、金多金属矿普查	额济纳旗-雅干成矿带	铜金	509	槽探 5000m³,钻探 5000m	铜 20×10^4t
10	CuⅡ-10	内蒙古自治区奈曼旗南湾子铜铅锌多金属矿普查	白云鄂博-宝昌成矿带	铜铅锌	15	槽探 5000m³,钻探 3000m	铜 20×10^4t,铅+锌 10×10^4t
11	CuⅡ-11	内蒙古自治区脑木洪-沙拉西别铜铁多金属矿普查	朱拉渣嘎-渣尔泰山成矿带	铜铁	500	槽探 5000m³,钻探 5000m	铜 20×10^4t,铁 1000×10^4t

3) 重点找矿远景区勘查

2011—2015年,加强全国矿产资源潜力评价优选区铜矿勘查工作,包括北山地区额济纳—雅干,大兴安岭地区朝不楞—博克图、大井子—莲花山、乌奴尔—阿尔山、神山—白音诺尔、索伦山—查干哈达庙、免渡河—碰头岭,华北地台北缘狼山—渣尔泰山、白乃庙—哈达庙、乌力吉—欧布拉格等地区,评价一批大中型铜矿床,形成一批新的重点勘查区和具有一定产能的大中型生产矿山(表5-17)。

表5-17 内蒙古自治区铜矿重要找矿远景区一览表

序号	重要找矿远景区名称	主攻矿床类型	所属Ⅲ级成矿带	预期成果 矿产地(处)	铜金属资源储量($\times 10^4$ t)
1	查干哈达庙-克克齐铜找矿远景区	海相火山岩型	乌力吉-锡林浩特成矿带	1~2	20
2	八大关-乌努格吐山铜多金属找矿远景区	斑岩型	得尔布干成矿带	1~2	20
3	奥尤特铜找矿远景区	火山岩型	二连-东乌旗-梨子山-鄂伦春成矿带	1~2	20
4	小坝梁铜找矿远景区	海相火山岩型		1~2	20
5	罕达盖林场铜金属找矿远景区	矽卡岩型		2~3	20~40
6	布敦花-莲花山铜多金属找矿远景区	热液型	突泉-林西成矿带	1~2	20~50
7	盖沙图铜多金属找矿远景区	矽卡岩型	朱拉渣嘎-渣尔泰山成矿带	1~2	20
8	伊和扎格敖包铜找矿远景区	热液型	额济纳旗-雅干成矿带	1~2	20
9	哈尔苏海-雅干铜找矿远景区	岩浆熔离型		1~2	20
10	欧布拉格铜金属找矿远景区	热液型	乌力吉-锡林浩特成矿带	1~2	20
11	浩布高-敖脑达巴-大井子铜多金属找矿远景区	斑岩型	突泉-林西成矿带	1~2	20~50
12	毛登-黄岗-大井子铜多金属找矿远景区	热液型		1~2	20~40
13	小南山-克布铜多金属找矿远景区	岩浆熔离型	白云鄂博-宝昌成矿带	1~2	20~40
14	明干山-车户沟-红花沟铜找矿远景区	斑岩型		1~2	20
15	乌花敖包-宫胡洞铜找矿远景区	矽卡岩型	乌力吉-锡林浩特成矿带	1~2	20

2016—2018年,重点加强得尔布干成矿带小伊诺盖沟-莫尔道嘎成矿远景区、二连-东乌旗-梨子山-鄂伦春成矿带乌奴耳-阿尔山成矿远景区、突泉-林西成矿带莲花山-敖尔盖成矿远景区、乌力吉-锡林浩特成矿带达茂旗-白乃庙成矿远景区、额济纳-雅干成矿带甜水井-小狐狸山成矿远景区、朱拉扎嘎-渣尔泰山成矿带狼山铜成矿远景区内重要找矿远景区的铜矿勘查工作,评价一批大中型铜多金属矿床,形成一批新的重点勘查区和具有一定产能的大中型生产矿山。预期新发现中型以上矿产地6~8处,新增铜金属资源储量(100~150)$\times 10^4$ t。

3. 铅锌银矿

以热水喷流沉积型、火山喷流沉积型等层控型铅锌矿床为主攻类型，兼顾热液型、火山岩型和斑岩型等其他类型。重点在大兴安岭成矿带（Ⅱ级）和华北地台北缘成矿带中段开展勘查（Ⅱ级）。

1）整装勘查

重点开展内蒙古东乌旗地区铅锌矿整装勘查，同时选择大兴安岭成矿带（南段）敖包吐-昆都铅锌矿集区、孟营子铅锌等矿集区、大兴安岭成矿带（北段）甲乌拉-宝格德乌拉矿集区，华北陆块北缘中段成矿带石哈河-西山湾羊场矿集区和华北陆块北缘西段成矿带扎木敖包-特拜矿集区，申报并进行铅锌银多金属矿整装勘查，以实现铅锌银矿找矿新突破。预期新发现大中型矿产地8～10处，提交新增资源储量铅+锌（400～600）×10^4t，银2000～3000t。

(1)内蒙古敖包吐-布敦花铅锌铜多金属矿整装勘查区。

工作区位置、范围及面积：位于大兴安岭中南段东坡，行政区划隶属内蒙古自治区赤峰市阿鲁科尔沁旗、通辽市扎鲁特旗、兴安盟科尔沁右翼中旗管辖。实际工作区面积1868km^2。

该区20世纪80年代发现和勘查了布敦花中型铜（银）矿床、孟恩陶勒盖中型铅锌银矿床。近年来，新发现了水泉、油娄山、查干楚鲁、毛呼都格小型铅锌矿床，敖包吐中型铅锌银多金属矿床；在布敦花矿田勘查了金鸡岭中型铜（银）矿床和通榆山中型铜（银）矿床。

近期勘查取得重大找矿成果：内蒙古自治区阿鲁科尔沁旗敖包吐铅银多金属矿普查，探求矿石量570.73×10^4t，铅锌金属量20.3×10^4t，银金属量354.8t，已达到中型多金属矿床。

敖包吐铅银多金属矿属于中低温火山热液型矿床，为大兴安岭南部主要的有色金属成矿典型矿床，在大兴安岭南部以中生代火山岩、次火山岩发育及火山热液活动频繁的广大地区为寻找类似火山热液型铅锌银多金属矿提供找矿范例。

敖包吐铅银多金属矿区东矿段：Ⅰ矿带位于矿区东矿段中部，总长4.2km，至目前钻探工程仅控制2.2km，探获的铅锌金属量近20×10^4t，银金属量近300t。据物探异常和钻孔验证，如该矿带在4.2km长度范围内全部控制，并加大控制深部，进一步取得找矿突破，资源储量会增加一倍。Ⅱ矿带位于矿区东矿段南部，总长约2.4km，目前钻探工程仅控制1400m，该矿带矿化密集，深部矿体品位正高，规模较大，地表槽探控制矿化带连续性好，有物化探异常，是矿区进一步找矿的重点区域。Ⅲ矿带位于矿区东矿段北部，总长2.4km，东部被沙漠掩盖，向西部地表槽探控制约300m，少量钻探工程控制，有物化探异常，同Ⅰ矿带特征基本一致，该矿带大部分未进行勘查。

敖包吐铅银多金属矿区西矿段地表发现蚀变带，并圈定出的1∶10 000激电异常，其特征及规模与Ⅰ矿带1∶10 000激电异常特征及规模相似，推测深部存在工业矿体，目前无工程控制，找矿潜力巨大。通过进一步普查工作，有望发现大型多金属矿床。

国家地质矿产调查评价专项资金项目的实施，在昆都北发现了重要找矿线索，显示有良好的找矿前景。该区有赋矿地层二叠系大石寨组海相细碎屑岩及中基性火山岩系，有侵入于其中的白垩纪花岗岩岩株及花岗闪长岩岩株，有蚀变、矿化存在，并发现工业矿体，显示有找矿前景。

目标任务：在敖包吐铅银多金属矿区东部Ⅰ、Ⅱ、Ⅲ矿带及矿区西部物探异常区为主攻区段，以钻探为主要勘查手段，开展铅锌矿勘查，探求新增资源储量；在昆都地区，在1∶5万矿产远景调查的基础上，开展铅锌银多金属矿调查评价。

预计投入主要实物工作量及经费：主要实物工作量为槽探9000m^2，钻探50 000m，预计经费总额1亿元。

预期成果：预计提交资源储量铅锌金属量150×10^4t，铜金属量50×10^4t，银金属量1000t。

(2)内蒙古鄂伦春自治旗阿都尔称河地区铅锌多金属矿整装勘查区。

工作位置：行政区划隶属内蒙古自治区呼伦贝尔市鄂伦春自治旗管辖。实际工作面积约1820km^2。

工作依据：该区出露的地层为上侏罗统满克头鄂博组灰色、灰绿色、灰紫色流纹质晶屑凝灰岩、岩屑晶屑凝灰岩、含角砾岩屑晶屑凝灰岩、熔结凝灰岩、火山角砾岩、流纹岩等；侵入岩主要为晚侏罗世中牧河序列中细粒正长花岗岩。

2008年8—11月，内蒙古森林工业集团有限责任公司组织非专业人员对该区域1∶5万选区开展了1∶2万土壤地球化学测量时，发现并圈定具有进一步找矿意义的组合异常9处，同时对具有找矿远景地段的异常进行了地表槽探工程揭露，经采样分析测试，发现了铅锌矿（化）体。

2009—2010年，内蒙古自治区第六地质矿产勘查开发有限责任公司在此进行了钻探工作，施工6个孔，其中见矿5个孔，并编写了《2010年内蒙古自治区鄂伦春自治旗阿都尔称河铅多金属矿普查报告》。

该区圈定的η-1、η-2、η-3、η-4异常具有高视极化率、低视电阻率特征，视极化率范围3.0%～6.0%，视电阻率范围500～1000$\Omega \cdot m$；其中η-1视极化率异常与AP-1化探异常吻合较好，同时有铅锌矿化体出露，有进一步工作价值。η-5具有高视极化率、中高视电阻率特征，视极化率范围3.0%～6.0%，视电阻率范围1400～3000$\Omega \cdot m$。

2011年度，本项目已打30余个孔，见矿良好，钻孔控制铅锌铜银矿体长度1500m，平均厚度大于10m，矿床已达大型规模。

预计投入工作量及经费：钻探50 000m，槽探20 000m^3，预计经费2亿元。

预期成果：提供大型铅锌（铜银）矿产地1处。预期提交资源储量：铅锌金属量100×10^4t，铜金属量20×10^4t，银金属量1000t。

(3)内蒙古阿拉善右旗扎木敖包-特拜锌、铁、石墨、金多金属整装勘查区。

工作位置：行政区划隶属内蒙古自治区阿拉善盟阿拉善右旗管辖。极值坐标为：东经100°00′—101°30′，北纬39°00′—40°00′。实际工作面积约1800km^2。

工作依据：勘查区西部为扎木敖包锌（铁）、石墨矿，2010年钻探验证发现，矿体产于新太古界—古元古界片岩、大理岩变质岩系中。厚大的锌矿体多产于蚀变（矽卡岩化？）大理岩中，锌矿具有大型矿床远景。锌矿体上、下盘片岩中产石墨矿层，石墨矿具有大型—超大型远景；此外还伴有铁矿产出。本区东部已完成1∶5万矿调工作，圈定了多处化探综合异常，发现了特拜金矿床，远景可达大型金矿床规模。此外还发现有查干哈达、金长山等多处金（铜）矿点。

预计投入工作量及经费：钻探50 000m，槽探50 000m^3，预计经费2亿元。

预期成果：提供大型锌（铁）矿产地1处，大型金矿1～2处，提供超大型石墨矿产地1处。预期提交资源储量：铁矿石量1×10^8t，锌金属量50×10^4t，金金属量50t，晶质石墨矿物量100×10^4t。

(4)内蒙古上护林—三河地区铅锌多金属矿整装勘查区。

工作区位置、范围及面积：位于大兴安岭北段，属内蒙古自治区呼伦贝尔市额尔古纳市和根河市管辖。地理坐标：东经119°35′53″—121°23′45″，北纬50°04′16″—51°16′14″。实际工作面积约1850km^2。

工作依据：位于得尔布干断裂带北西侧，额尔古纳-呼伦湖深断裂南东盘，属大兴安岭中生代火山岩带北东段。亦属于大兴安岭成矿带（Ⅱ级）得尔布干成矿带（Ⅲ级）北东段之小伊诺盖沟-莫尔道嘎铅锌、银、铜、金成矿远景区（Ⅳ级）西南段。

区内已发现三河（中型）、二道河子（中型）、下护林（小型）次火山热液型银铅锌矿床。整装勘查区内已探获铅锌资源储量在120×10^4t以上，伴生银近1000t。矿床深部和外围有巨大找矿潜力。

近年来该区找矿已取得了找矿新突破，发现了比利亚谷铅锌矿（规模可达大型），上护林银铅锌矿（规模可达中型）。构成了大兴安岭北段重要的银、铅、锌矿集区。

对额尔古纳市上护林铅银矿进行了普查工作（勘查深度为400m以浅），对矿区内9条矿化蚀变带中的Ⅰ、Ⅱ号矿化蚀变带进行了先期评价，400m以浅探求铅锌金属资源量约3×10^4t，其他矿化蚀变带进行了物化探评价和部分工程验证并均见铅锌银（金）矿体，尤其是深部块状中基性火山岩内见厚度较大的铅锌银金矿体且品位明显增高，初步显示巨大的找矿前景。

额尔古纳市下乌尔根银铅锌矿预查1区、2区，圈定铅锌银类异常数处并发现矿化蚀变带，与上护林铅银矿分布区的地质背景、异常特征基本一致,有很大的找矿前景。

工作目标:以比利亚谷和上护林铅锌矿为依托,对该矿进行深部找矿评价;对下乌尔根1区、2区异常的含矿型做出评价,选择部分异常进行1∶1万地质、物化探综合测量工作及进行工程验证。对该区侏罗系塔木兰沟组地层中的火山热液型铅锌(伴生银、金)进行整体评价。

预计投入工作量及经费:钻探20 000m,槽探40 000m³,预计经费1亿元。

预期成果:预期提交资源量铅锌金属量 150×10^4 t、银金属量1200t。

(5)内蒙古查干布拉根—宝格德乌拉地区银多金属矿整装勘查区。

工作位置:位于大兴安岭北段西坡,行政区划隶属内蒙古自治区呼伦贝尔市新巴尔虎右旗管辖。地理坐标:东经115°18′00″—117°34′39″,北纬47°38′04″—49°00′40″。实际工作面积约1630km²。

工作依据:该区位于大兴安岭成矿带(Ⅱ级)得尔布干成矿带(Ⅲ级)南西段,呼伦湖以西银铅锌多金属成矿远景区(Ⅳ级)西南段,属克尔伦-山登脑银铅锌多金属找矿远景区(Ⅴ级)。已发现额仁陶勒盖大型次火山岩型银矿床、甲乌拉大型及查干布拉格大型次火山热液型银铅锌矿床。此外,还发现多处的银、金、铜、钼矿点。累计查明资源储量:铅锌金属量 155×10^4 t、银金属量5920t。

在甲乌拉、查干布拉格大型铅锌银矿床深部和外围部分地段进行勘查,新增资源储量达大型矿床规模。其中,甲乌拉矿区累计查明铅锌金属资源储量 84×10^4 t,甲乌拉矿区外围查明铅锌金属资源储量 51×10^4 t。上述表明,已发现矿床深部和外围找矿潜力巨大。在大中型铅锌银矿床深部和外围进一步进行勘查,能够探获更多新增资源储量。

近年来的新发现显示该区有良好的找矿潜力。内蒙古自治区地质勘查基金实施了"内蒙古新巴尔虎右旗宝格德乌拉一带综合方法找矿"项目,在宝格德乌拉地区完成了1∶5万矿产地质填图、1∶5万化探测量和1∶5万磁法测量。通过地质、遥感、化探、磁法、电法等综合找矿,在宝格德乌拉西进一步圈定了多处找矿靶区,对其中4处靶区进行了钻探验证,全部见银多金属矿(化)体。

奴温亭屯石格勒地区,地表发现3条银矿化蚀变带,对东部矿化蚀变带槽探揭露和刻槽取样控制,可圈出连续宽度为6.0m的银工业矿体,产状为115°∠85°~80°,银品位(51~1510)$\times10^{-6}$,平均为429$\times10^{-6}$。钻孔控制银矿体铅直厚7.9m,银品位(60~641)$\times10^{-6}$,平均品位241.74$\times10^{-6}$。

沙那根呼都格地区,地表圈定钨钼矿化带16~42m,钻孔见矿体11个,包括1个钨钼矿体和1个钼锌银矿体,9个钼矿体,累计厚度44.32m。其中第七层矿122.88~144.70m,真厚度16.72m,钼平均品位0.06%。第八层矿150.00~162.53m,真厚度9.60m,Mo平均品位0.091%,下部有连续厚度大于3m的富矿段,品位大于0.1%。

杭盖音浑迪、查黑达根高吉高日地区钻探发现铅、锌多金属矿体。

预计投入工作量及经费:钻探20 000m,槽探50 000m³,1∶1万土壤测量400km²,1∶1万激电中梯测量200km²,预计经费1亿元。

预期成果:提交大中型多金属矿产地2~3处。提交资源储量:铅锌金属量 150×10^4 t、银金属量2000t、钼金属量 10×10^4 t。

2)重点勘查

2011—2015年,对近期新发现重要矿产地,如西乌珠穆沁旗白音乌拉银铅锌矿、阿巴嘎旗高尔旗铅锌矿、东乌旗查干乌苏敖包铅锌银多金属矿、东乌旗阿木古楞宝拉格一带铅锌矿普查等,或已有重要矿产地的外围,开展铅锌银矿普查。预期新发现大中型矿产地5~8处,提交新增资源储量铅锌(400~600)$\times10^4$ t,银1000~2000t(表5-18)。

3)重要找矿远景区勘查

2011—2015年,加强全国矿产资源潜力评价优选区铅锌银矿勘查工作,加大铅锌矿普查评价力度,为商业性矿产勘查提供一批勘查基地;预期新发现大中型矿产地5~8处,提交新增资源储量铅锌(200~300)$\times10^4$ t,银1000~2000t(表5-19)。

表 5‐18 内蒙古自治区铅锌银矿重点勘查项目一览表

序号	项目编号	项目名称	所属Ⅲ级成矿带	主攻矿种	面积（km²）	主要实物工作量	预期成果提交资源量(333+334)
1	PbⅡ-1	西乌珠穆沁旗白音乌拉地区银铅锌矿普查	突泉-林西成矿带	铅锌银			铅锌50×10⁴t,银1000t
2	PbⅡ-2	阿巴嘎旗高尔旗银铅锌矿普查	二连-东乌旗-梨子山-鄂伦春成矿带	铅锌银		槽探8000m³,钻探:8000m	铅锌20×10⁴t,银200t
3	PbⅡ-3	东乌旗查干乌苏敖包铅锌银多金属矿普查		铅锌银		槽探8000m³,钻探:8000m	铅锌20×10⁴t,银200t
4	PbⅡ-4	东乌旗阿木古楞宝拉格一带铅锌矿普查		铅锌银		槽探8000m³,钻探:8000m	铅锌20×10⁴t,银200t
5	PbⅡ-5	科尔沁右翼中旗西南沟银铅锌矿普查	突泉-林西成矿带	铅锌银	41.9	槽探6000m³,钻探6000m,坑探400m	铅锌20×10⁴t,银200t
6	PbⅡ-6	大兴安岭成矿带西乌旗布尔罕图铅锌矿普查		铅锌锡	72.95	槽探5000m³,钻探4000m	铅锌20×10⁴t
7	PbⅡ-7	克什克腾旗二道梁子铅多金属矿普查		铅锌铜	35.22	槽探4000m³,钻探4480m	铅锌20×10⁴t
8	PbⅡ-8	镶黄旗那仁乌拉锌多金属矿普查	乌力吉-锡林浩特成矿带	锌多金属	66.28	槽探5000m³,钻探5000m	锌20×10⁴t
9	PbⅡ-9	化德县徐家营子铅锌矿普查		铅锌银	15.21	槽探5000m³,钻探5000m	铅锌20×10⁴t
10	PbⅡ-10	乌拉特前旗阿力奔铅多金属矿普查	乌拉山-大青山成矿带	铅	20.98	槽探2500m³,钻探6800m	铅锌20×10⁴t
11	PbⅡ-11	乌拉特中旗野狼沟铅锌多金属矿普查	朱拉扎嘎-渣尔泰山成矿带	铅锌硫铁矿	22.41	钻探7000m	锌20×10⁴t
12	PbⅡ-12	乌拉特中旗石哈河银矿普查		银		槽探5000m³,钻探5000m	银1000t
13	PbⅡ-13	克什克腾旗孟营子银铅矿普查	突泉-林西成矿带	银铅		槽探5000m³,钻探5000m	铅锌20×10⁴t,银1000t
14	PbⅡ-14	扎鲁特旗、阿鲁科尔沁旗超浩尔图一带银多金属矿普查		铅锌银		槽探5000m³,钻探5000m	铅锌20×10⁴t,银1000t
15	PbⅡ-15	科尔沁右翼前旗、突泉县保隆屯南沟-老敖沟银多金属矿普查		铅锌银		槽探5000m³,钻探4000m	铅锌20×10⁴t,银1000t
16	PbⅡ-16	科尔沁右翼前旗、突泉县刘店沟一带银多金属矿普查		铅锌银		钻探4000m	铅锌20×10⁴t,银200t

表 5-19　内蒙古自治区铅锌矿重要找矿远景区一览表

序号	重要找矿远景区名称	主攻矿床类型	所属Ⅲ级成矿带	预期成果	
				矿产地(处)	金属资源储量($\times 10^4$t)
1	呼和温都尔-乌拉特后旗找矿远景区	海底喷流沉积-改造型	朱拉扎嘎-渣尔泰山成矿带	大中型1~2	铅锌50~100
2	李清地-九龙湾铅锌矿找矿远景区	热液脉型	乌拉山-大青山成矿带	1~2	铅锌10~20
3	比利亚谷找矿远景区	热液脉型	得尔布干成矿亚带	1~2	铅锌50
4	宝格德乌拉西找矿远景区	火山-次火山热液型		1~2	铅锌50~100
5	巴音宝力格-沙不楞山找矿远景区	热液脉型	突泉-林西成矿带	2~3	铅锌100
6	敖脑达坝-白音诺尔找矿远景区	矽卡岩型		1~2	铅锌50
7	孟恩陶勒盖找矿远景区	热液脉型		1~2	铅锌50
8	天桥沟找矿远景区	热液脉型		1~2	铅锌50
9	长春岭找矿远景区	热液脉型		1~2	铅锌50

2016—2018年,选择得尔布干成矿带小伊诺盖沟-莫尔道嘎成矿远景区、呼伦湖以西-山登脑成矿远景区、二连-东乌旗-梨子山-鄂伦春成矿带奥尤特-朝不楞成矿远景区、突泉-林西成矿带巴音宝力格-沙不楞山成矿远景区、哈达吐-黄合吐成矿远景区,朱拉扎嘎-渣尔泰山成矿带狼山-渣尔泰山成矿远景区内的重要找矿远景区,根据"十二五"期间的找矿成果,加强铅锌银矿勘查工作,评价一批大中型铅锌银矿床,预期提交新发现大中型铁矿产地10~15处,提交新增铅锌金属资源储量(600~800)$\times 10^4$t,银2000~4000t,能够为国家和内蒙古自治区冶金工业发展提供资源保障。

4. 金矿

开展华北地台北缘成矿带(Ⅱ级)金矿勘查,进行内蒙古哈达门沟地区金矿整装勘查,设立白音长合山地区、浩尧尔忽洞地区、毕立赫地区金矿整装勘查,主攻构造蚀变岩型、石英脉型等类型金矿床。在大青山地区卯独庆-新地沟、赤峰南部红花沟-金厂沟梁等金资源富集区加强深部找矿,加强新区找矿。

1)整装勘查

已设立包头市哈达门沟地区为整装勘查区,快速突破,大幅新增资源储量,形成新的资源基地。

(1)内蒙古乌拉特前旗白云长合山地区金矿整装勘查区。

工作区范围:位于巴彦淖尔市位于乌拉特前旗小余太乡境内,实际工作区面积约1040km^2。

工作依据:整装勘查区位于华北板块成矿区北缘西段色尔腾山活动带,色尔腾山岩群属典型的绿岩建造,是区内主要的赋矿层位,含矿带与金矿床均赋存于该套地层中。张子沟-固阳-下湿壕-武川韧性剪切带属区域控矿构造。本区出现的长约12.5km、宽1.45km的金矿化带赋存于韧性剪切带中,且在金矿化带圈出了金矿化体及金矿体。由于白云常合山岩体的侵入,韧性剪切带中的成矿元素金得到了进一步富集,形成了金矿体。接触带附近的韧性剪切带中与金成矿关系密切的钾化、黄铁绢英岩化十分发育,这充分说明在接触带附近具有寻找大型破碎带蚀变岩-石英脉复合型金矿的前景。

该区近期实施的"内蒙古乌拉特前旗脑包沟金矿普查""内蒙古乌拉特前旗东五分子金矿普查""内蒙古乌拉特前旗羊尾沟多金属矿详查"等勘查项目,目前已发现了多处矿产地,其中3个矿区初步控制

332+333金金属资源量近40t。其他勘查区也取得了新的进展。由此可见该区域金矿具有良好的找矿潜力。

工作目标：对该地区的金矿进行整装勘查，对矿产资源的前景作出评价，为该区下一步矿产资源的勘查与开发利用提供依据。通过全区开展金矿调查评价工作，确定可供普查的新靶区。

预计投入主要实物工作量和经费：槽探10 000m³，钻探20 000m，预计经费1亿元。

预期成果：提供大中型金矿1～2处，新增金金属资源量60t。

(2) 内蒙古毕立赫地区金矿整装勘查区。

工作区范围：位于锡林郭勒盟苏尼特右旗境内。实际工作区面积约1020km²。

工作依据：位于华北板块北缘白乃庙-温都尔庙-西拉木伦古生代俯冲增生带内。

通过近年来的勘查，新发现了毕立赫大型隐伏独立斑岩型金矿床累计提交资源储量22t，不仅实现了该区地质找矿工作的重大突破，而且具有重大示范意义。

毕立赫金矿区Ⅰ矿带坑道工程以及Ⅱ矿带露天采坑和钻孔揭露，在第四系和第三系覆盖物下分布着以花岗闪长斑岩为主的火山侵入杂岩体，岩相主要包括细晶(石英)闪长岩、花岗闪长斑岩和二长花岗斑岩以及细晶花岗岩，该杂岩体与矿化关系密切。

晚古生代中酸性岩浆岩发育，斑岩型铜金多金属矿床具有良好的找矿前景。

工作目标：以晚古生代斑岩型金矿为主攻矿床类型，开展金矿调查评价，确定可供普查的新靶区。对该地区的金矿进行整装勘查。对矿产资源的前景作出评价，为该区下一步矿产资源的勘查与开发利用提供依据。

预计投入主要实物工作量和经费：槽探10 000m³，钻探40 000m，预计经费1亿元。

预期成果：提供大中型金矿1～2处，新增金金属资源量50t。

2) 重点勘查

2011—2015年，对近期新发现重要矿产地或已有重要矿产地的外围，开展金矿普查(表5-20)。

表5-20 内蒙古自治区金矿重点勘查项目一览表

序号	项目编号	项目名称	所属Ⅲ级成矿带	矿种	面积(km²)	主要实物工作量	预期成果
1	AuⅡ-1	北山成矿带哈珠地区铜、金多金属矿普查	额济纳旗-雅干成矿带	铜金	509.24	槽探6000m³，钻探8000m	提交资源量(333+334)金10t
2	AuⅡ-2	北山地区红石山南金锑矿普查		金锑		槽探8000m³，钻探8000m	提交资源量(333+334)金10t
3	AuⅡ-3	扎赉特旗黄宝山金银矿普查	二连-东乌旗-梨子山-鄂伦春成矿带	金银	90.96	槽探5000m³，浅井200m，钻探3000m	提供可进一步详查矿产地2～3处
4	AuⅡ-4	化德县二道河房子金多金属矿普查	白云鄂博-宝昌成矿带	金	42	槽探3000m³，钻探4000m	提供可进一步工作的矿产地1～2处
5	AuⅡ-5	朱拉扎嘎及外围金矿普查	朱拉扎嘎-渣尔泰山成矿带	金	400	槽探5000m³，钻探8000m	提供可进一步工作的矿产地1～2处

3)重要找矿远景区勘查

2011—2020年,加强全国矿产资源潜力评价优选区金矿勘查工作,加大金矿普查评价力度,为商业性矿产勘查提供一批勘查基地;预期新发现大中型矿产地5~8处,提交新增资源储量金100~150t(表5-21)。

表5-21 内蒙古自治区金矿重要找矿远景区一览表

序号	重要找矿远景区名称	主攻矿床类型	所属Ⅲ级成矿带	预期成果(333+334)金(t)
1	古利库金矿找矿远景区	火山岩型金矿	二连-东乌旗-梨子山-鄂伦春成矿带	15
2	巴音温都尔金矿找矿远景区	热液型金矿		30
3	红格尔金矿找矿远景区	热液型金矿	乌力吉-锡林浩特成矿带	5
4	巴音杭盖金矿找矿远景区	石英脉型金矿		18
5	白乃庙金矿找矿远景区	热液型金矿		25
6	毕力赫金矿找矿远景区	斑岩型金矿		70
7	碱泉子金矿找矿远景区	热液型金矿	额济纳旗-雅干成矿带	15
8	三个井金矿找矿远景区	热液型金矿		10
9	老硐沟金矿找矿远景区	热液-氧化淋滤型金矿		20
10	朱拉扎嘎金矿找矿远景区	火山-沉积热液改造型金矿	朱拉扎嘎-渣尔泰山成矿带	60
11	浩尧尔忽洞金矿找矿远景区	层控内生型金矿	白云鄂博-宝昌成矿带	130
12	赛乌素金矿找矿远景区	热液型金矿		25
13	金厂沟梁金矿找矿远景区	热液型金矿		100
14	陈家杖子金矿找矿远景区	火山隐爆角砾岩金矿		35
15	十八顷壕金矿找矿远景区	破碎-蚀变岩型金矿	乌拉山-大青山成矿带	50
16	乌拉山金矿找矿远景区	热液型金矿		100
17	卓资县金矿找矿远景区	热液型金矿		100
18	新地沟金矿找矿远景区	变质热液(绿岩)型金矿		6

(二)在内蒙古自治区矿业权设置中的应用

为进一步规范1:5万化探调查、1:5万矿产调查、1:5万航磁测量、1:5万综合方法找矿区(含区域化探异常查证区)矿业权管理,通过科学设置探矿权、采矿权,促使1:5万设置区形成矿产资源勘查开发的合理布局,推动自治区矿业权管理的改革,优化矿产资源勘查开采布局,促进找矿突破。内蒙古自治区国土资源厅在目前已完成的1:5万化探测量区和1:5万矿调区内对探矿权、采矿权空间布局进行详细安排,编制矿业权设置方案。

矿业权设置方案编制的依据包括已有1:5万地质矿产、物化探成果等资料,其中利用矿产资源成果资料编制的矿业权设置方案共有88个,矿产资源潜力评价的最新研究成果应用于区域地质背景、地球物理场特征及异常、地球化学场特征及异常、成矿远景区及找矿靶区的划分、矿业权设置等各个方面,圈定的单矿种最小预测区及资源量预测成果为矿业权的设置提供了强有力的技术支撑。

下面以《内蒙古自治区扎鲁特旗塔拉布拉克等4幅1:5万矿调区矿业权设置方案》为例,简要说明矿产资源潜力评价成果在矿业权设置中的应用情况。

1. 成矿地质背景

根据大地构造单元划分,该设置区位于大兴安岭地区中南段,整个大兴安岭地区位于前中生代古亚洲构造域以及中-新生代滨太平洋构造域交接和重叠部位,前者形成前中生代基底,后者则为中、新生代盖层。基底构造Ⅰ级构造单元属天山-兴蒙造山系,Ⅱ级属内蒙古中部弧盆系,Ⅲ级属早二叠世西乌旗弧前盆地环境。

成矿区带属内蒙古-大兴安岭成矿省(Ⅱ-2),大兴安岭南段晚古生代、中生代铁锡铜铅锌金银铍铌钽膨润土矿床成矿带(Ⅲ-8),大兴安岭科尔沁右旗、霍林河上游 Cu、Mo、Au、Pb、Zn 预测远景区。

通过本设置区所在的预测工作区建造构造图可以看出,地层主要发育上古生界、中生界和新生界。其中最老的地层单位为中泥盆统大民山组,分布最广泛的地层为上侏罗统满克头鄂博组,从矿化信息、化探异常的分布、元素含量特征及区域富集系数可以看出,区内成矿最有利的地层单元为满克头鄂博组、塔木兰沟组和本巴图组及二叠系。侵入岩发育,岩浆侵入活动始于晚石炭世止于早白垩世,其中晚三叠世、晚侏罗世、早白垩世相对发育。区内断裂构造发育,以北东及北西向为主,有的构成中生代火山盆地的边界,有的继承性发育在晚古生代地质体之内。

2. 地球物理及地球化学异常特征

1)重力

在区域布格重力异常图及剩余重力异常图中,设置区处于大兴安岭重力梯级带中段,布格重力异常呈北北东向带状分布,由数条北北东向、北东向和东西向重力异常带(区)或高低相间的重力异常(区)所组成。该重力场总体特征与莫霍面起伏有关,重力梯级带则与幔坡相对应。大致以嫩江深断裂为界,其东侧重力场为高值背景,以轴向多变的正异常为主,西侧以北北东向、北东向低值带状异常为主,且自东向西重力异常值从 $±5×10^{-5}m/s^2$ 急剧下降至 $-80×10^{-5}m/s^2$,重力等值线密集平行,从北到南分布方向由北北东向逐渐转为北东向,由于浅部地质因素干扰,等值线多发生弯曲或同向扭曲,并常出现一些局部的封闭异常。重力梯级带西侧边缘(玛尼吐—霍林郭勒)一带则为高低相间重力异常带。

在提取深部重力场之后的剩余异常可视为由地壳物质引起,因此在花岗岩分布带(区)呈明显剩余重力低值特征,内部等值线稀疏,边缘相对密集。本设置区位于大兴安岭主脊与嫩江断裂之间,为一变化较大的重力梯度带。区域重力梯度带等值线同向扭曲部位,可作为间接找矿标志(图 5-55)。

2)磁法

根据磁场 ΔT 平面等值线图上的零值线可以把本设置区分为两个大区:南部以大片负磁场值为特征,划分为Ⅰ区,包括为巴雅尔吐胡硕幅和好老鹿场幅西全部及乌兰哈达幅南西角一小部分;北部为大片的正磁场区,划分为Ⅱ区,包括塔拉宝拉格全幅及乌兰哈达幅大部(图 5-56)。

Ⅰ区:位于本区的西南部,总体上表现为负磁场区,中部磁场值较平稳,磁场值一般在 $0 \sim -150nT$ 之间。根据其磁场特征又可划分出两个正磁场亚区,三条异常带。

Ⅱ区:位于本区北东部,为正磁场区,磁场较活跃,这一地区发育有大量的侵入岩和火山岩,根据物性测定结果,这些岩性磁化率变化较大,一般具弱磁性,部分标本磁性较强,根据测试结果发现同一种岩性不同地段的磁化率及剩余磁化强度不同地段相差很大,在平面等值线图上,磁场值正高的地段所采集的标本磁化率及剩余磁化强度一般均较强,本设置区磁场值一般大于 $100nT$。

从垂向一阶导数图上分析,本设置区北东-南西、北西西-南东东向构造比较发育,与水平一阶导数图件所反映的构造特征相吻合。

磁测数据处经垂向二阶导数处理后,等值线图形态变化很大,整个区内反映为大片的零值区,这可能与本设置区大部分地区为花岗质侵入体和中酸性火山岩地层有关。

3)地球化学

本区共圈定单元素编号异常 591 个,其中 Ag 异常 82 个,Au 异常 52 个,Cu 异常 54 个,Pb 异常 76

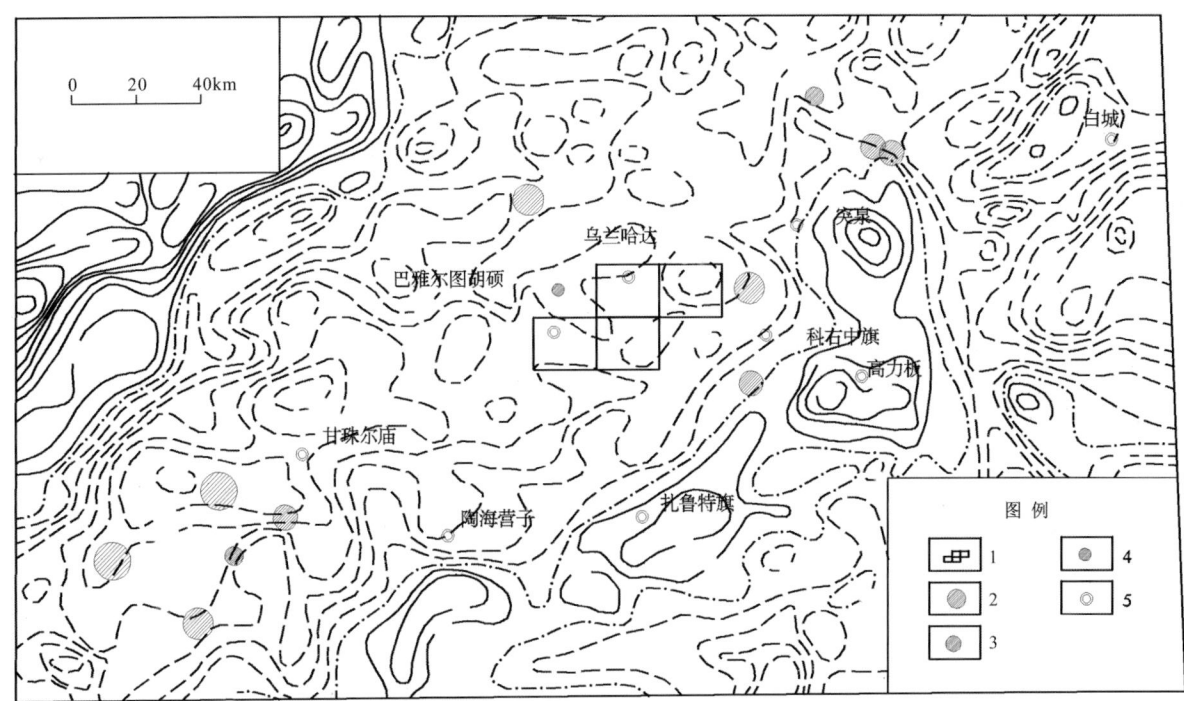

图 5-55 大兴安岭中段 4 次趋势分析剩余重力异常等值线平面图
1.1:5 万设置区位置;2. 大型矿床;3. 中型矿床;4. 小型矿床;5. 矿点

个,Zn 异常 43 个,W 异常 37 个,Sn 异常 32 个,Mo 异常 32 个,Cr 异常 34 个,Co 异常 34 个,Ni 异常 38 个,As 异常 77 个。

在单元素异常的基础上,根据各元素异常的空间组合特征,将 Au、Ag、Cu、Pb、Zn、As 为一组,W、Sn、Mo 为一组,Cr、Co、Ni 为一组分别进行组合异常的圈定,本设置区共圈出综合异常 39 处。下面仅就其中一个异常进行举例说明。

该异常位于巴雅尔图胡硕幅的巴雅尔图胡硕镇的西北部约 10.5km 处,地理坐标为:E120°15′00″—120°19′20″,N45°07′09″—45°10′00″。

异常发育于早白垩世花岗斑岩、花岗岩中,并见褐铁矿化硅化脉发育,异常西部外围分布有中侏罗世闪长岩体,南部出露有上侏罗统满克头鄂博组流纹质火山岩。异常形态呈不规则状,向北延伸出区外,设置区内异常面积约 16.48km^2,元素组合为 Au、Ag、As、Cu、Pb、Zn、Sn、Mo(图 5-57),单元素异常套合较好。该综合异常具有面积大、元素组合复杂、以中高温元素为主、单元素异常套合较好、强度一般等特征,总体上属于低缓异常。异常区内分布的主要地质体为早白垩世花岗岩、花岗斑岩,在该岩体中分布有多条褐铁矿化硅化脉。该异常区新发现多处铜、铅、锌、银、钼等矿化现象,说明该异常极有可能为一矿致异常,具有一定的铜、钼、铅、锌、银等多金属的找矿前景。

3. 设置区资源潜力评价

根据区内各类矿产的成矿地质背景、时空分布规律、控矿条件以及物化探异常分布特点等因素,本设置区内全国资源潜力评价项目共圈定出铅最小预区 28 个,锌最小预区 28 个,银最小预区 2 个,锡最小预区 1 个,铜矿最小预区 6 个,铁矿最小预区 1 个,钼矿最小预区 4 个。

从找矿潜力分析来看,该区铅锌矿远景资源量综合在 105 054.3t 以上,铜远景资源量在 20 176t 以上,钼远景资源量在 15 129.33t 以上,银远景资源量在 53.4t 以上,铁远景资源量在 3.24×10^{4}t,锡远景资源量在 56.61t。Pb、Zn、Cu、Mo 这 4 种元素有 A 级预区内且估算储量也丰富,说明找矿前景乐观,有

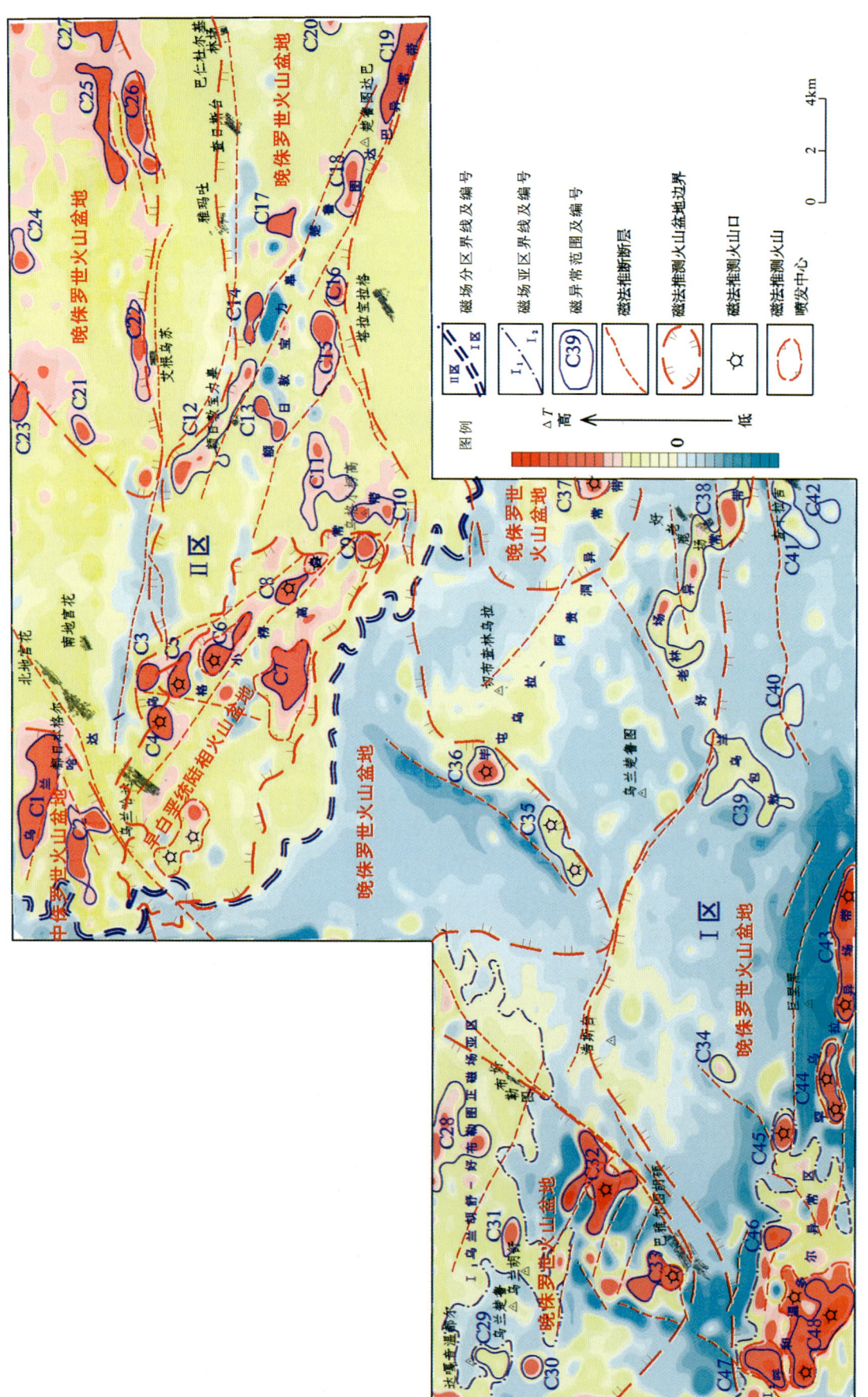

图 5-56　1:5 万设置区区内磁场分区、异常带区分布及地质构造推断成果图

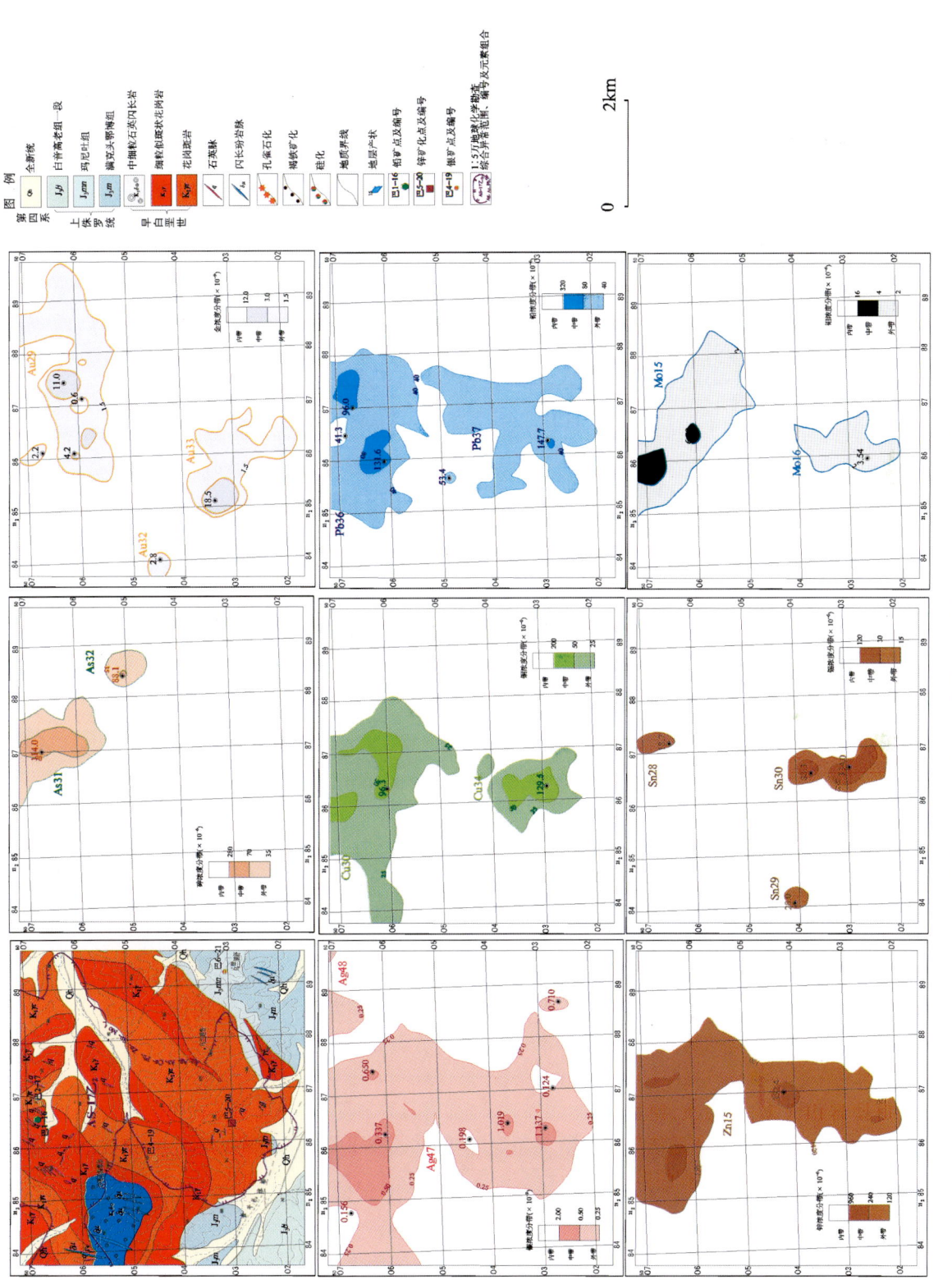

图 5-57 1:5 万设置区 AS-17 乙$_2$ 综合异常剖析图

必要进行下一步工作。

根据设置区的成矿地质条件、矿产资源特点及潜力评价预测情况,设置区以铅、锌、钼、铜矿为主攻矿种,以热液型、斑岩型、蚀变破碎岩型为主要类型,同时兼顾矽卡岩型矿产。

三、对内蒙古自治区成矿(区)带划分的作用

根据全国矿产资源潜力评价技术要求,本次工作自治区境内Ⅰ级成矿域、Ⅱ级成矿省、Ⅲ级成矿(区)带,统一按照《重要矿产和区域成矿规律研究技术要求》及《中国成矿区带划分方案》中涉及到的区带名称使用,不再重新划分。为了以后应用方便,对自治区境内的Ⅲ级成矿(区)带从左至右,从上而下,进行了重新编号(从Ⅲ-1到Ⅲ-14)。

本次工作主要在全国统一Ⅲ级成矿区带的基础上,进行Ⅳ级成矿亚带和Ⅴ级矿集区的划分,其中Ⅳ级成矿亚带是全覆盖的。Ⅳ级成矿亚带的边界以明显的地层、构造和岩体及相关的成矿作用为区别标准,具体地区具体分析,如在相同的沉积岩地区,以构造和岩浆岩作为关键性区别标志。

1. 内蒙古自治区Ⅳ级成矿亚带的划分

内蒙古自治区横跨古亚洲成矿域(Ⅰ-1)、秦祁昆成矿域(Ⅰ-2)和滨太平洋成矿域(叠加在古亚洲成矿域之上)(Ⅰ-4)三大成矿域,共划分出(涉及到)6个Ⅱ级成矿省和14个Ⅲ级成矿(区)带。

Ⅳ级成矿亚带指受同一成矿作用控制和几个主导控矿因素的矿田(矿集区)分布区,展示了矿化富集区的成矿作用特征。

划分原则:在Ⅲ级成矿(区)带内,在成矿规律研究、成矿系列划分的基础上,根据矿床的分布、成因类型、成矿时代,充分考虑其成矿地质条件,结合区域构造、区域岩浆岩、区域地层等进行合理划分Ⅳ级成矿亚带。其边界以明显的地层、构造和岩体及相关的成矿作用为区别标准。尽量将同一成矿作用下,主导控矿因素不同,形成的不同类型、不同矿种组合的矿床分布区域,结合地层、侵入岩分布,主要依据各种断裂构造,对其进行合理划分。

Ⅳ级成矿亚带的编号,在Ⅲ级成矿(区)带编号的基础上,后面再加上序号。如Ⅲ-8-①表示Ⅲ-8区带中的一个Ⅳ级成矿亚带。划分多个Ⅳ级成矿亚带时,按照从左至右,从上至下依次编号。

根据上述原则,对内蒙古自治区进行了全覆盖的Ⅳ级成矿亚带的划分,共划分出34个Ⅳ级成矿亚带(图5-58)。

2. 内蒙古自治区Ⅴ级矿集区的划分

根据《重要矿产和区域成矿规律研究技术要求》,在全国成矿规律图上划分到Ⅲ级成矿区、带,省、市、自治区、大区要进行Ⅳ级成矿区、带(成矿亚带)及Ⅴ级矿集区或矿田的划分。关于划分成矿(区)带的级别和序次中规定"矿田,又称Ⅴ级成矿带",认为"在各种控矿条件最佳耦合情况下,在一定区域内一个或多个成矿旋回叠加作用,可形成矿化强度大、矿床分布集中的矿化密集区。"根据以上对Ⅴ级矿集区(矿田)的定义,在内蒙古自治区Ⅳ级成矿亚区(带)的基础上,对Ⅴ级矿集区进行划分,具体划分原则如下。

(1)选择已知矿床较密集的地区圈定Ⅴ级矿集区,尽量将同一成矿类型的矿产地圈在一起。

(2)分布面积原则上在100~1000 km²之间,对于不同类型、不同矿种的矿产地相对集中的地区或同一矿产类型但密集程度较低的分布范围圈定的面积适当放大。

(3)矿集区内必须有已知矿床而不能只是出现矿化异常,原则上只有一个矿产地的地区不圈定矿集区,但对于重要类型的矿产地或超大型矿产地分布地区,沿成矿地质体或矿化异常边界圈定矿集区。

(4)圈定矿集区时,考虑了次级构造线、含矿地质体的分布范围。

根据上述原则,共划分Ⅴ级矿集区148个。

图 5-58　内蒙古自治区Ⅲ级成矿(区)带、Ⅳ级成矿亚带划分示意图

第三节　直接找矿应用情况

矿产资源潜力评价项目的资料及成果,大量的应用到直接找矿的工作中,内蒙古自治区地质调查院所承担的矿产勘查项目大部分都应用了本项目资料及成果,现举例说明应用情况。

一、内蒙古东乌珠穆沁旗阿拉坦合力地区矿产远景调查项目

1. 项目基本情况

目的任务:通过在阿拉坦合力地区开展1:5万矿产地质调查、1:5万化探测量、1:5万高精度磁测、1:5万遥感地质等项目工作,圈定物化探异常和矿化有利地段,大致查明工作区成矿地质背景、成矿地质特征和成矿规律,评价区域矿产资源潜力;利用大比例尺地质、物探、化探、遥感等手段,配合地表

工程,开展系统矿产检查,提出可供进一步工作的找矿靶区和新发现矿产地。

2. 取得的阶段性成果

新发现乌拉斯太南 3.5km 铜铅锌银多金属矿点(编号 1)、扎拉哈德北东 1.6km 铜铅锌银多金属矿点(编号 2)、扎拉哈德铜铅锌多金属矿点(编号 3)、温多尔乌兰北 2.5km 铜矿化点(编号 5)、绥和查干东铅锌多金属矿点(编号 6)、敖包陶勒盖铜锡多金属矿点(编号 8)6 处。

本区所发现的多金属矿产均受断裂构造控制,成因类型为热液型、蚀变岩型,矿石具细脉浸染状结构,块状构造。

3. 潜力评价资料的应用

本项目在立项、总体设计、项目实施的各阶段,主要应用了内蒙古矿产潜力评价中奥尤特铜多金属典型矿床成矿模式与成矿预测的相关资料,在具体工作中也以该典型矿床总结的成矿预测要素为指导。

(1)通过与典型矿床成矿模式与成矿预测要素资料对比,对本工作区主攻矿种与矿床类型的确立起到了积极作用。

(2)通过与典型矿床成矿地质条件、物化探异常特征的对比,为优选 1∶5 万化探和磁异常,缩小找矿靶区起到了积极作用。

(3)为本项目典型矿床总结及成矿预测工作起到指导作用。

二、内蒙古新巴尔虎右旗阿尔山苏木地区矿产远景调查项目

1. 项目基本情况

目的任务:以铜、铅、锌、银多金属为主攻矿种,在阿尔山苏木地区开展 1∶5 万矿产远景调查。通过 1∶5 万矿产地质调查、1∶5 万土壤测量、1∶5 万高精度磁测、1∶5 万遥感地质解译工作,大致查明工作区成矿地质背景、成矿地质特征和成矿规律,圈定物化探异常和矿化有利地段;利用大比例尺地质、物探、化探等综合手段,配合地表工程,开展矿产检查,评价区域矿产资源潜力,为后续矿产勘查提供靶区和新发现矿产地。预期提交找矿靶区 2 处。

2. 取得的阶段性成果

工作区东北部地区西屯幅西北角发现古火山机构一处。新发现莫格伊敖包东北褐铁矿化矿点 1 处,其地理坐标为:东经 116°51′07″,北纬 49°09′23″。2013 年工作区进行 1∶5 万高磁异常发现工作区内的正磁异常主要分布于西屯图幅的西北部,以莫格伊敖包火山机构为中心,呈北西向带状展布。在矿化点周围可见明显的高磁正异常,并且呈北西向带状展布,与蚀变带的走向基本一致(图 5-59)。

3. 潜力评价资料的应用

(1)应用阶段。本项目主要应用了潜力评价中有关典型矿床成矿模式与成矿预测的相关资料,具体为高尔真山-大青山铜钼多金属蕴矿带资料。其应用阶段主要为立项和总体设计阶段,具体工作中也以该典型矿床总结的成矿预测要素为指导。

(2)起到的作用。一是通过与典型矿床成矿模式与成矿预测要素资料对比,对本工作区主攻矿种与矿床类型的确立起到了积极作用;二是通过与典型矿床成矿地质条件、物化探异常特征的对比,为优选 1∶5 万化探和磁异常,缩小找矿靶区起到了积极作用;三是为本项目典型矿床总结及成矿预测工作起到指导作用。

(3)潜力评价资料应用带来的成果。在高尔真山-大青山铜钼多金属蕴矿带内新发现褐铁矿化矿点 1 个。

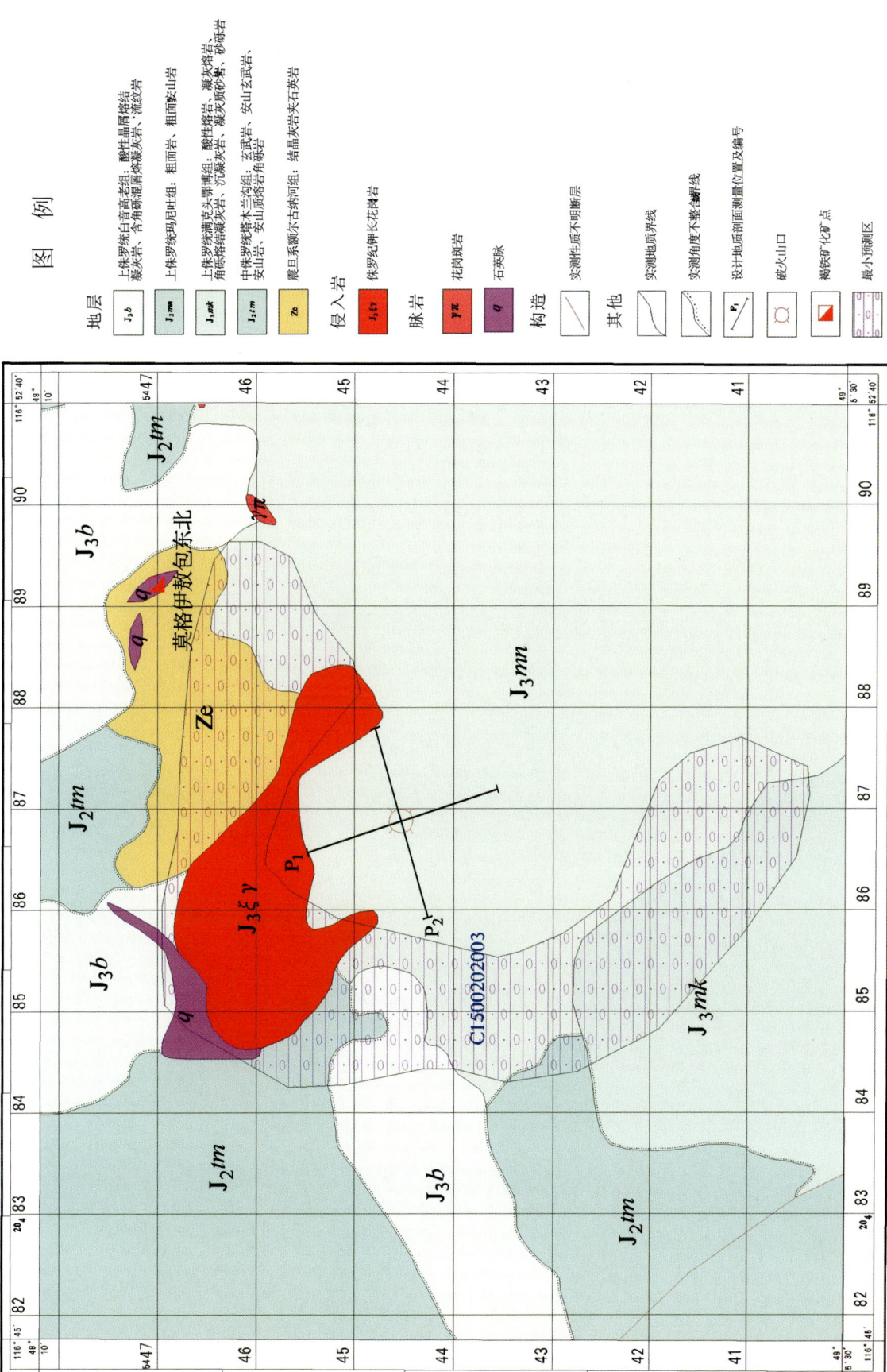

图 5-59　莫格伊敖包东北褐铁矿化矿点地区 1∶5 万地质矿产图

三、内蒙古满洲里-扎赉诺尔地区矿产远景调查项目

1. 项目目的任务

以铜、钼、银多金属为主攻矿种,开展内蒙古满洲里-扎赉诺尔地区矿产远景调查。通过1∶5万矿产地质调查、1∶5万土壤测量、1∶5万遥感地质解译工作,大致查明工作区成矿地质背景、成矿地质特征和成矿规律,圈定综合异常和找矿远景区;利用大比例尺地质、物探、化探等综合手段,配合工程验证,开展矿产检查,评价区域矿产资源潜力,为后续矿产勘查提供靶区。预期提交找矿靶区2处。

2. 取得的阶段性成果

项目本次工作新发现的金属矿点有:头道沟西磁(赤)铁矿点(编号14)、傲尔金牧场三队北西755.3高地磁铁矿点(编号19)、乌讷格德北东868.9高地银矿点(编号21)与鄂尔敦陶勒盖铅锌矿点(编号23)4处。新发现的非金属矿点有满洲里机械化林场松脂岩矿点(编号1)、满洲里南松脂岩矿点(编号3)、加纳山黑曜岩矿点(编号4)、二卡农牧场南黑曜岩矿点(编号7)、二卡气象站松脂岩矿点(编号8)、额日和图乌拉蒙脱石矿点(编号24)与额日和图乌拉南蒙脱石矿点(编号25)7处。

上述已发现的矿点其成因类型有:矽卡岩型、火山岩型、斑岩型与酸性火山熔岩流型。

3. 潜力评价资料的应用

(1)应用阶段。项目主要在设计编写阶段与地质填图路线布置时应用了潜力评价中有关斑岩型矿产预测区(典型矿床为乌努格土山铜钼矿)的相关资料。

(2)起到的作用。在总体设计书编写阶段,利用了潜力评价有关斑岩型矿产预测区划分的成果资料,由于预测依据充分,为最终设计评优起到了积极作用。通过在斑岩型矿产预测区及其外围加密路线布置发现了火山岩型乌讷格德北东868.9高地银矿点(编号21)、矽卡岩型头道沟西磁(赤)铁矿点(编号14)与傲尔金牧场三队北西755.3高地磁铁矿点(编号19),为下一步在矿区外围找矿提供了重要依据。根据潜力评价资料在斑岩型矿产预测区外发现3处矿(化)点。

四、煤炭资源潜力评价的应用情况

内蒙古自治区在煤炭资源潜力评价项目完成后,区内有些企业利用煤炭资源潜力评价成果,在以下区域进行勘查,取得了较好的成果。

1. 内蒙古自治区鄂托克前旗沙尔陶勒盖井田勘探

该勘查区位于内蒙古自治区鄂托克前旗,哈沙图预测区内。其预测区预测资源量$57×10^8$t,本次勘探查明资源量$7×10^8$t。

2. 内蒙古自治区呼伦贝尔市陈巴尔虎旗呼山煤盆地东段煤炭详查

该勘查区位于内蒙古自治区呼伦贝尔市,乌固诺尔北预测区内。含煤地层为下白垩统伊敏组及大磨拐河组,含煤地层总厚度为146.99~593.01m,共揭露含煤组4个,煤层18层,其中可采煤层4层,分别为煤1-3、煤1-6、煤3-1、煤3-4号煤层,均厚分别为2.28m、1.64m、2.77m、11.04m。煤质为中灰、特低硫、中—高热值的褐煤。其预测区预测资源量$11×10^8$t,本次详查查明资源量$23×10^8$t。本详查报告经国土资源部组织评审,并以"国土资储备字〔2011〕104号"文备案。

3. 内蒙古自治区东乌珠穆沁旗高力罕煤田巴音查干矿区三区煤炭详查

该勘查区位于内蒙古自治区东乌珠穆沁旗,高力罕、顶辉、花道包格预测区内。含煤地层为下白垩

统巴彦花组,含104个煤组17层煤,其中5-2、5-3号煤层为主可采煤层,3-2、4、6号煤层为部分可采煤层。3-2、4、5-2、5-3、6号煤层,均厚依次为2.75m、1.94m、8.25m、10.53m、0.98m。煤质以中高灰、特低硫、中—高热值、含油的长焰煤为主,次为褐煤。其预测区预测资源量33×10^8t,本次详查发现资源量14×10^8t。本详查报告经国土资源部组织评审,并以"国土资储备字〔2010〕66号"文备案。

4. 内蒙古自治区东乌珠穆沁旗高力罕煤田巴音查干矿区六区煤炭详查

该勘查区位于内蒙古自治区东乌珠穆沁旗,高力罕、顶辉、花道包格预测区内。含煤地层为下白垩统巴彦花组(均厚514.31m),共含煤层5层,其中可采煤层1层为5号煤层,均厚10.20m。煤质为中灰、特低硫、中高热值的长焰煤和褐煤。其预测区预测资源量33×10^8t,本次详查发现资源量5×10^8t。本详查报告经国土资源厅组织评审,并以"国土资储备字〔2010〕65号"备案。

5. 内蒙古自治区东乌珠穆沁旗高力罕煤田巴音查干矿区七区煤炭详查

该勘查区位于内蒙古自治区东乌珠穆沁旗,高力罕、顶辉、花道包格预测区内。其预测区预测资源量33×10^8t,本次详查发现资源量9×10^8t。含煤地层为下白垩统巴彦花组(均厚1029.52m),共含煤22层,其中可采煤层11层,分别为4-2、4-3、5、6-2、7-1、7-2、8、9、10-1、10-2、10-3号煤层,均厚分别为3.12m、2.10m、5.72m、2.00m、1.32m、2.24m、3.10m、2.20m、2.59m、2.95m、2.31m。煤质为低中灰、特低硫、含油、中高热值的长焰煤和褐煤。本详查报告经国土资源部组织评审,并以"国土资储备字〔2010〕56号"文备案。

6. 内蒙古自治区东乌珠穆沁旗高力罕煤田宝盟塔拉东区煤炭勘探

该勘查区位于内蒙古自治区东乌珠穆沁旗,高力罕、顶辉、花道包格预测区内。含煤地层为下白垩统巴彦花组(均厚467.92m),含5个煤组9层煤,其中可采煤层3层,分别为5-1、5-2、5-3号煤层,均厚分别为2.09m、3.67m、7.00m。煤质为中高灰、特低硫、中高热值的褐煤,其预测区预测资源量33×10^8t,本次详查发现资源量3×10^8t。本勘探报告经国土资源部组织评审,并以"国土资储备字〔2010〕96号"文备案。

7. 内蒙古自治区东乌珠穆沁旗高力罕地区北区普查

该勘查区位于内蒙古自治区东乌珠穆沁旗,高力罕、顶辉、花道包格预测区内。含煤地层为下白垩统大磨拐河组(钻孔揭露均厚316.05m),含可采煤层4层,分别为9、10上、10下、13号煤层,均厚分别为3.86m、1.72m、1.26m、1.48m。煤质为低—中灰、低—中硫、低—中热值的长焰煤。其预测区预测资源量33×10^8t,本次详查发现资源量0.3×10^8t。本普查报告经内蒙古国土资源厅组织评审,并以"国土资储备字〔2010〕72号"文备案。

8. 内蒙古自治区阿拉善左旗巴音白崖子煤炭普查

该勘查区位于内蒙古自治区阿拉善左旗,喇嘛敖包预测区内。其预测区预测资源量50×10^8t,本次普查发现资源量0.5×10^8t。该普查区含可采煤层2层,煤层总厚度为2.79m,最大垂深为660m。该报告经国土资源部矿产资源储量评审中心以"国土资储备字〔2010〕15号"备案。

9. 内蒙古自治区阿拉善左旗大沙蒿子煤炭普查

该勘查区位于内蒙古自治区阿拉善左旗,喇嘛敖包预测区内。其预测区预测资源量50×10^8t,本次普查发现资源量5.9×10^8t。该普查区含煤地层为石炭系—二叠系,可采煤层81层,煤层总厚度65.30m,最大垂深1200m。该报告经国土资源部矿产资源储量评审中心以"国土资储备字〔2010〕16号"备案。

第六章 资金投入和经费使用评价

第一节 资金投入情况

根据全国矿产资源潜力评价项目组要求及内蒙古自治区矿产资源潜力评价的实施进度,中央财政及地方财政分年度共投入资金 17 177.91 万元。其中,中央财政投入 2690 万元,内蒙古自治区财政投入 14 487.91 万元(表 6-1)。

表 6-1 内蒙古自治区矿产资源潜力评价资金投入一览表

中央财政资金投入		地方财政资金投入	
年度	经费(万元)	年度	经费(万元)
2006		2006	
2007	160	2007	2000
2008		2008	2000
2009	380	2009	2400
2010	1000	2010	
2011	420	2011	3975.9
2012	580	2012	3159.5
2013	150	2013	952.51
合计	2690	合计	14 487.91

第二节 资金使用及评价

一、资金使用情况

本项目参加单位较多,费用支出遵守中央及地方各级财政的有关规定,按照单位分列费用项目支出情况(表 6-2)。

表 6-2 内蒙古自治区矿产资源潜力评价项目费用支出一览表　　　　　　　单位：万元

费用项目	内蒙古自治区地质调查院	内蒙古自治区地质矿产勘查院	内蒙古自治区第十地质矿产勘查开发院	内蒙古自治区国土资源勘查院	内蒙古自治区国土资源信息院	中国化工地质矿山总局内蒙古地质勘查院	内蒙古自治区煤田地质局	合计
人员费	2546.38	45.60	709.75	588.34	232.06	303.70	443.15	4868.98
办公费	90.98	81.93	37.87	179.51	25.91	9.51	55.99	481.68
印刷费	864.96	12.00	65.56	44.48	77.05	62.11	49.41	1175.57
水电暖费	52.76	13.67	0.00	0.00	33.60	4.64	7.99	112.66
邮电费	40.36	3.61	2.85	46.26	0.85	4.06	0.00	97.99
交通费	504.31	37.78	189.52	0.00	10.20	50.88	45.11	837.81
差旅费	678.44	44.07	95.68	193.76	92.51	69.22	21.00	1194.69
会议费	512.76	14.92	20.18	0.00	0.00	53.27	43.36	644.49
专用材料和燃料费	310.47	73.35	101.69	389.32	7.07	33.06	228.27	1143.22
咨询劳务费	1563.63	2460.21	150.09	0.00	90.49	164.03	30.00	4458.44
委托业务费	2.60	0.00	344.49	0.00	232.62	0.30	107.60	687.60
设备使用和购置费	58.28	7.19	9.86	0.00	21.75	6.65	0.00	103.73
维修费	6.98	0.00	4.51	0.00	0.00	0.50	19.65	31.64
其他费用	807.20	4.59	101.13	266.83	3.89	118.28	37.48	1339.41
合计	8040.12	2798.92	1833.17	1708.50	828.00	880.20	1089.00	17 177.91

二、资金使用评价

本次工作中使用的经费中，中央财政部分按年度下拨，共 2690 万元，内蒙古自治区地方财政按项目实施的三个阶段下拨，共 14 481.97 万元，地方财政匹配比例为 1∶5.38。

就本次工作资金支出较大部分进行详述。

（1）印刷费：共 1175.57 万元，占总费用的 6.84%。包括成果出版费用及日常印刷费用。该项费用较高是由于本次工作成果报告及数量较多，各单矿种及各专题成果报告 30 份，需出版图件 35 张。

（2）差旅费：共 1194.69 万元，占总费用的 6.95%。本次工作历经 8 年时间，参加人员众多。自项目组成立开始，先后多次参加全国项目办及各专业组组织的培训会议、年度设计审查、工作会议、分阶段成果验收、研讨等会议，参加天津地质调查中心、沈阳地质调查中心组织的各专业单矿种、专题成果汇总、研讨等会议。

（3）会议费：共 644.49 万元，占总费用的 3.75%。主要用于项目年度设计审查、单矿种及各专题成果评审及项目组成员技术培训、项目各承担单位组织协调会。该项工作是一项全新的工作，在项目开展之前需对项目成员进行统一培训，工作中也要不断统一思想，协调各承担单位工作进度等。

（4）咨询劳务费：共 4458.44 万元，占总费用的 25.95%。主要包括专业技术人员及老专家的聘请咨询产生的费用。由于本项目需要编制成果图件数量众多，因此需要聘请多名技术人员进行图件、数据库的编制建设工作。另外，在工作进行过程中不时需要向老专家进行咨询，保证项目的顺利实施，因此项目组聘请多名资历丰富的老专家作为项目顾问，指导项目研究。

第七章 存在问题与工作建议

1. 组织实施经验

自 2006 年全国矿产资源潜力评价项目开展以来，内蒙古自治区积极响应中国地质调查局号召，于 2006 年底在内蒙古自治区国土资源厅的组织下建立内蒙古自治区矿产资源潜力评价项目组，项目组由内蒙古自治区国土资源厅（牵头）、内蒙古自治区地质调查院、内蒙古自治区地质矿产局、内蒙古自治区信息院、内蒙古自治区地质矿产勘查院、内蒙古自治区第十地质矿产勘查开发院、中国化工地质矿山总局内蒙古自治区地勘院、内蒙古自治区煤田地质局等单位组成，各单位分工合作，负责不同的课题研究，协力且保质保量地完成了全国项目办下达的任务。

在矿产预测工作开展前，为保证矿产预测思路、方法及成果的正确性，本项目组聘请全国项目办预测课题负责人亲临内蒙古自治区地质调查院对资源量估算方法进行指导，对项目组人员进行再次培训；由于内蒙古自治区面积大，涉及的预测工作区较多，工作量大，延续时间较长，对铁、铝、铜、金、钼、银等 21 个矿种的矿产潜力评价工作采取分阶段进行的方式展开，在进行铜、金等矿种的矿产预测时，项目组在内蒙古自治区地质调查院的统一安排下进行集中办公，按时保质保量地完成了资源潜力评价工作；为保证工作成果的质量，在每次阶段性成果验收前，内蒙古自治区国土资源厅均组织各课题成员，邀请全国项目办各课题组专家对项目阶段性成果进行初审，提出宝贵意见。

由于内蒙古自治区地域广泛，涉及矿产种类众多，且近年来自治区 1∶5 万矿调等其他众多矿产项目也在不断展开，导致项目组收集资料不全面，没有收集到最新的资料，建议今后不断补充最新资料。

内蒙古自治区矿产资源潜力评价项目是本区首次大规模全区性的对矿产资源现状及潜力进行摸底及评价的项目，项目不光汇总整理了大量的地质、矿产、物探、化探、遥感及自然重砂等资料，更对收集到的资料进行建库、综合研究，结合各种资料展开对区内矿产的潜力评价工作。因此项目成果的技术及经济价值巨大，应对成果进行推广，使其可以最大限度地服务社会。

在项目进行过程中，项目组培养了大批综合型地质矿产人才，为未来本区地质行业综合型地质矿产人才队伍建设提供了保障。

2. 存在问题

（1）成矿规律研究方面，矿区汇编资料较少，建议补充矿区汇编工作；二连赋煤带中的侏罗纪含煤地层（阿拉坦合力群）与大兴安岭中、南段的红旗组对比缺少古生物方面的依据；赋煤带、煤田的划分缺少区域大地构造相的支持（火山岩相带、变质带等）。二连赋煤带的构造控煤问题需要深入研究。

（2）由于内蒙古地域广阔，东、南、西三面与黑龙江、吉林、辽宁、河北、山西、陕西、宁夏、甘肃八省毗邻，东西跨度大，矿产、重力、磁法、遥感、自然重砂等专题资料收集方面工作量大，由于工作时间紧，任务重，有些新资料收集不够充分。

（3）本次磁性体积法对内蒙古自治区铁矿预测资源量评价，对无磁性的赤铁矿和弱磁性的超贫铁矿评价不多，也有许多超贫铁矿还没有利用，也较难评价，内蒙古自治区超贫铁矿的潜力也很大。另外，从所收集的大比例尺地磁资料情况看，埋深大于 500m 的较少。

（4）遥感解译成果在现有的技术和资料的条件下，不能完全满足矿产组提出的要求。矿产地质特征解译采用 ETM+ 数据为解译数据源,遥感解译对象为具诊断性意义的"线、环、色、带、块"五要素;解译人员的经验知识不足,存在漏判或误判。遥感可以做到将侵入岩体和蚀变带地质解译,对于较深的隐伏岩体也是不能够做到详细的解译,除非有围岩蚀变。针对具体的年代,遥感图像的解译也不能具体划分,只能结合已有的基础地质图和地质报告进行年代的识别,是一个综合的过程。

(5)自然重砂资料应用研究,也存在一些不尽如人意的地方。特别是矿产资料方面,近几年大力开发矿业,发现了大量的大中型矿床,但在资料收集上存在困难,这样不同程度地影响了自然重砂异常与矿床的成矿规律的探讨、研究;在重砂矿物学标志上运用不够,特别是重矿物的物理特征、标形特征这些资料在原始资料中无记载,20世纪60年代初重砂鉴定报告中只对金矿有简单描述,因此这方面的研究比较欠缺。

(6)矿产资源潜力评价资料的公开程度不高,行业内各单位对矿产资源潜力评价的成果还不够了解,成果的转化、在矿产勘查方面的应用还有待提高。

3. 工作建议

(1)由于本次全国矿产资源潜力评价时间紧、任务重、内容多而复杂,深入综合研究程度不够,建议项目总任务完成后,有计划地组织专业人员做系统的资料整理工作,保留项目部分人员,对2006年以后或以前近几年的新资料进行补充、更新、研究。

(2)通过近8年的工作,中央及地方各级政府投入了大量的资金,各承担单位花费大量的人力、物力,获得了大量的原始资料及丰硕的成果,锻炼了人才队伍,为使本次工作的成果为今后的地质勘查工作服务,还应不断加强成果的提升、转化应用工作,对取得的成果及新的地质调查成果进行补充、深入研究,加强成矿背景、成矿规律研究,加强物探、化探、遥感资料的应用,更精确地圈定找矿靶区,更好地为找矿工作起到指导作用。

(3)建议在后续工作中设置以下项目。

项目1:内蒙古自治区矿产资源潜力评价成果报告编辑与出版。

项目2:内蒙古自治区地质勘查成果数据补充与更新(2006年以来)。

项目3:内蒙古自治区矿产地质与区域成矿规律综合研究。

项目4:内蒙古自治区重要找矿远景区矿产资源潜力预测与评价。

项目5:内蒙古自治区矿产勘查部署研究(找矿靶区圈定及优选)。

主要参考文献

方曙,朱洪森,朱慧忠,等.华北地台北缘喀喇沁断隆隆升机制[J].中国地质,2001,28(3):5-11.

内蒙古国土资源勘查开发院.内蒙古自治区1:50万航空磁力异常图和1:100万布格重力异常图综合研究报告[R].呼和浩特:内蒙古国土资源勘查开发院,1991.

内蒙古矿业开发有限责任公司.内蒙古阿拉善左旗巴音白崖子煤炭普查报告[R].呼和浩特:内蒙古矿业开发有限责任公司,2009.

内蒙古矿业开发有限责任公司.内蒙古阿拉善左旗大沙蒿子煤炭普查报告[R].呼和浩特:内蒙古矿业开发有限责任公司,2009.

内蒙古龙旺地质勘探有限责任公司.内蒙东乌珠穆沁旗高力罕煤田巴音查干矿区三区煤炭详查报告[R].霍林郭勒:内蒙古龙旺地质勘探有限责任公司,2010.

内蒙古龙旺地质勘探有限责任公司.内蒙古东乌珠穆沁旗高力罕煤田宝盟塔拉东区煤炭勘探报告[R].霍林郭勒:内蒙古龙旺地质勘探有限责任公司,2009.

内蒙古鑫昊有色金属矿业开发有限责任公司.内蒙古自治区东胜煤田纳林庙详查区外围纳林庙煤矿煤炭资源储量核实报告[R].呼和浩特:内蒙古鑫昊有色金属矿业开发有限责任公司,2008.

内蒙古自治区地质矿产局.内蒙古自治区区域地质志[M].北京:地质出版社,1991.

内蒙古自治区煤田地质局109勘探队三分队.内蒙古自治区东乌珠穆沁旗阿拉坦合力苏木巨里贺煤矿详查地质报告[R].呼伦贝尔:内蒙古自治区煤田地质局109勘探队三分队,1989.

内蒙古自治区煤田地质局117勘探队.蒙古自治区东胜煤田塔然高勒北部矿区煤炭详查报告[R].鄂尔多斯:内蒙古自治区煤田地质局117勘探队,2005.

内蒙古自治区煤田地质局117勘探队.内蒙古自治区东胜煤田马泰壕井田煤炭勘探报告[R].鄂尔多斯:内蒙古自治区煤田地质局117勘探队,2008.

邵和明,张履桥.内蒙古自治区主要成矿区带和成矿系列[R].呼和浩特:内蒙古自治区地质调查院,2001.

邵济安,唐克东.蛇绿岩与古蒙古洋的演化[C]//张旗.蛇绿岩与地球动力学[M].北京:地质出版社,1990.

王鸿祯,刘本培,李思田.中国及邻区构造古地理和生物古地理[M].武汉:中国地质大学出版社,1990.

王荃.内蒙古东部中朝与西伯利亚古板块间缝合线的确定[J].地质学报,1986(1):33-45.

肖克炎,王勇毅,陈郑辉,等.中国矿产资源评价新技术与评价新模型[M].北京:地质出版社,2006.

叶天竺,肖克炎,严光生.矿床模型综合地质信息预测技术研究[J].地学前缘,2007,14(5):13-21.

张连昌,吴华英,等.中生代复杂构造体系的成矿过程与成矿作用——以华北大陆北缘西拉木伦钼铜多金属成矿带为例[J].岩石学报,2010,26(5):1351-1362.

张旗.蛇绿岩与地球动力学研究[M].北京:地质出版社,1996.

附 表

附表1 内蒙古自治区矿产资源潜力评价完成工作量统计表

项目名称:内蒙古自治区省级矿产资源潜力评价
项目编码:1212010813005(2006—2008);1212010881609(2009—2010);1212011121003(2011—2013)
承担单位:内蒙古自治区地质调查院

类 别	单位	设计工作量	完成工作量	完成百分比
一、成矿地质背景类编图及建库				
1. 1∶25万实际材料图	幅	133	103	77%
2. 1∶25万建造构造图	幅	133	134	101%
3. 预测工作区地质构造专题底图				
(1)预测工作区建造构造底图	幅	50	50	100%
(2)预测工作区沉积建造构造底图	幅	30	30	100%
(3)预测工作区火山岩性岩相构造底图	幅	7	7	100%
(4)预测工作区侵入岩浆构造底图	幅	80	80	100%
(5)预测工作区变质建造构造底图	幅	10	10	100%
(6)预测工作区岩相古地理图	幅	2	2	100%
4. 全省主要成煤期古构造图	幅	9	4	44%
5. 全省主要成煤期古地理图	幅	9	4	44%
6. 全省煤田构造纲要图	幅	1	1	100%
7. 编制图件说明书	份	319	319	100%
8. 建立相关数据库	个	417	417	100%
9. 编制专题报告	份	1	1	100%
二、典型矿床和成矿规律研究类编图及建库				
1. 矿产预测类型分布图[铁、铝、铜、磷、钾、钨、锑、稀土、铅锌、金、煤、锡、钼、镍、锰、铬、银、锂、硫、萤石、菱镁矿、硼、重晶石、铀等矿种(组)]	幅	21	21	100%
2. 矿产预测类型数量				
(1)铁	个	25	25	100%
(2)铝	个	1	1	100%
(3)铜	个	18	18	100%
(4)磷	个	6	6	100%
(5)钨	个	5	5	100%
(6)锑	个	1	1	100%

续附表 1

类　　别		单位	设计工作量	完成工作量	完成百分比
(7)稀土		个	4	4	100%
(8)铅锌		个	15	15	100%
(9)金		个	19	19	100%
(10)锡		个	6	6	100%
(11)钼		个	13	13	100%
(12)镍		个	6	6	100%
(13)锰		个	5	5	100%
(14)铬		个	4	4	100%
(15)银		个	8	8	100%
(16)硫		个	9	9	100%
(17)萤石		个	17	17	100%
(18)菱镁矿		个	1	1	100%
(19)重晶石		个	1	1	100%
3.典型矿床研究及编图					
(1)铁	典型矿床成矿要素图	幅	25	25	100%
	典型矿床成矿模式图	幅	25	25	100%
	典型矿床预测要素图	幅	25	25	100%
	典型矿床预测模型图	幅	25	25	100%
(2)铝	典型矿床成矿要素图	幅	1	1	100%
	典型矿床成矿模式图	幅	1	1	100%
	典型矿床预测要素图	幅	1	1	100%
	典型矿床预测模型图	幅	1	1	100%
(3)铜	典型矿床成矿要素图	幅	18	18	100%
	典型矿床成矿模式图	幅	18	18	100%
	典型矿床预测要素图	幅	18	18	100%
	典型矿床预测模型图	幅	18	18	100%
(4)磷	典型矿床成矿要素图	幅	6	6	100%
	典型矿床成矿模式图	幅	6	6	100%
	典型矿床预测要素图	幅	6	6	100%
	典型矿床预测模型图	幅	6	6	100%
(5)钨	典型矿床成矿要素图	幅	5	5	100%
	典型矿床成矿模式图	幅	5	5	100%
	典型矿床预测要素图	幅	5	5	100%
	典型矿床预测模型图	幅	5	5	100%

续附表1

类　　别		单位	设计工作量	完成工作量	完成百分比
(6)锑	典型矿床成矿要素图	幅	1	1	100%
	典型矿床成矿模式图	幅	1	1	100%
	典型矿床预测要素图	幅	1	1	100%
	典型矿床预测模型图	幅	1	1	100%
(7)稀土	典型矿床成矿要素图	幅	4	4	100%
	典型矿床成矿模式图	幅	4	4	100%
	典型矿床预测要素图	幅	4	4	100%
	典型矿床预测模型图	幅	4	4	100%
(8)铅锌	典型矿床成矿要素图	幅	15	15	100%
	典型矿床成矿模式图	幅	15	15	100%
	典型矿床预测要素图	幅	15	15	100%
	典型矿床预测模型图	幅	15	15	100%
(9)金	典型矿床成矿要素图	幅	19	19	100%
	典型矿床成矿模式图	幅	19	19	100%
	典型矿床预测要素图	幅	19	19	100%
	典型矿床预测模型图	幅	19	19	100%
(10)锡	典型矿床成矿要素图	幅	6	6	100%
	典型矿床成矿模式图	幅	6	6	100%
	典型矿床预测要素图	幅	6	6	100%
	典型矿床预测模型图	幅	6	6	100%
(11)钼	典型矿床成矿要素图	幅	13	13	100%
	典型矿床成矿模式图	幅	13	13	100%
	典型矿床预测要素图	幅	13	13	100%
	典型矿床预测模型图	幅	13	13	100%
(12)镍	典型矿床成矿要素图	幅	6	6	100%
	典型矿床成矿模式图	幅	6	6	100%
	典型矿床预测要素图	幅	6	6	100%
	典型矿床预测模型图	幅	6	6	100%
(13)锰	典型矿床成矿要素图	幅	5	5	100%
	典型矿床成矿模式图	幅	5	5	100%
	典型矿床预测要素图	幅	5	5	100%
	典型矿床预测模型图	幅	5	5	100%
(14)铬	典型矿床成矿要素图	幅	4	4	100%
	典型矿床成矿模式图	幅	4	4	100%
	典型矿床预测要素图	幅	4	4	100%
	典型矿床预测模型图	幅	4	4	100%

续附表1

类 别		单位	设计工作量	完成工作量	完成百分比
(15)银	典型矿床成矿要素图	幅	8	8	100%
	典型矿床成矿模式图	幅	8	8	100%
	典型矿床预测要素图	幅	8	8	100%
	典型矿床预测模型图	幅	8	8	100%
(16)硫	典型矿床成矿要素图	幅			
	典型矿床成矿模式图	幅	9	9	100%
	典型矿床预测要素图	幅	9	9	100%
	典型矿床预测模型图	幅	9	9	100%
(17)萤石	典型矿床成矿要素图	幅	6	6	100%
	典型矿床成矿模式图	幅	6	6	100%
	典型矿床预测要素图	幅	6	6	100%
	典型矿床预测模型图	幅	6	6	100%
(18)菱镁矿	典型矿床成矿要素图	幅	1	1	100%
	典型矿床成矿模式图	幅	1	1	100%
	典型矿床预测要素图	幅	1	1	100%
	典型矿床预测模型图	幅	1	1	100%
(19)重晶石	典型矿床成矿要素图	幅	1	1	100%
	典型矿床成矿模式图	幅	1	1	100%
	典型矿床预测要素图	幅	1	1	100%
	典型矿床预测模型图	幅	1	1	100%
4. 预测工作区编图					
(1)铁	预测工作区成矿要素图	幅	27	27	100%
	预测工作区成矿模式图	幅	27	27	100%
	预测工作区预测要素图	幅	27	27	100%
	预测工作区预测模型图	幅	27	27	100%
(2)铝	预测工作区成矿要素图	幅	1	1	100%
	预测工作区成矿模式图	幅	1	1	100%
	预测工作区预测要素图	幅	1	1	100%
	预测工作区预测模型图	幅	1	1	100%
(3)铜	预测工作区成矿要素图	幅	19	19	100%
	预测工作区成矿模式图	幅	19	19	100%
	预测工作区预测要素图	幅	19	19	100%
	预测工作区预测模型图	幅	19	19	100%

续附表1

类 别		单位	设计工作量	完成工作量	完成百分比
(4)磷	预测工作区成矿要素图	幅	6	6	100%
	预测工作区成矿模式图	幅	6	6	100%
	预测工作区预测要素图	幅	6	6	100%
	预测工作区预测模型图	幅	6	6	100%
(5)钨	预测工作区成矿要素图	幅	5	5	100%
	预测工作区成矿模式图	幅	5	5	100%
	预测工作区预测要素图	幅	5	5	100%
	预测工作区预测模型图	幅	5	5	100%
(6)锑	预测工作区成矿要素图	幅	1	1	100%
	预测工作区成矿模式图	幅	1	1	100%
	预测工作区预测要素图	幅	1	1	100%
	预测工作区预测模型图	幅	1	1	100%
(7)稀土	预测工作区成矿要素图	幅	4	4	100%
	预测工作区成矿模式图	幅	4	4	100%
	预测工作区预测要素图	幅	4	4	100%
	预测工作区预测模型图	幅	4	4	100%
(8)铅锌	预测工作区成矿要素图	幅	15	15	100%
	预测工作区成矿模式图	幅	15	15	100%
	预测工作区预测要素图	幅	15	15	100%
	预测工作区预测模型图	幅	15	15	100%
(9)金	预测工作区成矿要素图	幅	22	22	100%
	预测工作区成矿模式图	幅	22	22	100%
	预测工作区预测要素图	幅	22	22	100%
	预测工作区预测模型图	幅	22	22	100%
(10)锡	预测工作区成矿要素图	幅	7	7	100%
	预测工作区成矿模式图	幅	7	7	100%
	预测工作区预测要素图	幅	7	7	100%
	预测工作区预测模型图	幅	7	7	100%
(11)钼	预测工作区成矿要素图	幅	15	15	100%
	预测工作区成矿模式图	幅	15	15	100%
	预测工作区预测要素图	幅	15	15	100%
	预测工作区预测模型图	幅	15	15	100%

续附表1

类　　别		单位	设计工作量	完成工作量	完成百分比
(12)镍	预测工作区成矿要素图	幅	10	10	100%
	预测工作区成矿模式图	幅	10	10	100%
	预测工作区预测要素图	幅	10	10	100%
	预测工作区预测模型图	幅	10	10	100%
(13)锰	预测工作区成矿要素图	幅	5	5	100%
	预测工作区成矿模式图	幅	5	5	100%
	预测工作区预测要素图	幅	5	5	100%
	预测工作区预测模型图	幅	5	5	100%
(14)铬	预测工作区成矿要素图	幅	6	6	100%
	预测工作区成矿模式图	幅	6	6	100%
	预测工作区预测要素图	幅	6	6	100%
	预测工作区预测模型图	幅	6	6	100%
(15)银	预测工作区成矿要素图	幅	8	8	100%
	预测工作区成矿模式图	幅	8	8	100%
	预测工作区预测要素图	幅	8	8	100%
	预测工作区预测模型图	幅	8	8	100%
(16)硫	预测工作区成矿要素图	幅	7	7	100%
	预测工作区成矿模式图	幅	7	7	100%
	预测工作区预测要素图	幅	7	7	100%
	预测工作区预测模型图	幅	7	7	100%
(17)萤石	预测工作区成矿要素图	幅	17	17	100%
	预测工作区成矿模式图	幅	17	17	100%
	预测工作区预测要素图	幅	17	17	100%
	预测工作区预测模型图	幅	17	17	100%
(18)菱镁矿	预测工作区成矿要素图	幅	1	1	100%
	预测工作区成矿模式图	幅	1	1	100%
	预测工作区预测要素图	幅	1	1	100%
	预测工作区预测模型图	幅	1	1	100%
(19)重晶石	预测工作区成矿要素图	幅	1	1	100%
	预测工作区成矿模式图	幅	1	1	100%
	预测工作区预测要素图	幅	1	1	100%
	预测工作区预测模型图	幅	1	1	100%

续附表 1

类　　别	单位	设计工作量	完成工作量	完成百分比
5. 全省单矿种(组)地质矿产分布图	幅	20	20	100%
6. 全省单矿种(组)区域成矿规律图	幅	20	20	100%
7. 全省区域成矿规律图	幅	1	4	400%
8. 编制图件说明书	份	697	700	100%
9. 建立数据库	个	697	700	100%
10. 编制专题报告	份	20	20	100%
三、重力类编图及建库				
1. 典型矿床重力编图	幅	654	320	49%
2. 预测工作区重力编图	幅	500	531	106%
3. 全省重力工作程度图	幅	4	2	50%
4. 全省布格重力异常图	幅	2	2	100%
5. 全省剩余重力异常图	幅	2	2	100%
6. 重力推断地质构造图	幅	2	2	100%
7. 重力异常定量解释图	幅	70	94	134%
8. 其他图件	幅	2630	2695	102%
9. 编制图件说明书	份	696	696	100%
10. 建立数据库	个	539	539	100%
11. 编制报告	份	22	22	100%
四、磁测类编图及建库				
1. 典型矿床磁测编图	幅	1014	1125	111%
2. 预测工作区磁测编图	幅	1001	749	75%
3. 全省磁测工作程度图	幅	2	2	100%
4. 全省航磁 ΔT 等值线图	幅	1	1	100%
5. 全省航磁 ΔT 化极等值线图	幅	1	1	100%
6. 全省航磁 ΔT 化极垂向一阶导数等值线平面图	幅	1	1	100%
7. 全省磁测资料推断地质构造图	幅	1	1	100%
8. 省级磁性矿产预测图	幅	1	1	100%
9. 省级磁异常分布图	幅	1	1	100%
10. 编制图件说明书	份	704	704	100%
11. 建立数据库	个	704	704	100%
12. 编制报告	份	6	6	100%
五、化探类编图及建库				
1. 典型矿床化探编图	幅	800	538	67%
2. 预测工作区化探编图	幅	4650	2782	60%
3. 全省化探工作程度图	幅	1	4	400%

续附表1

类　　　别	单位	设计工作量	完成工作量	完成百分比
4. 全省地球化学景观分区图	幅	1	2	200%
5. 全省单元素地球化学图(含单元素异常图)	幅	78	156	200%
6. 全省组合元素异常图(含综合异常图)	幅	8	16	200%
7. 全省地球化学解释推断地质构造图	幅	1	2	200%
8. 全省地球化学预测重要矿种的找矿预测图	幅	1	26	2600%
9. 编制图件说明书	份	2774	2774	100%
10. 建立数据库	个	2402	2402	100%
11. 编制报告	份	15	15	100%
六、遥感类编图及建库				
1. 典型矿床遥感编图	幅	126	276	219%
2. 预测工作区遥感编图	幅	821	708	86%
3. 全省遥感影像镶嵌图	幅	1	1	100%
4. 全省遥感工作程度图	幅	1	1	100%
5. 全省遥感构造解译图	幅	1	1	100%
6. 全省遥感异常组合图	幅	1	1	100%
7. 编制图件说明书	份	1531	1531	100%
8. 建立数据库	个	1146	1146	100%
9. 编制报告	份	3	3	100%
七、自然重砂类编图及建库				
1. 预测工作区自然重砂编图	幅	646	149	23%
2. 全省自然重砂工作程度图	幅	4	1	25%
3. 全省自然重砂单矿物异常图	幅	5	40	800%
4. 编制图件说明书	份	90	90	100%
5. 建立数据库	个	90	90	100%
6. 编制报告	份	3	3	100%
八、矿产预测类编图及建库				
1. 预测工作区矿产预测成果图	幅	225	531	236%
2. 全省矿产预测综合成果图	幅	21	22	105%
3. 全省勘查工作部署建议图	幅	21	21	100%
4. 全省未来勘查工作成果预测图	幅	11	0	0
5. 全省未来矿产开发基地预测图	幅	21	21	100%
6. 编制图件说明书	份	239	239	100%
7. 建立数据库	个	239	239	100%
8. 编制报告	份	20	20	100%
九、工作量汇总				
1. 编图工作量汇总	幅	15 149	15 844	105%
2. 编制图件及报告说明书汇总	份	3561	7186	202%
3. 编制报告汇总	份	24	121	533%

备注：统计矿种编图工作量时,只计入某一主要矿种,其他矿种不重复统计。编制各专业图件说明书和建立数据库,填写与编图对应的说明书和数据库的总数。

附表 2 内蒙古自治区矿产资源潜力评价成果转化应用一览表

成果转化应用类别		成果转化应用内容
一、各专业基础资料应用情况	建造构造图的应用	1. 1:25万实际材料图直接用于1:25建造构造图的编图 2. 1:25万建造构造图：为最有实际应用价值的图件，除应用于矿产潜力评价矿产预测工作区专题底图和大地构造相图编图之外，还应用于其他专业地质构造底图。由于其资料具有综合性、最新和资料套改的优势，已被广泛应用于地质调查、地质勘查和科研领域 3. 大地构造相图：已被地质构造研究领域参考应用 4. 预测工作区专题底图被矿产预测和矿产现律研究直接应用
		1. 推断断裂等为构造单元划分、成矿（区）带划分提供了重要依据，如华北板块与西伯利亚板块界线（Ⅰ级构造单界线）的厘定、额尔古纳岛弧及海拉尔－呼玛弧后盆地界线（Ⅲ级构造单元界线）的厘定等 2. 推断盆地及隐伏半隐伏岩体、地层、断裂构造等为矿产预测提供了重要依据：①为煤炭远景区划分靶区圈定提供了重要依据，圈定盆地内的基底构造，对盆地内利用剩余重力异常特征结合以往电测深资料研究了盆地区预测、圈定靶区部署选区提供了重要依据。②其他非金属、金属成矿远景区划分、最小预测区的圈定研究成果为煤炭、石油等远景预测、勘查部署人岩侵入体型铁锡矿朝不楞有岩体型金矿预测工作区；③为矿业权部署选区提供了重要依据，矿业权设置区及工作部署矿产远景调查矿产勘查探矿普查，陈家沐子武火山隐爆角砾岩型金矿远景调查区及工作部署提供了重要依据；2010年以来，全区开展的区域物化探普查、矿产远景调查及大批矿产勘查项目的立项依据，工作部署等重力资料研究成果为矿产远景选区和工作布置提供了重要的地球物理依据。已利用资源潜力评价重力成果资料部署矿产远景调查项目26个，矿产勘查项目32个（见磁法部分）
	重力成果的应用	Ⅰ 矿产远景调查项目 (1) 内蒙古自治区莫力达瓦旗塔温宝地区矿产远景调查 (2) 内蒙古自治区乌拉盖旗后哈马尼图一查干花地区矿产远景调查 (3) 内蒙古自治区查干哈达庙－别鲁乌图地区矿产远景调查 (4) 内蒙古自治区科右中旗西南沟一带矿产远景调查 (5) 内蒙古自治区四子王旗白乃庙地区矿产远景调查 (6) 内蒙古自治区莫力达瓦旗库如奇地区矿产远景调查 (7) 内蒙古自治区瓦旗额仁高比地区矿产远景调查 (8) 内蒙古自治区东乌旗满洲里－扎赉诺尔地区矿产远景调查 (9) 内蒙古自治区东乌珠穆沁旗阿力坦合力地区矿产远景调查 (10) 内蒙古自治区阿巴嘎旗乌和尔楚鲁图一带地区矿产远景调查 (11) 内蒙古自治区莫力达瓦旗巴彦街地区矿产远景调查

续附表 2

成果转化应用类别		成果转化应用内容
一、各专业基础资料应用情况	重力成果的应用	（12）内蒙古自治区额济纳旗饮水井地区 12 幅 1:5 万区域矿产地质调查 （13）内蒙古自治区额济纳旗蓬勃山地区 9 幅 1:5 万区域矿产地质调查 （14）内蒙古自治区额济纳旗珠斯楞捞地区 6 幅 1:5 万区域矿产地质调查 （15）内蒙古自治区阿拉善右旗恩格尔乌苏地区 17 幅 1:5 万区域矿产地质调查 （16）内蒙古自治区阿拉善额济纳旗喝别特拉日格等 2 幅 1:5 万区域矿产地质调查 （17）内蒙古自治区阿拉善右旗大山口等 6 幅 1:5 万区域矿产地质调查 （18）内蒙古自治区乌兰察布市三道沟等 5 幅 1:5 万区域矿产地质调查 （19）内蒙古自治区阿拉善左旗苏海图等 6 幅 1:5 万区域矿产地质调查 （20）内蒙古自治区莫力达瓦旗尔族自治旗拉等 8 幅 1:5 万区域矿产地质调查 （21）内蒙古自治区乌兰察布市苏尼营盘等 4 幅 1:5 万区域矿产地质调查 （22）内蒙古自治区兴安盟呼勒列勒乌拉等 7 幅 1:5 万区域矿产地质调查 （23）内蒙古自治区兴安盟科尔沁右翼前旗十家子等 5 幅 1:5 万区域矿产地质调查 （24）内蒙古自治区兴安盟乌兰吐等 4 幅 1:5 万区域矿产地质调查 （25）内蒙古自治区兴安盟马家营等 7 幅 1:5 万区域矿产地质调查 （26）内蒙古自治区兴安盟马家营等 7 幅 1:5 万区域矿产地质调查 II 矿产勘查项目 （1）内蒙古自治区额济纳旗望湖山东金多金属矿预查 （2）内蒙古自治区牙克石哈达岭东 AS29 化探异常查证 （3）内蒙古自治区多伦县庄家营子-柳条沟铅多金属矿普查 （4）内蒙古自治区多伦县石人沟银铅多金属矿预查 （5）内蒙古自治区太仆寺旗石砾山金铜多金属矿普查 （6）内蒙古自治区额济纳旗敦德乌苏铜镍多金属矿预查 （7）内蒙古自治区多伦县核桃坝多金属矿预查 （8）内蒙古自治区阿拉善左旗亚马图晶质石墨矿普查 （9）内蒙古自治区宁城县十八台东航磁异常查证 （10）内蒙古自治区乌拉特前旗西热庙一带航磁异常查证 （11）内蒙古自治区额济纳旗希热哈达东煤炭预查 （12）内蒙古自治区科尔沁右翼前旗巴尔陶勒盖-复兴屯一带铅锌多金属矿预查 （13）内蒙古自治区科尔沁右翼前旗树木沟铅锌多金属矿预查

续附表 2

成果转化应用类别		成果转化应用内容
一、各专业基础资料应用情况	重力成果的应用	(14)内蒙古自治区乌拉特后旗欧布拉格北金铜多金属矿预查 (15)内蒙古自治区阿拉善左旗乌苏铁铜多金属矿普查 (16)内蒙古自治区阿拉善左旗乌海尚德咸味井铜多金属矿预查 (17)内蒙古自治区额济纳旗成味井铜多金属矿普查 (18)内蒙古自治区多伦县小井铅多金属矿预查 (19)内蒙古自治区巴林右旗召呼都格一带磁异常查证 (20)内蒙古自治区太小寺旗苏家沟铅锌银多金属矿普查 (21)内蒙古自治区额济纳旗白挖搭煤炭预查 (22)内蒙古自治区毛布力格铅多金属矿预查 (23)内蒙古自治区正蓝旗芙图铅铝多金属矿预查 (24)内蒙古自治区多伦县石人沟银铅多金属矿普查 (25)内蒙古自治区阿拉善左旗亚马图晶质石墨矿普查 (26)内蒙古自治区和林格尔县碾盘梁金多金属矿预查 (27)内蒙古自治区翁牛特旗芽心洞铅银多金属矿预查 (28)内蒙古自治区克什克腾旗石子山铅锌多金属矿预查 (29)内蒙古自治区乌拉特后旗查干温都尔铜多金属矿预查 (30)内蒙古自治区阿拉善左旗超盖陶勒盖地区蒙C-2010-0192等航磁异常查证 (31)内蒙古自治区阿拉善左旗苏里图地区蒙C-2010-0504等航磁异常查证 (32)内蒙古自治区乌兰察布市旗下营等4幅1:5万区域矿产地质调查
	磁法成果的应用	1. 基础性航磁成果图件在实际生产中得到了广泛的应用:成图件在矿产地或矿床潜力中首先参考的是基础航磁资料;在选定找矿靶区及立项申报中航磁基础资料为重要的技术依据,自项目开展以来,曾为"内蒙古档案中西庙一带航磁异常查证""多个地质调查项目提供航磁基础成果资料 2. 航磁异常资料的应用:为内蒙古自治区磁性矿产研究开发奠定了坚实的基础 3. 磁性矿产资源量的建立为内蒙古自治区铁矿资源指明了前景:采用"磁测体积法"和"线性回归法"进行了资源量估算新增铁矿产资源量437 793.1×10⁴ t 4. 应用基础航磁资料解释基础地质同题成果显著:共划分出一级断裂8条,二级断裂526条;圈定盆地8个,侵入岩体610处,火山岩地层331处,变质岩地层21处,火山构造20个,蚀变带19个,并完成了主要断裂部分地段的定量推断解释计算 5. 根据区域和局部航磁异常特征划定找矿靶区:根据区域及局部航磁异常分布特征,结合重要控矿构造特点及断裂分布特征和已知不同类型矿床产出地质环境,综合分析部署了铁、铜等20矿种有利找矿靶区70个 6. 利用航磁基础资料在找寻铁磁性矿床中的应用:应重视找寻深部(大于500m)矿产资源,利用现代计算机数据处理的先进手段,重新进行评估及验证航磁异常,对未知航磁异常部或地面磁测异常进行新的综合性筛选评估,以便扩大其资源量规模

续附表 2

成果转化应用类别		成果转化应用内容
一、各专业基础资料应用情况	地球化学成果的应用	地球化学成果的应用，目前主要体现在为整装勘查选区和矿业权设置提供地球化学依据。 1. 整装勘查 ①内蒙古自治区东乌旗地区铅锌矿整装勘查化探课题组采用整装勘查扫面数据分析方法编制了地球化学组合异常图。项目收集的1:20万化探扫面数据采用累频分级方法编制了地球化学组合异常图。为整装勘查矿业部署及矿业权区块划分提供分级方法累编制单元素异常图和综合异常剖析图。根据区内相关元素异常分布情况，选取Au，Hg，Cu，Ag，Pb，Zn，W等元素采用累频分级方法编制单元素异常图和综合异常剖析图。为该区矿业权设置进行了详实可靠的基础地球化学资料。②内蒙古自治区包头市哈达门沟地区金矿整装勘查利用1:20万区域化探扫面资料。 ③内蒙古自治区乌拉特后旗霍各乞地区铜多金属矿整装勘查化探课题组选取Cu，Pb，Zn，Ag，W，Sn，Mo，Au，As，Sb 10个元素，在勘查区内整理，编制了单元素地球化学图，组合异常图，综合异常图等化探基础图件，为整装勘查基础地球化学资料。 2. 矿业权设置 利用化探成果资料编制的矿业权设置方案共有88个
	遥感成果的应用	1. 遥感在大地构造划分中所起到的作用：根据遥感影像，物探和地质资料，将本区深大断裂构造分为深大断裂、大断裂及一般断裂三级。遥感在矿床影响应较好，尤其深大断裂带在遥感图片上的反映十分清晰 2. 遥感在矿调工作中的作用：遥感课题组为20个战略性矿产远景调查项目 15 个矿产远景调查项目提供了遥感异常的提取和解译
	重砂成果的应用	1. 内蒙古白云鄂博稀土矿预测区自然重砂异常对预测区自然重砂异常的找矿意义：自然重砂专题针对预测区范围做了该区的重砂异常图，圈出的异常与典型矿床影响应一般 2. 内蒙古额济纳旗小狐狸山钼矿预测区自然重砂异常的找矿意义：通过编制小狐狸山钼矿预测工作区的重砂异常分级图，异常图。发现在典型矿床附近重砂效果一般，由于第四系覆盖厚，但在小狐狸山铅锌典型矿床40km外侧圈出3个钼异常，其中Ⅱ级2个，Ⅲ级1个
	数据信息的应用	1. 综合信息集成课题组根据不同专业，不同预测工作区，不同矿种的要求，对内蒙古自治区基础地质数据库进行检索、查询、投影、整理等工作后提供于各专业课题组使用。为内蒙古自治区矿产资源潜力评价作为基础数据资料 2. 充实了国土资源"一张图"数据内容，实现了专业技术成果向服务于政府管理的成果转化，辅助政府主管部门做出决策，为内蒙古自治区国土资源综合管理提供了重要的参考依据

续附表 2

成果转化应用类别		成果转化应用内容
二、矿产勘查工作部署应用情况	铁矿	1. 航磁异常查证的应用情况 内蒙古自治区奈曼旗 C-2010-272、C-73-604 航磁异常查证，内蒙古自治区奈曼旗 C-2010-276 航磁异常查证，内蒙古自治区库伦旗 C-73-646 航磁异常查证，内蒙古自治区库伦旗 C-73-611 航磁异常查证 5 个项目的地质图资料采用资源潜力评价资料 2. 整装勘查的应用情况 内蒙古自治区色尔腾山地铁矿整装勘查依据潜力评价项目成果预期新增铁矿石资源储量 $(2.8 \sim 3.8) \times 10^8$ t 3. 重点勘查的应用情况 2011—2015 年，对近期新发现 25 个重要矿产地或已有重要铁矿产地的外围开展铁矿普查，预期新发现中型以上矿产地 8~10 处，依据潜力评价项目成果预期新增铁矿石资源储量 $(3 \sim 5) \times 10^8$ t 4. 重点找矿远景区勘查 2011—2015 年，在 13 个划定的找矿远景区内，对全国矿产资源潜力评价优选区和圈定的重点航磁异常，开展航磁异常查证，找矿靶区铁矿预查及铁矿普查，预期新发现中型以上矿产地 5~8 处，依据潜力评价项目成果预期新增铁矿石资源储量 $(2 \sim 3) \times 10^8$ t
	铜矿	1. 整装勘查的应用情况 （1）内蒙古自治区扎鲁特旗罕山林场铜多金属矿整装勘查根据资源潜力评价成果预计提交资源储量：铜金属量 150×10^4 t，银金属量 2000t，锡金属量达 20×10^4 t （2）内蒙古自治区四子王旗白乃庙地区金铜多金属矿整装勘查根据资源潜力评价成果预计提交资源储量：铜金属量 50×10^4 t，金金属量 20t （3）内蒙古自治区新巴尔虎左旗罕达盖尔其地区铁铜钼多金属矿整装勘查根据资源潜力评价成果预计提交资源量（333+334）铁矿石 2000×10^4 t，铜金属量 50×10^4 t，铅锌金属量 100×10^4 t，钼金属量 20×10^4 t （4）内蒙古自治区达茂旗白音查干哈达庙地区铜多金属矿整装勘查根据资源潜力评价成果预计提交资源储量：铜金属量 30×10^4 t，金金属量 50 t，金金属量 20t （5）内蒙古自治区额济纳旗商高山-小狐狸山铜、金矿整装勘查根据资源潜力评价成果预计提交资源储量：铜金属量 30×10^4 t，金金属量 10t （6）内蒙古自治区额济纳旗珠斯楞海尔罕-呼伦西白铜、金矿整装勘查根据资源潜力评价成果预计提交资源储量：铜金属量 30×10^4 t，金金属量 20t 2. 重点勘查的应用情况 2011—2015 年，对 11 个重要矿产地或已有重要铜矿产地的外围，开展铜矿普查，预期新发现中型以上铜多金属矿床，形成一批大中型铜多金属矿产地，评价成果新增铜金属资源储量 $(50 \sim 100) \times 10^4$ t 3. 重点找矿远景区勘查 2011—2015 年，优选 11 个找矿远景区进行铜矿勘查工作，评价一批大中型铜多金属矿床，形成一批新的重点勘查区和具有一定能生产型的大中型生产矿山。预期新发现中型以上矿产地 6~8 处，根据资源潜力评价成果新增铜金属资源储量 $(100 \sim 150) \times 10^4$ t

续附表 2

成果转化应用类别		成果转化应用内容
二、矿产勘查工作部署应用情况	铅锌矿	1. 整装勘查的应用情况 (1) 内蒙古自治区敖包吐-布敦花铅锌铜多金属矿整装勘查根据资源潜力评价成果预计提交资源储量：铅锌金属150×10⁴t，铜金属量50×10⁴t，铜金属量1000t (2) 内蒙古自治区鄂伦春自治旗阿都尔称河地区铅锌多金属矿整装勘查根据资源潜力评价成果预期提交资源储量：铅锌金属量100×10⁴t，铜金属量20×10⁴t，金金属量1000t (3) 内蒙古自治区鄂善右旗扎木敖包-特拜铁、石墨、金多金属矿整装勘查根据资源潜力评价成果预期提交资源储量：铁矿石量1×10⁸t，锌金属量50×10⁴t，金金属量50t，晶质石墨矿物量100×10⁴t (4) 内蒙古自治区上护林—三河地区铅锌多金属矿整装勘查根据资源潜力评价成果预期提交资源量：铅锌金属量150×10⁴t，银金属量1200t (5) 内蒙古自治区查干布拉根—宝格德乌拉地区银多金属矿整装勘查提交大中型多金属矿产地2~3处，根据资源潜力评价成果，预期提交资源储量：银金属量150×10⁴t，银金属量10×10⁴t 2. 重点勘查的应用情况 2011—2015年，对16个自治区铅锌银矿重点勘查项目开展铅锌银矿普查。预期新增资源储量铅+锌（400~600）×10⁴t，银1000~2000t 3. 重点找矿远景区勘查 2011—2015年，优选9个远景区进行铅锌银矿勘查评价普查工作，加大铅锌银矿勘查评价力度，为商业性矿产勘查提供一批勘查基地；预期新增资源量：铅锌（200~300）×10⁴t，银1000~2000t
	金矿	1. 整装勘查的应用情况 (1) 内蒙古乌拉特前旗白云长合山地区金矿整装勘查提供大中型金矿1~2处，根据资源潜力评价成果，预期新增金属资源量60t (2) 内蒙古毕立赫地区金矿整装勘查提供大中型金矿1~2处，根据资源潜力评价成果，新增金属资源量50t 2. 重点勘查的应用情况 2011—2015年，对内蒙古自治区金矿重点勘查项目，开展金矿普查 3. 重点找矿远景区勘查 2011—2020年，优选18个找矿远景区进行金矿勘查，预期新发现大中型矿产地5~8处，根据资源潜力评价成果，新增资源储量金100~150t

续附表 2

成果转化应用类别		成果转化应用内容
二、矿产勘查工作部署应用情况	矿业权设置	矿业权设置共进行了 88 个，应用了重力、磁法、化探、预测成果等资料。 (1) 内蒙古自治区锡盟西乌旗迪彦庙等 1∶5 万矿业权设置方案 (2) 内蒙古自治区锡林郭勒盟巴彦宝拉格等 4 幅 1∶5 万矿业权设置方案 (3) 内蒙古自治区通辽市罕山林场等 4 幅 1∶5 万矿业权设置方案 (4) 内蒙古自治区阿拉善盟小生包等 4 幅 1∶5 万矿业权设置方案 (5) 内蒙古自治区通辽市扎鲁特旗格拉布拉克等 4 幅 1∶5 万矿业权设置方案 (6) 内蒙古自治区赤峰市老房身等 4 幅 1∶5 万矿业权设置方案 (7) 内蒙古自治区呼伦贝尔市王府镇山林场等 4 幅 1∶5 万矿业权设置方案 (8) 内蒙古自治区呼伦贝尔市大扬气镇等 4 幅 1∶5 万矿业权设置方案 (9) 内蒙古自治区阿拉善盟查干通格等 4 幅 1∶5 万矿业权设置方案 (10) 内蒙古自治区赤峰市塔西等 2 幅 1∶5 万矿业权设置方案 (11) 内蒙古自治区乌兰察布市四子王府等 4 幅 1∶5 万矿业权设置方案 (12) 内蒙古自治区阿拉善右旗敖尔奥日勒布拉格等 3 幅 1∶5 万矿业权设置方案 (13) 内蒙古自治区乌兰察布市察右后旗袁家房子等 4 幅 1∶5 万矿业权设置方案 (14) 内蒙古自治区赤峰市官地等 4 幅 1∶5 万矿业权设置方案 (15) 内蒙古自治区巴彦淖尔市潮海等 4 幅 1∶5 万矿业权设置方案 (16) 内蒙古自治区鲁科尔沁旗陶海营子地区 1∶5 万矿业权设置方案 (17) 内蒙古自治区乌拉特中旗温根地区等 4 幅 1∶5 万矿业权设置方案 (18) 内蒙古自治区奕县平安屯等 4 幅 1∶5 万矿业权设置方案 (19) 内蒙古自治区新巴尔虎右旗乌音呼日勒庙等 4 幅 1∶5 万矿业权设置方案 (20) 内蒙古自治区镶黄旗太古生庙等 4 幅 1∶5 万矿业权设置方案 (21) 内蒙古自治区额济纳旗敦德乌苏等 4 幅 1∶5 万矿业权设置方案 (22) 内蒙古自治区阿拉善盟额济纳旗二龙包等 4 幅 1∶5 万矿业权设置方案 (23) 内蒙古自治区扎鲁特旗嘎吉尔散包等 4 幅 1∶5 万矿业权设置方案 (24) 内蒙古自治区扎鲁特旗哈达营子等 4 幅 1∶5 万矿业权设置方案 (25) 内蒙古自治区呼伦贝尔市陈巴尔虎旗颁（频）格鲁山等 4 幅 1∶5 万矿业权设置方案 (26) 内蒙古自治区满洲里市查干陶勒盖等 4 幅 1∶5 万矿业权设置方案 (27) 内蒙古自治区锡林郭勒盟林浩特炼铜厂等 4 幅 1∶5 万矿业权设置方案 (28) 内蒙古自治区包头市艾不盖等 4 幅 1∶5 万矿业权设置方案

续附表 2

成果转化应用类别		成果转化应用内容
二、矿产勘查工作部署应用情况	矿业权设置	(29) 内蒙古自治区希宁乌苏等1:5万矿业权设置方案3幅 (30) 内蒙古自治区西乌旗跃进大队等1:5万矿业权设置方案4幅 (31) 内蒙古自治区阿巴嘎旗红旗牧场1:5万矿业权设置方案3幅 (32) 内蒙古自治区阿拉善盟额尔布尔乌拉等1:5万矿业权设置方案4幅 (33) 内蒙古自治区新巴尔虎左旗哈胜格拉等1:5万矿业权设置方案5幅 (34) 内蒙古自治区新巴尔虎左旗海日嘎乌拉等1:5万矿业权设置方案4幅 (35) 内蒙古自治区突泉县宝胜屯等1:5万矿业权设置方案4幅 (36) 内蒙古自治区巴彦淖尔市特默特等1:5万矿业权设置方案5幅 (37) 内蒙古自治区西乌珠穆沁旗楚鲁庙地区1:5万矿业权设置方案3幅 (38) 内蒙古自治区乌拉特后旗包勒特等1:5万矿业权设置方案4幅 (39) 内蒙古自治区西乌旗花敖包特等1:5万矿业权设置方案4幅 (40) 内蒙古自治区达茂旗哈尔陶勒盖等1:5万矿业权设置方案2幅 (41) 内蒙古自治区乌拉特中旗角力格太地区1:5万矿业权设置方案4幅 (42) 内蒙古自治区四子王旗大井坡等1:5万矿业权设置方案4幅 (43) 内蒙古自治区包头市白云鄂博等1:5万区域地质矿产调查 (44) 内蒙古自治区西乌珠穆沁旗乌素图如等1:5万矿业权设置方案4幅 (45) 内蒙古自治区呼伦贝尔市额拉林高格达(35km)等4幅1:5万区域地质矿产调查 (46) 内蒙古自治区鄂伦春自治旗松树林(万年青林场)等4幅1:5万矿业权设置方案 (47) 内蒙古自治区新巴尔虎右旗巴彦乌拉等4幅1:5万矿业权设置方案 (48) 内蒙古自治区兴安盟两家子等4幅1:5万矿业权设置方案 (49) 内蒙古自治区兴安盟哈拉黑等4幅1:5万矿业权设置方案 (50) 内蒙古自治区陈巴尔虎旗哈达图牧场六连等2幅1:5万矿业权设置方案 (51) 内蒙古自治区额济纳旗二龙包西等4幅1:5万矿业权设置方案 (52) 内蒙古自治区额尔古纳市三河地营子等4幅1:5万矿业权设置方案 (53) 内蒙古自治区大孤狸山地区1:5万矿业权设置方案 (54) 内蒙古自治区达来庙地区1:5万矿业权设置方案 (55) 内蒙古自治区双沟山地区1:5万矿业权设置方案 (56) 内蒙古自治区克什克腾旗白音查干等4幅1:5万矿业权设置方案 (57) 内蒙古自治区赤峰市初头朗等2幅1:5万矿业权设置方案

续附表 2

成果转化应用类别		成果转化应用内容
二、矿产勘查工作部署应用情况	矿业权设置	(58) 内蒙古自治区克什克腾旗沙胡同等地区1:5万矿业权设置方案
		(59) 内蒙古自治区克什克腾旗热水汤等5幅1:5万矿业权设置方案
		(60) 内蒙古自治区林西县新民屯幅1:5万矿业权设置方案
		(61) 内蒙古自治区巴林右旗乌尔吉等4幅1:5万矿业权设置方案
		(62) 内蒙古自治区巴林左旗沙尔塔拉牧场等地区4幅1:5万矿业权设置方案
		(63) 内蒙古自治区巴林左旗隆昌镇等4幅1:5万矿业权设置方案
		(64) 内蒙古自治区喀喇沁旗等4幅1:5万矿业权设置方案
		(65) 内蒙古自治区赤峰市解放营子等2幅1:5万矿业权设置方案
		(66) 内蒙古自治区阿鲁科尔沁旗罕庙地区1:5万矿业权设置方案
		(67) 内蒙古自治区赤峰市松山区南台子等2幅1:5万矿业权设置方案
		(68) 内蒙古自治区鄂温克族自治旗班塔温多等4幅1:5万矿业权设置方案
		(69) 内蒙古自治区科尔沁右翼前旗特莫牧场等4幅1:5万矿业权设置方案
		(70) 内蒙古自治区科尔沁右翼前旗乌兰毛都等3幅1:5万矿业权设置方案
		(71) 内蒙古自治区科尔沁右翼中部旗巴尔陶勒盖1:5万多金属矿产地质调查
		(72) 内蒙古自治区敖汉旗中部地区1:5万矿业权设置方案
		(73) 内蒙古自治区扎赉特旗伊力特等4幅1:5万矿业权设置方案
		(74) 内蒙古自治区通辽市上马场等4幅1:5万矿业权设置方案
		(75) 内蒙古自治区扎木钦地区1:5万矿业权设置方案
		(76) 内蒙古自治区兴安盟阿尔山等5幅1:5万矿业权设置方案
		(77) 内蒙古自治区呼伦贝尔市西呼和楚鲁等4幅1:5万矿业权设置方案
		(78) 内蒙古自治区呼伦贝尔市乃曼等4幅1:5万矿业权设置方案
		(79) 内蒙古自治区正蓝旗等4幅1:5万矿业权设置方案
		(80) 内蒙古自治区锡林郭勒盟小坝梁地区4幅1:5万矿业权设置方案
		(81) 内蒙古自治区四子王旗卫境大队等6幅1:5万矿业权设置方案
		(82) 内蒙古自治区苏尼特左旗舒日昌图一带1:5万矿业权设置方案
		(83) 内蒙古自治区阿尔山市五岔沟等4幅1:5万矿业权设置方案
		(84) 内蒙古自治区包头市五当召地区1:5万矿业权设置方案
		(85) 内蒙古自治区呼伦贝尔市乃曼等4幅1:5万矿业权设置方案
		(86) 内蒙古自治区阿巴嘎旗阿德拉嘎乌拉等4幅1:5万矿业权设置方案
		(87) 内蒙古自治区阿巴嘎旗巴彦勒德地区1:5万矿业权设置方案
		(88) 内蒙古自治区阿拉善右旗因格井—恩格尔乌苏一带1:5万矿业权设置方案

续附表 2

成果应用类别		成果转化应用内容
二、矿产勘查工作部署应用情况	内蒙古自治区地质资料信息服务集群化产业化	该项目主要应用了内蒙古自治区矿产资源潜力评价的矿产预测的相关资料，区域基础地质、矿产、地球物理化学、遥感、潜力评价预测成果等相关数据资料
	内蒙古旗阿拉坦合力地区矿产远景调查项目	1. 应用阶段 本项目主要应用了潜力评价中有关典型矿床成矿模式与成矿预测的相关资料。具体为奥尤特铜多金属典型矿床资料。其应用阶段主要为立项和总体设计阶段，对本工作区主攻矿种与矿床类型的确立起到了积极的作用 2. 起到的作用 一是通过与典型矿床成矿模式与成矿预测要素资料对比，对本工作中也以该典型矿床总结的成矿预测要素为指导 二是通过与典型矿床成矿地质条件、物化探异常特征等对比，为优选1：5万化探和磁异常，缩小找矿靶区起到了积极的作用；三是为本项目典型矿床应用及成矿总结工作起到指导作用 3. 潜评资料应用带来的成果 新发现与奥尤特铜多金属典型矿床类似的铜铝锌银多金属矿化点5个
三、直接找矿应用情况	内蒙古自治区新巴尔虎右旗山苏木地区矿产远景调查项目	1. 应用阶段 本项目主要应用了潜力评价中有关典型矿床成矿模式与成矿预测的相关资料。具体为高尔真山-大青山铜钼多金属成矿带资料。其应用的作用为立项和总体设计阶段，对本工作区主攻矿种与矿床类型的确立起到了积极的作用 2. 起到的作用 一是通过与典型矿床成矿模式与成矿预测要素资料对比，对本工作中也以该典型矿床总结的成矿预测要素为指导 二是通过与典型矿床成矿地质条件、物化探异常特征等对比，为优选1：5万化探和磁异常，缩小找矿靶区起到了积极的作用；三是为本项目典型矿床应用及成矿总结工作起到指导作用 3. 潜评资料应用带来的成果 在高尔真山-大青山铜钼多金属成矿带内新发现褐铁矿化点1个
	内蒙古自治区满洲里一扎赉诺尔地区矿产远景调查项目	1. 应用阶段 项目主要在设计编写阶段与地质填图路线布置时应用了潜力评价中有关斑岩型矿产预测区（典型矿床为乌努格吐山铜矿）的相关资料 2. 起到的作用 (1) 在总体设计书编写阶段，利用了潜力评价及其外围加密路线，发现了火山岩型乌诺格北东868.9高地银矿点（编号21）与砂卡岩头道沟西磁（赤）铁矿三队北西755.3高地磁铁矿点（编号19），为下一步在矿区外围找矿提供了重要依据 (2) 通过在斑岩型矿产预测区及其外围做尔金牧场（编号14）和傲尔金牧场（编号21）高地银矿点（编号21）与砂卡岩头道卡岩型矿床为乌努格吐山铜钼矿，为最终设计评价优起到了积极的作用 根据潜力评价资料在斑岩型矿产预测区外发现3处矿(化)点

续附表 2

成果转化应用类别		成果转化应用内容
四、国家决策、规划部署应用情况	内蒙古自治区东乌旗地区铅锌矿整装勘查	1. 化探课题成果应用 在单元素异常图的基础上，编制了综合异常剖析图和地球化学组合异常图。利用单元素地球化学图及单元素地球化学组合异常图，结合地质、物探、遥感推断结果，项目组在整装勘查区内进一步圈定了铅锌、铁、铜、钨异常最小预测区 2. 预测课题成果应用 依据矿产资源潜力评价项目成果预获资源量：铅锌金属量 350×10^4t，铜金属量 15×10^4t，银金属量 1000t (1)朝不楞式砂卡岩型铁矿预测资源量共 99 568×10^4t，共计 44 个，预测资源量包括：A级 5 个，累计 89 955×10^4t；B级 15 个，累计 9279×10^4t；C级 24 个，累计 334×10^4t (2)阿尔哈达式热液型铅锌矿预测资源量，包括A级7个，B级7和C级6个，其中铅预测资源量分别为 327 977t、326 427t 和 64 029t；锌资源量分别为 491 967t、489 642t 和 96 043t (3)查干敖包矽卡岩型大型铅锌矿预测资源量，其中A级3个，B级2个，C级9个，锌资源总量为 1 236 273t，其中不包括查明资源量 840 560t
	内蒙古自治区包头市哈达门沟地区金、铜、石墨矿整装勘查	1. 化探课题成果应用 潜力评价项目组以地球化学异常为依据，结合地质、物探、遥感等资料，在勘查区内圈定了 5 处金最小预测区 2. 预测课题成果应用 依据矿产资源潜力评价项目成果预获新增资源量预测资源量金最小预测金属量 50t (1)乌拉山式复合内生型金矿预测资源量包含最小预测区 5 个，其中 A 类预测区 2 个，B 类预测区 3 个，总计 50.188t (2)贾尔太庙式沉积变质型铁矿预测资源量 1527×10^4t
	内蒙古自治区浩尧尔忽洞-黑乌素整装勘查区	预测课题成果应用 (1)白云鄂博式沉积型铁矿整装勘查区内共圈定各级铁矿最小预测区 21 个，铁矿石预测资源量可信性估计概率大于 0.75 的有 4.4×10^8t，大于 0.5 的有 2.2×10^8t，小于 0.5 的有 1.6×10^8t (2)通过对有利成矿的地层、构造、航磁异常、重力异常、金单元素地球化学异常，Hg、Sb、As 等多元素地球化学找矿异常、遥感地球化学异常等多学科成矿信息综合分析，在该区黑色岩系具有金矿床找矿潜力。整装勘查区内共圈定金最小预测区 18 个
	内蒙古自治区乌拉特后旗霍各乞铜多金属矿整装勘查	1. 化探课题成果应用 根据勘查区内矿产分布特征，选取霍各乞铜多金属矿为典型矿床，建立了沉积型铜矿地球化学找矿模型，以典型矿床找矿模型为基础，在成矿有利部位圈定铜预测靶区 15 个 2. 预测课题成果应用 (1)霍各乞沉积型铜矿整装勘查区内最小预测区为 19 个，其中 A 级 2 个，B 级 4 个，C 级 13 个，合计 32 343×10^4t (2)霍各乞沉积型铁矿整装勘查区内最小预测区 11 个，铅锌矿最小预测区为 6 个，其中 A 级 2 个，B 级 1 个，C 级 3 个合计 2 200 919t 同时提出霍各乞铜矿体的深部及外围仍具有找矿前景，新发现了阿拉特其图敖包铜铅矿、莫若古铜铅矿均具有较大的找矿潜力，并新发现的众多矿（床）点及矿化异常集中区有找矿前景，如乌拉特后旗欧布乞铜铅锌矿点、乌拉特后旗那仁宝力皋力格铝矿点、乌拉特后旗褐铁多金属矿点等